이 책은 담대하고 치밀하다. 점점 주변부로 밀려나는 교회를 향해 개인과 사회의 변화를 위한 과업을 촉구한다는 점에서 담대하다. 또한 변화의 의제를 구체적이고 실증적으로 제시한다는 점에서 치밀하기도 하다. 저자들은 세계 곳곳에서 성육신하신 그리스도의 사역에 동참하는 실례들을 펼치고 있다. 나는 이 책을 읽으며 그동안 선교적 교회의 실천에 크게 기여해온 저자들이 더욱 헌신적으로 성숙해지고 있음을 느꼈다. 우리의 이웃들 가운데서 하나님이 하시는 일을 발견하고 그 일에 동참한다는 선교적 삶의 비전이 어떻게 구체화되고 있는지를 저자들의 주의 깊은 관찰과 소개를 통해 접하는 기쁨은 쉽게 잊히지 않을 것이다. 허울 좋은 크리스텐덤의 시대가 지났다고 위기감을 느끼며 수세적으로 반발만 하는 이들은 하나님의 선교가 일으키는 변화를 볼 수 있는 믿음의 눈을 떠야 한다. 이 책이 그와 같은 선교적 영안을 회복하는 데 도움을 줄 것이다.

김선일 | 웨스트민스터신학대학원대학교 실천신학/선교신학 주임교수

마이클 프로스트와 지역을 섬기는 여성 사역자 크리스티아나 라이스가 함께 써 내려간 이 책은 그동안의 교회가 종종 취했던 정복자, 전투의 이미지와 은유들을 산파의 섬김과 하나님의 선교에의 참여라는 은유로 새롭게 제시하고 있다. 포스트크리스텐덤 상황인 서구권에서 기독교가 어떻게 주변부로 다가가서 신음하는 무리들을 향해 출산을 돕는 산파의 섬김을 할 수 있는지를 구체적인 사례를 들어가며 현장감 있게 제시하는 본문은 한국교회가 선교 현장의 모델들을 통해 진지하게 경험하고 축적해야 할 하나님 나라의 지혜다. 최고의 신학사상은 가장 낮은 현장의 세심한 경험들을 통해 완성된다.

김종일 | 교회개척학교 숲 대표코치, 동네작은교회 담임목사

바빌로니아 유배와 같은 시기를 살아가는 한국교회는 지나간 영광을 회복한답시고 광장에서 실력 행사를 함으로써 비호감을 가중시키거나, 아니면 패배주의에 젖어 종교의 영역에 스스로 갇히거나, 두 길 중 하나를 선택한다. 그러나 제3의 길이 있다. 교회가 우리 사회가 당면한 문제의 중심으로 뛰어들어 영적·윤리적·물질적 자산을 사용함으로써 길 잃은 사회에 대안을 보여주는 것이다. 그 길은 타협과 저항이라는 양옆 낭떠러지 사이로 난 안개 자욱한 좁은 길로서, 성령이 주시는 음성을 두려운 마음으로 매일 경청해야만 걸어갈 수 있다. 본서는 한국에서 맹아(萌芽)로만 존재하는 새로운 길을 먼저 걸어간 공동체의 이야기를 기록한다.

장동민 | 백석대학교 역사신학 교수, 『포스트크리스텐덤 시대의 한국 기독교』 저자

코로나 19 바이러스로 인해 전 지구적으로 극심한 고통을 겪고 있는 지금, 이 책은 교회와 그리스도인들의 삶에서 놓친 것들이 무엇인지를 상기시킬 뿐 아니라 다양한 선교적 교회 공동체가 산고를 겪으며 만들어내는 창조적 이야기를 통해 교회가 세상 가운데서 살아내야 할 내용이 무엇인지를 제시한다. 현재 한국교회는 참신한 성서적 은유를 필요로 하며, 그 은유를 지역교회의 삶에 구현하고 공적 영역으로 확산하여 새로운 세대를 향한 하나님 나라의 좋은 소식이 되어야 한다. 하나님의 경륜은 깨어지고 분열된 개인과 사회 및 세상의 생태계를 회복시키고 변화시키는 총체적 살림, 즉 새로운 상상력에 기반을 둔 새 창조를 의미한다. 온 피조물의 신음에 귀 기울이며 우리 가운데 육화하신 예수 그리스도의 복음이 가져올 지역사회 공동체의 변혁과 참신한 변화의 공간을 기대하는 그리스도인들에게 필독을 권한다.

최형근 | 서울신학대학교 선교학 교수

저자들은 "기독교인들에게 종종 부족한 것은 올바른 신학이나 올바른 전략이 아니다. 우리에게는 현 세상에 대한 거룩한 불만이 부족하다"고 주장하면서, 그들이 속한 현 세상(주로 서구기독교 사회)은 절대적으로 변화가 필요하다고 주장한다. 특히 미국 사회 안의 여러 가지 사회적인 문제들, 예컨대 빈번한 총기 사고와 노숙자(특히 노숙하는 어린이들의 증가), 낙태, 인종차별 등의 심각성을 언급하면서 이런 문제들을 해결함에 있어서 교회들이 너무나 무기력한 모습을 보이고 있음을 지적한다. 그러면 교회는 어떻

게 세상을 변화시킬 수 있을까라는 질문에 대해 저자들은 교회는 개인적인 변화에만 집중해서는 안 되고, "개인 〈 대인관계 〈 공동체 〈 사회제도 〈 구조, 정책, 체계", 이렇게 개인에서부터 시작해서 사회 전 영역에 걸쳐 변화를 이끌어내는 "산파" 같은 공동체가 되어야 함을 주장한다. 시종일관 뉴비긴의 교회 이해에 바탕을 두고 어떻게 해야 교회가 하나님 나라의 표지, 도구, 그리고 맛보기가 될 수 있는지에 대한 논의를 전개하는 이 책은 교회가 이런 공동체로 변화되는 것은 고난의 길이며, 당연히 시행착오와 고통을 겪을 것을 각오해야 한다고 말한다. 한국교회가 선교적 교회의 본질을 회복하길 간절히 염원하고 갈망하는 모든 동료 목회자, 신학도들에게 좋은 길잡이로서 이 책을 적극 추천한다.

허성식 | 홍콩 하늘의교회 담임목사, 선교학자

마이클과 크리스티아나가 저술한 이 훌륭한 책은 우리로 하여금 해산하는 어머니처럼 새로운 세상을 위해 신음하며 고통하는 전체 창조세계를 기억하게 한다. 임신은 수고, 땀, 눈물, 피 등을 의미하지만, 결국에는 새로운 생명을 의미한다! 그러므로 소매를 걷어붙이고 준비하자. 새로운 세계가 도래하고 있다. 이제 우리는 산파가 되어야 한다.

셰인 클레이본(Shane Claiborne) | 작가이자 활동가

메시지들이 범람하는 세상에서 이 책은 강렬한 내러티브를 통해 이런 메시지들의 소음을 차단한다. 이 내러티브는 하나님 나라의 변화에 참여하라는 초대를 공학적 과정이 아닌 산파적 과정으로 묘사한다. 점점 깊어져만 가는 불의와 수입 불평등의 잘못된 경계로 인해 극심한 고통을 겪고 있는 세상에서, 크리스티아나와 마이클은 우리에게 선교의 전통적인 출발점에 대해 의문을 제기하라고 요구한다. 매우 큰 위험 부담을 안고, 이 두 사람은 인간의 결심을 소환하지 말고 그리스도의 상상력을 활용하라고 우리에게 촉구한다. 냉혹한 현실을 솔직하게 전할 뿐만 아니라 하나님께서 우리 가운데서 어떻게 일하고 계신지를 보여주는 고무적인 표시들도 희망적으로 묘사하는 이 책은 놀라울 만큼 통찰력이 뛰어나다.

존 헤이즈(John Hayes) | 『아래로부터의 연합』(Submerge) 저자이자 InnerCHANGE 설립자

이 뛰어난 책에서 내 동료인 마이클 프로스트는 성육신하신 우리 주님의 방식을 우리가 어떻게 따라야 하는지에 관한 자신의 선구적 생각들을 더욱 발전시켰다. 그는 성육신적 선교의 모범적 실천가인 크리스티아나 라이스와 협력하여 이 책을 공동 집필했다. 그 결과는 탁월한 한 편의 저술로, 마치 영감을 부여하듯이 깨달음을 제공한다. 한마디로 훌륭하다!

앨런 허쉬(Alan Hirsch) | 100Movements, Forge Mission Training Network, Future Travelers 설립자, *The Permanent Revolution* 공동 저자

세상으로부터 물러서기를 거절하고 오히려 세상에 참여하면서 프로스트와 라이스는 다음과 같은 질문을 반복해서 던진다. 기독교인으로서 우리는 어떻게 세상을 변화시킬 수 있을까? 기독교 세계의 구태의연한 습성을 넘어서, 이 두 사람은 교회가 정착하여 뿌리를 내리고 하나님께서 우리 삶의 주변에 그분의 나라를 세우실 수 있도록 돕는 참신한 방법을 제공한다. 이 책은 교회의 실천에 대한 우리의 생각을 정확하게 고쳐준다. 그래서 나는 이 책을 기쁜 마음으로 추천한다.

데이비드 피치(David Fitch) | 노던 신학교 복음주의 신학 과장, 일리노이주 웨스트몬트 그리스도 평화 교회 목사

이 책은 세상을 위한 하나님의 복음을 청지기로서 감당해야 한다는 대담하고 아름다운 요청이다. 깊은 물속으로 들어가 물줄기를 타고 개인적이고 세계적인 구원을 향해 나아가길 갈망하는 사람이라면 반드시 읽어야 할 책이다. 이 책은 우리를 매우 아름다운 여행으로 초청하는, 지극히 개인적인 하나님을 성서적 관점에서 깊이 있게 조명한다.

대니얼 스트릭랜드(Danielle Strickland) | 강연가, *A Beautiful Mess* 저자

우리 대부분은 엉망진창인 현 세계가 선을 위해 변화되길 고대한다. 그러나 너무 자주 우리는 의도치 않게 우리 자신의 의제를 밀어붙임으로써 더 많은 문제를 야기한다. 이 책에서 마이크와 크리스티아나는 통찰력 있고 시의적절한 은유를 우리에게 제시하는데, 이는 우리가 성령의 충동을 감지하도록 도와준다. 그렇게 함으로써 우리는 겸손하게 우리의 이웃과 공생하며 새로운 하나님 나라의 실재를 탄생시킬 수 있다.

JR 우드워드(JR Woodward) | V3 Church Planting Movement 디렉터, *The Church as Movement* 공동 저자

내가 이 책을 좋아하는 여러 이유 중 하나는 라이스와 프로스트가 독자들 자신이 누구인지를 이해하도록 격려하는 방법에 있다. 이 두 저자는 독자들로 하여금 자신을 새롭고 놀라운 세상의 탄생을 돕기 위해 하나님과 실제로 동역하는 자들로 이해하도록 고무시킨다. 이 얼마나 멋지고 겸손한 책임인가!

마조라 카터(Majora Carter) | 도시 재건 전략가이자 공영 라디오 진행자

선구자, 모험가, 탐험가, 지도자, 선교사들은 포스트기독교 상황에서 주님의 지상명령을 수행하는 우리의 역할을 고려할 때 일반적으로 떠오르는 사람들을 가리키는 용어들이다. 그런데 산파? 우리가 정말 산파란 말인가? 그렇다. 산파는 새로운 생명의 원초적 취약성과 가능성의 문턱에 서 있는 존재다. 때때로 그들은 잃어버린 기쁨과 약속으로 인해 애통하며 슬퍼하는 자들 옆에 친절하게 서 있다. 희생과 애씀으로 섬기는 그들의 역할은 결코 그들 자신에 관한 것이 아니다. 그들은 단순히 필요에 따라 섬기기 위해 존재할 뿐이다. 이 책에서 프로스트와 라이스는 하나님께서 이 세상에서 탄생시키고 계시는 것에 우리가 관여할 때 새로운 마음가짐이 필요함을 인식하고 있다. 그렇다. 지금은 산파를 불러야 할 때다. 우리의 세상은 산파를 기다리고 있다.

조 색스턴(Jo Saxton) | *More Than Enchanting* 저자

To Alter Your World

Partnering With God to Rebirth Our Communities

Michael Frost, Christiana Rice

기독교를 싫어하는 세상에서

그리스도의 몸으로 존재하는 기술

TO ALTER YOUR WORLD

일주일 내내
교회에서
살아가기

마이클 프로스트, 크리스티아나 라이스 지음
송일 옮김

새물결플러스

우리는 이 지면에서 소개하는 이야기들에 나오는 전 세계의 영웅 같은 사람들에게 이 책을 바친다. 그들은 막대한 개인적 대가를 치르면서도 가난한 자들을 섬기고, 그들의 이웃을 사랑하며, 그들의 식탁에 다른 이들을 위한 자리를 마련하고, 그들의 세상을 바꾸는 믿음의 공동체 형성에 기여하라는 그리스도의 이타적 부르심을 포용한 자들이다.

우리에게 실제로 필요한 것은 하나님께서 무엇인가에 집중하고 계신다는 생각이다. 하나님께서 단지 우리의 교회만이 아니라 북미에 살고 있는 우리의 삶의 방식을 끊임없이 해체하는 것으로 보이는 일에서 활동하신다고 생각해보라.····우리는 근본적으로 다른 현실, 곧 하나님께서 세상을 재창조하시며 우리는 이 재창조에 참여하도록 부름을 받는 현실을 포용하라고 초대받는다.

앨런 록스버러(Alan Roxburgh)

목차

서론

포스트크리스텐덤 시대의 다원론적 상황에서 그리스도를 따르는 자들은 어떻게 공적 영역에 참여해야 할까? 공적 영역에의 참여를 비방하는 자들의 눈에는 현재 발생하고 있는 교회의 적극적 문화 형성 행위가 기껏해야 논쟁적이고 짜증나는 현상에 불과할 수 있고, 최악의 경우에는 특권적이고 승리주의적인 것으로 비춰질 수도 있다. 사회적 영향력을 되찾기 위한 교회의 공개적인 시도는 권력과 통제력을 되찾기 위한 것으로 보일 수 있는데, 이는 그리스도가 보여준 자기 비움의 본보기와는 철저히 동떨어진 것이다.

물론 이런 평가가 일부 교회가 구사하는 수사학적 방식을 정확히 평가하는 것일 수도 있지만, 그렇다고 그것이 이 세상에서 예수를 따르는 자들의 훨씬 광범위하며 보다 전복적이고 변혁적인 실상을 대변하는 것은 아니다. 왜 공적 영역에서는 기독교 공동체와 관련하여 그와 같은 격차와 왜곡이 존재하는 걸까? 그리고 기독교인들은 세상을 화해시키기 위한 하나님의 진정한 선교를 어떻게 더 잘 표현할 수 있을까?

미래의 교회로서 우리가 직면하는 가장 큰 도전 중 하나는 우리의 선교적 특수성을 유지하는 것과 많은 목소리 가운데 존재하는 하나의 관점 및 주장으로서 겸손하게 소통하는 것, 이 둘 사이의 균형을 발견하는 데 있다. 우리의 임무는 문화적 지배를 모색하는 것이 아니라, 평화와 협력의 유대를 구축하는 것이다. 세상에서 벌어지는 하나님의 지속적인 갱신 사역에 참여하기 위해 우리는 이렇게 당파적인 시대에 기독교적인 협력관계에 대한 참신한 비전 및 본보기가 교회에 필요하다고 믿는다.

이는 전투적 담론(파라-로고스)으로부터 우리의 가장 깊은 세계를 형성하는 내러티브(디아-로고스)의 변증법적 교환으로의 전환을 요구한다. 이 요구에는 분열과 분리 및 정죄를 부추기는 우리의 충동에 맞서는 방법을 배우는 것이 포함된다. 이는 그리스도를 따르는 자들로서 우리의 신념을 타협하지 않고 협동의 힘을 포용하기 위함이다. 우리는 이런 전환이 인간의 통전적 번영에 기여하는 지혜를 발굴하며, 하나님의 은혜로 교회를 포함한 사회의 이질적인 파벌들을 통합시킬 것이라고 확신한다. 이로써 우리는 참된 공동의 선을 향해 지금 이곳에서 세상을 변화시키는 하나님의 운동에 동참하게 될 것이다.

그렇다면 호주 시드니에 살고 있는 선교학자와 미국 캘리포니아주 샌디에고에 살고 있는 도시 선교사가 세상을 변화시키는 데 대한 교회의 기여에 관한 책을 어떻게 공동으로 저술하게 되었을까? 우리도 독자들과 마찬가지로 놀라울 따름이니, 우리에게 이 질문을 하지 말길 바란다. 우리는 서로 함께 아는 몇몇 친구가 있고 수년간 다양한 행사 및 회의에서 마주친 적이 있다. 하지만 공동 저술에 대한 생각은 어느 날 자연스럽게 떠올랐고 예기치 않게 그리고 놀라울 정도로 쉽게 결실을 보게 되었다.

생각해보면 이 책은 분명한 협업처럼 보인다. 크리스티아나는 그녀가 살고 있는 지역의 사역자로서 일하고 있다. 그녀는 그리스도의 변화를 자신의 삶 속에서 그리고 길거리에서 보고자 열망하는 사람들을 가르치고 인도하고 있으며, 샌디에고 골든힐 인근에 위치한 풀뿌리 신앙 공동체를 이끌고 있다. 그리고 마이클은 수년간 교회의 선교 패러다임에 관한 저술 및 강연 활동을 펼쳐온 신학교 교수로, 시드니 맨리 인근에서 넓은 바다 위에 떠 있는 작은 배(Small Boat Big Sea)라는 선교 공동체를 이끌고 있다. 다시 말해서 한 명은 가르치는 사역자고, 다른 한 명은 사역하는 교사다.

우리는 몇 년 전 덴버에서 열린 미시오(Missio) 훈련 행사에서 만났고, 시애틀에서 개최되는 패리쉬 콜렉티브(Parish Collective)의 연례 Inhabit Conference 개발에 함께 참여해왔다. 이런 교류를 통해 우리가 하나님의 선교, 성육신적 삶, 리더십 개발, 그리고 지역 상황에서 하나님의 회복을 경험하고 표현하는 일에 대한 열정을 공유하고 있다는 점이 분명해졌다. 당신이 지금 손에 쥐고 있는 이 책은 문화를 변화시키는 그리스도의 사역과 그분의 백성에 대한 우리의 생각을 나타낼 뿐만 아니라, 우리가 범한 실수들과 하나님께서 우리가 속한 각각의 공동체에 허락하신 성공으로부터 나온 것이다. 이 책에는 다음과 같은 지역들에서의 문화 참여에 관한 우리 친구들의 여러 이야기가 담겨 있다. 즉 남아프리카공화국의 케이프타운, 독일의 카를스루에, 캐나다의 밴쿠버, 사우스 다코타주의 수폴즈, 텍사스주의 엘패소 등등이다.

우리는 하나님께서 전 지구적으로 일하시면서 세상에 신성한 질서를 부여하시고 우리에게 이 화해의 사역을 주신다고 확신한다. 세상을 변화시키는 하나님의 화해 사역의 일부로서 우리는, 레슬리 뉴비긴(Lesslie Newbigin)이 한때 기록한 것처럼, 하나의 표지, 즉 화해된 세상의 도구이자 맛보기가 되도록 초대받았다. 사회에서의 대화적·협동적 참여의 일부로서 우리는 하나님께서 안내하고 계시는 새로운 세계로의 푯말이고, 그 새로운 세계가 도래하기를 바라는 우리의 기도에 하나님께서 응답하시는 도구이며, 새 하늘과 새 땅에 대한 실제적이고 구체적이며 각 지역에 뿌리를 둔 맛보기다.

학생들 또는 우리의 지도를 받는 사람들에게 사회에 대한 교회의 이런 비전을 말할 때마다, 우리는 그들이 우리의 논의에 크게 자극받고 있음을 느낀다. 무수히 많은 사람이 동일한 주제에 관해 생각하고 있으며, 하나님께서 불어넣으신 이런 꿈과 소망을 실행할 수 있는 공동체를 염원하고 있다. 그러나 이런 방향으로 움직이면서 새 창조의 표지, 도구 및 맛보기가 되기 위해 필요한 조정을 함으로써 발생하는 어려움은 상당하며 많은 대가가 따른다. 일반적인 교회 사업은 회중이 사회에 영향을 미치고 이웃과 힘을 합하며 타인으로부터 배우는 데 열려 있도록 적절하게 인도하지 못할 것이다. 모쪼록 이 책이 교회가 참된 교회의 정체성 안으로 도약해 들어가고, 세상을 변화시키는 교회의 운명을 성취하며, 하나님께서 의도하시는 그런 사람들이 되게 하는 데 미미하나마 기여하게 되기를 희망한다.

TO ALTER YOUR WORLD

1장

해산하는 여인처럼
신음하시는 하나님

내가 오랫동안 조용하며 잠잠하고 참았으나
내가 해산하는 여인같이 부르짖으리니
숨이 차서 심히 헐떡일 것이라(사 42:14).

이스라엘은 하나님의 말씀을 고대했다. 그들은 바빌로니아 유배라는 굴욕과 혼란을 겪고 있었기에, 그들에게는 새로운 한마디의 말씀, 오로지 한 조각의 희망이 간절했다. 거짓 예언자들은 그들의 유배가 금방 끝나고 바빌로니아가 무너지며 예루살렘이 다시 회복되어 그들이 곧 이스라엘 땅으로 돌아간다고 예언했다. 그러나 그들의 이런 예언은 허구적 희망에 불과했다. 그들은 자신들의 조상이 살았던 땅으로 곧 돌아간다는 조짐을 어디에서도 찾을 수 없었다. 예언자 예레미야는 그들에게 바빌로니아가 지금 이스라엘 세대가 머무는 유일한 장소가 될 것이라고 조언했다. 그는 그들에게 적국에 정착하여 그 땅에서 일하고 "집을 짓고 거기에 살며 텃밭을 만들고 그 열매를 먹으라"고 요구했다(렘 29:5). 그래서 그들은 바빌로니아에 머물며 자신들을 사로잡은 자들 가운데 거했다. 그러면서도 새로운 세상이 도래하고 있다는, 하나님으로부터의 새로운 비전을 고대했다.

결국 또 다른 예언자 이사야를 통해 하나님은 다음과 같이 말씀하기 시작하신다. "내가 오랫동안 조용하며 잠잠하고 참았다." 이사야를 통해 그들에게 전달된 말씀은 숨이 멎을 정도로 충격적이다. 이 말씀에 사용된 이미지는 심오하고 놀랍다. "내가 해산하는 여인 같이 부르짖으리니 숨이 차서 심히 헐떡일 것이라"(사 42:14).

마치 해산하는 여인처럼 하나님께서 신음 가운데 새로운 생명을 곧 출산하실 것이라는 말은 충격적인 선언이다.

이는 하나님에 대해 예상치 못한 은유다. 왜냐하면 고대 세계에서 해산 중인 어머니보다 연약한 존재는 없었기 때문이다. 출산 중에 산모가 사망하는 경우도 많았다. 고대 세계에서의 출산은 오늘날의 출산과는 매우 달랐다. 땅에 구멍을 뚫고 그 주변에 밝게 칠한 출산용 벽돌을 올려놓았는데, 출산하는 여성들은 이 벽돌 위에 웅크려 무릎을 꿇거나 서 있었다. 좀 더 부유한 가정의 여성들은 출산을 위해 특별히 제작된, 좌석 가운데 구멍이 나 있는 의자에서 아이를 낳았다. 이 두 유형의 출산 관행은 성서 시대 유대인 여성들 사이에서도 흔했다.

이스라엘이 패배하여 포로가 되는 일련의 과정 가운데 침묵하신 하나님은 마치 출산의 마지막 단계에 처한 연약한 여인처럼 무기력한 존재로 여겨졌다. 그러나 겉으로 보이는 하나님의 부재는 연약함이 아니었다. 그것은 임신이었다. 이제 야웨는 마치 해산하는 여인처럼 부르짖으며 이스라엘 백성에게 새로운 미래를 안겨주실 것이다.

사실 출산 중인 여성은 더 큰 위험에 노출될 수 있지만, 그녀가 보여주는 무력함은 생명을 가져오는 특별한 힘 그 이하로 여겨져서는 안 된다. 이는 이스라엘 백성들이 바빌로니아 유배에서 겪은 모욕적인 하나님의 부재를 묘사하기 위해 그분이 선택하시는 은유다. 그리고 이 은유는 수세기에 걸친 하나님의 역사, 곧 약함을 통해 강함을 드러내시는 그분의 역사를 아름답게 묘사한다.

오늘날 어떤 사람들은 서구 사회에서 교회가 현재 처한 상황을 일종의 유배 상황으로 언급한다. 기독교인들이 낯선 땅으로 옮겨진 것은 아니지만, 그들 주변의 문화가 변해버렸다. 외국 땅에 집을 짓고 정원을 가꾸며 사는 듯한 느낌은 기독교인들에게 낯설지 않다. 이는 마치 교회의 발아래 있는 땅이 최근 몇 세대 동안 이동해버림으로써 그들이 야웨의 음성을 듣고 앞으로 나아갈 길을 알며 미래에 대한 하나님의 약속을 신뢰하고자 하는 절박한 필요에 처한 것과 같다.

우리에게 오늘의 세상은 확실히 외국 땅이다. 우리가 이 책을 쓰고 있는 이 순간, 자칭 이슬람 국가(IS)라는 단체가 리비아와 시리아에서 기독교인들을 참수하고 있다. 보건 전문가들은 서아프리카에서 발생한 에볼라 유행병을 통제하기 위해 애쓰고 있다. 미국은 아동 이민 위기에 대처하기 위해 고군분투하고 있다. 우리는 다음과 같은 만성적 아픔을 지닌 채 살고 있다. 가정 폭력, 아동 성폭력, 가족 파탄, 약자들에 대한 억압, 추잡한 정치, 불공정한 사업 관행, 인종 차별, 극심한 가난, 부정직한 정부, 살인, 절도, 환경 파괴, 그리고 이 모든 것의 핵심을 관통하여 흐르고 있는 균열과 깨짐의 수많은 지표들 말이다.

나라들은 끊임없이 전쟁 중이다. 사회는 끊임없이 고통받고 있다. 우리의 자녀를 위한 색다른 교육 방식에 대한 깊은 열망과, 사업과 정치를 수행할 새로운 방식에 대한 갈망이 존재한다. 아무도 이 동일한 궤적 위에 계속 머무는 것이 세상을 치유하는 데 있어 변화를 가져오리라고 믿지 않는다.

마치 유배된 이스라엘처럼 오늘날 교회는 하나님의 말씀을 동경한다. 기독교인으로서 우리는 그리스도께서 새로운 질서, 구원, 치유 및 회복을 가져오기 위해, 그리고 구속된 자들로 이루어진 새로운 사회를 낳기 위해 이 세상에 오셨다고 믿는다. 그리고 이런 새로운 사회로서 우리는 하나님께서 역사를 진정한 종말로 이끌어가고 계신다는 진리를 굳게 붙잡는다. 그러나 이스라엘처럼 우리는 하나님께서 일하고 계신다는 사실을 새롭게 들어야 할 필요가 있다. 비록 혼돈과 악의 세력이 분명히 존재하는 듯 보이지만, 우리는 하나님께서 해산하는 여인처럼 신음하시며 여러 세대를 통해 약속되고 그리스도 안에서 확증된 새로운 세상을 생성하고 계심을 기억해야 한다.

우리는 예수의 삶과 죽음 및 부활이 깨어진 세상의 필요 속으로 깊이 들어가라고, 그리고 앞으로 도래할 세대에 대비하여 모든 것의 갱신, 회복, 화해의 대리인으로서 하나님의 사역에 참여하라고 전 인류를 초대하고 있다고 믿는다. 더욱이 우리는 우리의 임무가 세상을 변화시키는 것이 아니라, 그리스도가 이미 태동시킨 세계의 일부가 되는 것이라고 제안한다. 레슬리 뉴비긴 주교는 다음과 같이 말한다.

성서는 모든 나라를 위한 축복이라는 하나님의 목적으로 점철되어 있다. 성서는 세상과 그 안에 있는 인간을 창조하신 하나님의 목적의 완결과 관련이 있다. 노골적으로 말해서 성서는 구속된 영혼이 역사 밖으로

탈출하는 방식을 제공하는 것이 아니라, 역사의 참된 종말을 가져오시는 하나님의 행위와 관련이 있다.[1]

올바른 법률 제정을 위한 또 다른 경쟁에 참여하거나 경계선 상의 지위를 따르는 대신, 우리는 중심이 되면서도 대중적인 차원에서의 삶을 살아가고 참여함으로써 세상을 배태하시는 하나님의 사업에 참여하는 일이 가능하다고 믿는다. 하나님의 구원 계획은 우리에게 우리의 인근 지역, 도시, 마을에서 예수의 방식으로 살고, 우리의 직업적 소명에 충실한 삶을 살며, 모든 것을 의롭고 온전케 하시는 하나님의 사역에 참여하라고 요청한다. 이는 쉽게 수행할 수 없는 기념비적인 임무로, 우리는 평생에 그 임무를 성취할 수 있다는 아무런 확신도 없이 그것을 받아들인다. 이는 우리보다 더 크고 심지어 교회의 사역보다 훨씬 큰 임무다. 뉴비긴의 말에 의하면, 그것은 역사의 진정한 종말을 가져오시는 **하나님의 행위**다. 그리고 우리는 하나님의 대리인들로서 하나님을 사랑하고 섬기는 가운데 깨어진 세상의 오염된 토양에 갱신이라는 씨앗을 뿌리도록 요청받는다. N. T. 라이트(N. T. Wright)는 다음과 같은 방식으로 우리의 임무를 기술한다.

하나님의 형상을 지니고 하나님을 사랑하며 그리스도로 옷 입고 성령으

---

1   Lesslie Newbigin, *The Open Secret: An Introduction to the Theology of Mission*, rev. ed. (Grand Rapids: Eerdmans, 1995, 『오픈 시크릿: 마침내 드러난 하나님의 비밀·선교』 [복있는사람 역간]), 33-34.

로 충만한 기독교인으로서 우리의 임무는 타락을 발견한 세상에 구원을, 깨어짐을 발견한 세상에 치유를, 그리고 오로지 착취, 공포, 의심만을 알고 있는 세상에 사랑과 신뢰를 선포하는 것이다.[2]

예수를 따르는 우리는 이 땅에서의 삶이 지닌 평범하고 일상적인 아름다움과 깨어짐 가운데서 구원, 치유, 사랑, 신뢰를 받고 이를 입증하는 법을 배운다. 우리는 믿음과 화해의 공동체로서 함께 모임으로써 우리의 신성한 부르심, 즉 하나님께서 이 세상에 태동시키시는 새 창조의 표지가 되라는 신성한 부르심을 구현한다. 이것이 바로 우리의 집단 정체성이다. 그리고 이를 통해 우리는 이 세상을 변화시키고 다음 세상을 고대하는 하나님의 역사에 참여한다.

이스라엘의 거짓 예언자들은 바빌로니아에 포로로 잡혀 있는 이스라엘 사람들에게 그곳에 정착하지 말고 임박한 풀려남에 대비하여 언제든 떠날 준비를 하라고 채근했지만, 하나님의 참된 아들딸들은 하나님의 통치가 우리 자신의 힘으로 속히 성취될 수 있는 것이 아님을 안다. 만일 하나님께서 해산하는 여인 같이 신음하고 계신다면, 만일 새로운 세상이 현재 무너져 있는 세상의 틈 사이를 비집고 나와 우리의 눈앞에 펼쳐진다면, 우리가 할 일은 새로운 세상의 탄생을 서둘러 재촉하는 것이 아니다. 오히려 우리의 임무는 분만실에서 하나님

---

2   N. T. Wright, *The Challenge of Jesus: Rediscovering Who Jesus Was and Is* (Downers Grove, IL: InterVarsity Press, 1999, 『예수의 도전』[성서유니온선교회 역간]), 184.

과 함께하며 하나님의 일에 동역하고, 우리의 전략과 방법으로 새 세상을 가져올 수 있다는 생각을 멈추는 것이다. 사실 우리는 최근 몇 년간 새로운 질서를 가져오려고 시도했지만, 하나님께서 바라시는 이 세계의 회복과 구원 또는 화해를 이루지 못했다.

종교적·정치적 행위만으로는 새로운 세상을 탄생시킬 수 없다

지난 반세기 동안 미국 교회는 자신의 문화 형성의 에너지를 두 갈래의 접근에 광범위하게 쏟아왔다. 즉 교회를 개척하고 성장시키는 접근과, 구체적으로 특정한 도덕적·윤리적 이슈들에 관한 정치적 과정에 참여하는 접근이다. 이는 마치 우리가 더 많고 더 큰 교회들과 더 나은 입법이 새로운 세상을 가져올 수 있다고 믿는 것 같다. 그래서 이런 믿음이 우리에게 어떤 결과를 가져왔는가? 이렇게 특별한 비전을 통해 각 나라가 겪고 있는 고통이 얼마나 진정되었는가? 솔직히 말해서 그다지 잘 진정되지 않았다.

예를 들어 최근의 조사가 우리에게 말해주는 것은 부의 불균형이 경제 대공황 이후 인종적·민족적 경계를 심각할 정도로 벌려놓았다는 것이다. 2013년에 백인 가구의 재산은 흑인 가구 중산층이 소유한 재산의 열세 배였는데, 이 수치는 2010년의 여덟 배와 비교된다.[3] 이

---

3 Rakesh Kochhar and Richard Fry, "Wealth Inequality Has Widened Along Racial,

는 1989년 이후 가장 큰 격차인데, 1989년에는 백인 가구의 재산이 흑인 가구가 지닌 재산의 열일곱 배였다. 이런 세상이 하나님께서 의도하시는 세상일까?

더욱이 2014년 미주리주 퍼거슨에서 발생한 폭동은 에드 스테처(Ed Stetzer)가 말한 "중요하지만 좀처럼 인정되지 않는 진리, 곧 인종 차별이 우리 문화 안에 살고 있는 많은 이들 가운데 여전히 존재하며 깊이 자리 잡고 있다는 진리"[4]를 강하게 드러냈다. 인터넷 블로그 *Christianity Today*에서 레온스 크럼프(Leonce Crump) 목사는 다음과 같이 썼다. "우리는 억압적 체제하에 살고 있는데, 이 억압적 체제는 모든 집단의 진보를 가로막고 특정 집단의 진보에 유익을 주도록 전략적으로 조작된다. 이는 불공평한 것이다."[5] 크럼프의 블로그에 대한 반응으로 스테처는 다음과 같이 말했다. "미국의 경건한 많은 흑인 지도자들이 상처를 입었으며 자신들이 상처받은 이유를 설명하고 있다. 나는 그들의 말에 귀를 기울여야 한다고 생각한다."[6]

Ethnic Lines Since End of Great Recession," December 12, 2014, www.pewresearch.org/fact-tank/2014/12/12/racial-wealth-gaps-great-recession.

4 Ed Stetzer, "A Decision in Ferguson: How Should Evangelicals Respond?," *The Exchange: A Blog by Ed Stetzer, Christianity Today*, November 24, 2014, www.christianitytoday.com/edstetzer/2014/november/decision-in-ferguson-how-should-evangelicals-respond.html.

5 Leonce Crump, "It's Time to Listen: Will White Evangelicals Ever Acknowledge Systemic Injustice? (Part 2)," *The Exchange: A Blog by Ed Stetzer, Christianity Today*, August 22, 2014, www.christianitytoday.com/edstetzer/2014/august/its-time-to-listen-will-white-evangelicals-ever-acknowledge.html.

6 Stetzer, "A Decision in Ferguson."

경청은 확실히 첫 번째 단계다. 우리가 분명하게 동의하는 것은 특권 및 권력의 남용이 하나님께서 가져오시는 세상의 특징이 아니라는 것이다. 인권 운동가 미셸 알렉산더(Michelle Alexander)는 『새로운 흑인 차별 정책』(The New Jim Crow)에서 다음과 같이 말한다. "만일 우리가 미국에 존재하는 인종 카스트 제도의 역사를 끝내기 원한다면, 우리는 우리의 인종적 뇌물을 내려놓고, 변화의 자연스러운 해결을 기다리는 것에 만족하지 않는 모든 인종의 사람들과 연대하여 우리의 길에 방해가 되는 자들에게 다음과 같이 말해야 한다. 우리 모두를 인정하든지, 아무도 인정하지 않든지 둘 중에 하나를 택하라고 말이다."[7] 우리의 경청은 예수의 복음을 실행하는 실천으로 반드시 이어져야 한다. 사회를 변혁시키고 단지 몇몇 특정 부류만이 아닌 모든 사람을 위한 자유를 가져오는 방식으로 말이다.

여기에 최근 미국 전역에서 일어난 대규모 총격 사건의 예를 추가하면, 미국은 폭력에 관한 문제를 안고 있음이 분명하다. 현재 미국의 민간인들이 소지하고 있는 총기의 수는 2억 8천 3백만 개로 추정된다. 실제로 미국에서는 해마다 3만 명 이상의 사람이 총기 사고로 사망하고 있다. 이는 매일 팔십 명 이상이 목숨을 잃고 있다는 것으로, 그중 절반의 사람이 18세에서 35세 사이에 해당한다. 살인은 이 연령대의 미국 흑인이 사망하는 주요 원인이다.[8]

---

7 Michelle Alexander, *The New Jim Crow: Mass Incarceration in the Age of Colorblindness* (New York: The New Press, 2012), 258.

8 다음을 보라. heedinggodscall.org/content/pfctoolkit-10.

만일 총기 사망으로 충분치 않다면, 여성에 대한 가정 폭력의 전염병에 사로잡혀 있는 우리의 모습을 보라. 네 명의 여성 중 한 명이 그들의 친밀한 파트너로부터 폭력을 경험했다고 보고한다. 소라야 체멀리(Soraya Chemaly)가 지적한 것처럼, 테러로 인한 불안의 시대에 "통계적으로 말해서, 미국 여성은 테러리스트의 공격을 받을 확률만큼이나 자기 집 가구에 의해 살해될 확률이 높다." 남편이나 남자친구의 손에 교살당하는 일은 훨씬 흔하다. 그래서 「워싱턴 포스트」(*Washington Post*)는 교살을 "살인의 관문"(gateway to murder)이라고 불렀다. 상황을 놓고 보자면, 6,800명 이상의 미국 군인이 아프가니스탄과 이라크에서 전투 중에 숨졌다.[9] 그런데 같은 기간에(2001년부터 2012년까지) 가정 폭력으로 미국에서 살해된 여성의 수는 11,766명이다.[10]

우리의 세상에 치유가 필요하다는 다른 증거가 더 필요하다면, 미국 어린이 30명당 한 명이 노숙자라는 최근의 보도를 보라. 이는 2백 5십만 명의 어린이가 대피소, 이웃집 지하, 차, 캠프장, 아니면 이보다 더 열악한 곳에서 살고 있음을 뜻한다. 이 수치는 이전 비율과 비교할 때 현저한 증가를 보여준다. 인종 차별, 증가하는 가난 및 가정 폭력이 이처럼 역사적으로 높은 노숙자 비율에 책임이 있는 것으

---

9   Amy Roberts and Lindsey Knight, "By the Numbers: Memorial Day and Veterans," May 26, 2016, www.cnn.com/2012/05/25/politics/numbers-veterans-memorial-day.

10 가정 폭력에 대한 통계에 대해서는 다음을 보라. Soraya Chemaly, "50 Facts About Domestic Violence," January 30, 2013, www.huffingtonpost.com/soraya-chemaly/50-actual-facts-about-dom_b_2193904.html.

로 규명되었다.[11]

　기독교인들이 정치적으로 낙태에 반대하고 있음에도 불구하고, 2011년 한 해에만 미국에서 백만 건 이상의 낙태가 시행되었다. 흥미로운 사실은 낙태 비율이 2000년 이후로 떨어지고 있지만, 가난한 여성들 사이에서는 낙태가 18퍼센트 증가한 반면에, 고소득 여성들 사이에서는 28퍼센트 감소했다는 점이다.[12]

　우리는 불이익, 잔인함, 차별, 증오와 관련된 여러 예를 설명할 수 있다. 여기서 우리의 요점은 우리가 하나님께서 바라시는 그런 세상에 살고 있지 않다는 것이다. 이는 마치 유배와 같다. 그러나 두려워하지 말라. 하나님께서 해산하는 여인 같이 숨이 차 헐떡이는 가운데 지금 인내로 견디고 있는 자들에게 완전히 다른 미래를 외치고 계시기 때문이다. 하나님의 백성의 문화를 변화시키는 사역을 교회 성장 및 정치적 로비로 축소한 것은 사회의 궤적을 주목할 만한 방식으로 전환시키지 못했다. 하지만 미국 교회는 계속해서 시간과 에너지 및 돈을 교인 수와 교회 출석률이 감소하고 새로운 교회 개척의 수명이 단축되는 흐름을 되돌리는 데 쏟아붓고 있다. 이런 일이 정말로 우리의 일차적 관심사가 되어야 할까? 우리는 우리의 소명이 이보다는 야

11　Alan Yuhas, "One in 30 US Children Are Homeless as Rates Rise in 31 States, Report Finds," November 17, 2014, www.theguardian.com/us-news/2014/nov/17/report-one-in-30-us-children-homeless.

12　Lawrence B. Finer and Mia R. Zolna, "Declines in Unintended Pregnancy in the United States, 2008-2011," March 3, 2016, *The New England Journal of Medicine*, www.nejm.org/doi/full/10.1056/NEJMsa1506575.

심 차고, 역동적이며, 대담한 것이라고 믿는다.

우리의 소셜 미디어는 젊은이들이 왜 교회를 떠나는지에 관한 블로그와 기사들로 자주 채워진다. 믿는 가정에서 태어났지만 지금은 교회를 떠났거나 어려서 갖고 있던 신앙을 부인하는 사람들의 수에 대한 통계 결과는 좋지 않지만, 그들이 교회를 떠나는 이유에 집중하는 것이 실제로는 그들을 교회로부터 완전히 몰아내는 데 기여하고 있는지도 모른다. 교회가 좀 더 많은 시간을 교회가 마땅히 되어야 하는 모습을 실제로 유지하는 데 할애하고, 더 적은 시간을 21세기 사람들이 왜 게으르거나 자기중심적인지를 파악하는 데 사용한다면, 이것은 그렇게 큰 문제가 아닐 것이다. 다시 말해서 교회를 이탈한 자들의 문제가 무엇인지를 알아내려고 애쓰지 말고 지금 당장 교회의 어느 부분이 문제인지를 살펴보라. 카를로스 로드리게즈(Carlos Rodriguez)의 말처럼, "총기 소지 찬성, 낙태 반대, 이민자들은 나쁘다는 구호, 예수를 오직 보수적으로만 아는 접근방식, 이런 것들로 인해 우리는 하나님이 보다 귀히 여기시는 것, 곧 영혼을 잃어버리게 된다."[13]

이렇게 말한다고 해서 로드리게즈가 성서적 가치들에 물타기를 시도하고 있는 것은 아니다. 그는 젊은 기독교인들을 불쾌하게 만드는 전투적 문화에 관해 이야기하고 있을 뿐이다. 그는 영화배우 제니퍼 로렌스(Jennifer Lawrence)가 그녀가 자란 켄터키 교회를 향해 말한 비난을 들었고, 그에 대한 반응으로 논문을 작성했다. 그가 인용한 로

---

13 Carlos Rodriguez, "Jennifer Lawrence Challenges the Church," *My Christian Daily*,

렌스의 말에 따르면, 켄터키 교회 사람들은 쇠스랑 같이 생긴 십자가를 들고 선한 싸움을 싸운다. 이것은 정말 깜짝 놀랄 만한 이미지다. 이런 행위가 옳든지 그르든지 간에, 이런 이미지는 오늘날 기독교인들에 대한 광범위한 풍자로 자리 잡았다. 우리는 젊은 기독교인들이 목사이자 인터넷 블로그 운영자인 존 파블로비츠(John Pavlovitz)의 다음과 같은 간결한 발언에 동의하리라고 생각한다. "다른 사람이 믿는 것을 깎아내리지 않으면서 당신이 믿는 것을 단언할 수 없다면, 당신의 증언은 형편없는 것이다."[14]

포스트기독교 사회로부터의 철수

보다 최근에는 교회가 사회를 향한 전투적 자세를 버리고, 우리가 포스트기독교 문화에 살고 있음을 인지하며, 일종의 유배된 공동체로서 소외된 자들을 돌봐야 한다는 다른 주장들이 제기되었다. 예를 들어 미 대법원이 2015년에 내린 동성 결혼 합헌에 대해 보수적 신앙을 지닌 블로그 운영자이자 저자인 로드 드레어(Rod Dreher)는 다음과 같이 선언했다. 기독교인들이 전략적으로 중심 무대에서 물러나 "주위의 문화적 어둠을 뚫고 활활 타오르는 믿음의 빛"을 간직할 수 있는, 그

January 21, 2016, mychristiandaily.com.au/dr/jennifer-lawrence-challenges-the-church.

14 위의 글.

들의 주변부 지위를 포용할 때라고 말이다. 그는 계속해서 다음과 같이 말했다. "우리는 실제로 우리가 문화적으로 포스트기독교 국가에 살고 있음을 인정해야 한다. 기독교인들이 오랫동안 의존할 수 있었던 기본 규범들은 이제 존재하지 않는다."[15]

영국 작가 마크 우즈(Mark Woods)는 이런 논의에 비중을 두고 있는데, 유럽의 기독교인들이 사회에서 그들의 주변적 지위를 오랫동안 포용해왔다고 설명하면서 미국의 보수주의 기독교인들에게 잠에서 깨어 커피 냄새를 맡으라고 요구한다. "복음주의자들이 이제는 과거와 달리 그들과 어울리지 않는 사회에서 살아가는 일에 익숙해져야 할 것이다."[16] 우즈는 2단계 제도를 추천했는데, 이 제도에서는 기독교인들이 결혼을 한 가지 방식으로 정의하기를 선택할 수 있지만, 정부는 그것을 다른 방식으로 정의할 수 있다. 다시 말해 교회는 정부에 반하는 그들의 접근이 지닌 유익과 축복을 극찬하면서 주변부에 위치한 대안 공동체가 될 것이다.

이런 접근은 기독교 보수 종파(Religious Right)에 속한 다수가 채택해온 전투적 자세에 신물이 나버린 많은 사람에게 효과적으로 호소하고 있는 것으로 보인다. 사회적으로 보수적인 기독교인들이 동성

---

15 Rod Dreher, "Orthodox Christians Must Now Learn to Live as Exiles in Our Own Country," *Time*, June 26, 2015, time.com/3938050/orthodox-christians-must-now-learn-to-live-as-exiles-in-our-own-country/.

16 Mark Woods, "Gay Marriage Is Legal in the US, Try Not to Worry," *Christian Today*, June 26, 2015, www.christiantoday.com/article/gay.marriage.is.legal.in.the.us.try.not.to.worry/57286.htm.

결혼을 합법화한 대법원의 오버게펠(Obergefell) 판결을 결혼에 관한 로 대 웨이드(Roe v. Wade) 판결이라고 비난했을 때, 온건하고 진보적 성향의 많은 기독교인들의 집단적 신음이 터져 나왔다. 이는 또 다른 전투를 의미하는가? 마지막 전쟁과 같은 또 다른 문화 전쟁이 발발하는 것일까? 비록 그 전쟁에서 보수적 기독교의 가치가 승리하지 못했지만 말이다. 전쟁에 지쳐 있든지 아니면 전쟁 중인 사람들에게 지쳐 있든지, 많은 기독교인들은 포스트크리스텐덤 시대에 살고 있는 유배된 자들로서 목적을 찾기 위해 가장자리로 물러난다는 생각에 어느 정도 위안을 얻는다.

그러나 바빌로니아에 포로로 잡혀 있는 이스라엘 백성들을 향한 예레미야의 예언은 사회 한쪽 구석에 쪼그려 앉아 때가 될 때까지 마냥 기다리라는 것이 아니었다. 예레미야를 통한 하나님의 말씀은 다음과 같았다.

> 만군의 여호와 이스라엘의 하나님께서 예루살렘에서 바벨론으로 사로잡혀 가게 한 모든 포로에게 이와 같이 말씀하시니라. "너희는 집을 짓고 거기에 살며 텃밭을 만들고 그 열매를 먹으라. 아내를 맞이하여 자녀를 낳으며 너희 아들이 아내를 맞이하며 너희 딸이 남편을 맞아 그들로 자녀를 낳게 하여 너희가 거기에서 번성하고 줄어들지 아니하게 하라. 너희는 내가 사로잡혀 가게 한 그 성읍의 평안을 구하고 그를 위하여 여호와께 기도하라. 이는 그 성읍이 평안함으로 너희도 평안할 것임이라"(렘 29:4-7).

유배된 이스라엘 백성은 바빌로니아 문화에 맞서 싸우지도 말고 그 문화로부터 물러서지도 말아야 했다. 그들은 바빌로니아 문화 가운데서 **살아가라는** 명령을 받았다. 우리는 이것이 오늘날 교회의 방법이기도 하다고 생각한다. 이 방법은 전투와 후퇴 사이에 위치한 제삼의 방식이다. 지금은 교회가 물러설 때가 아니라 우리가 중요한 부분으로서 속해 있는 사회의 리듬에 기대어 다른 이들과 공유하는 인간성을 인식해야 할 때다. 그래야만 우리가 변화의 참된 촉매제가 될 수 있고, 은혜와 사랑 및 자비의 참여적 공동체로서 소금과 빛처럼 천천히 그러나 확실하게 문화적 가치를 변화시킬 수 있다.

최근에 우리는 「뉴욕 타임즈」(*New York Times*)의 칼럼니스트인 데이비드 브룩스(David Brooks)의 기고를 읽고 기뻤는데, 이 기고문에서 브룩스는 오버게펠 판결에 분개하는 "사회적 보수주의자들"에게 오래된 문화 전쟁적 접근 방식과 다른 전략을 구사하라고 촉구했다. 우리는 그의 충고가 온건하고 진보적인 기독교인들에게도 적용된다고 생각한다.

우리는 형체가 없고 급진적인 변화에 시달리는 사회에 살고 있다. 이 사회에서는 유대감, 사회적 구조 및 약속은 제한되고 해이해진다. 수백만 명의 어린아이들이 스트레스를 받으면서 형체 없는 유동적인 삶을 살아가고 있다. 많은 공동체가 사회적 자산의 손실로 고통받고 있다. 많은 젊은이가 야만적인 성적·사회적 환경에서 자라나고 있다. 이는 기준이 되는 일반적 규범이 없기 때문이다. 많은 성인이 의미와 선량함에 굶주려 있지만, 상황을 통찰해낼 수 있는 영적 어휘가 부족하다.

　사회적 보수주의자들은 사회의 힘줄을 다시 엮어내는 데 도움을 주는 사람들이 될 수 있다. 그들은 이미 이타적 사랑에 기반한 신앙을 소유한 자들이다. 그들은 헌신의 표본으로서 기능할 수 있다. 그들은 옳은 것과 그른 것, 위엄 있는 것과 위신을 떨어뜨리는 것을 구별할 수 있는 어휘를 갖추고 있다. 그들은 이미 개인적으로 가난한 자들을 위해 그들의 십일조를 사용하며 외로운 자들을 돌본다.

　사회적 보수주의를 정의하는 가시적 기준은 다음과 같은 사람들일 수 있다. 즉 그들은 소외된 지역에 들어가 조직을 형성하여 안정된 가정을 육성하는 데 도움을 주는 사람들이다. 상황이 열악한 곳에 공동체적인 기관을 설립하는 사람들이다. 경제적 실업과 영적 빈곤이 어떻게 부정적으로 상호작용하고 있는지에 관해 우리의 생각을 도울 수 있는 사람들이다. 일상에서 초월적 존재에 관해 우리와 대화를 나누는 사람들이다.[17]

다시 말해서 브룩스의 말처럼, 프랭클린 그레이엄(Franklin Graham)보다는 도로시 데이(Dorothy Day) 같은 사람이, 보수적 기독교 정치단체인 모럴 머조리티(Moral Majority)보다는 구세군 같은 단체가 더 필요하다. 브룩스가 공개적으로 자신을 기독교인으로 밝히고 있지는 않지만, 그는 지금 정확하게 우리가 권하고 있는 일을 하라고 교회에 요구

17　David Brooks, "The Next Culture War," *New York Times*, June 30, 2015, www.

하고 있다. 즉 분열로 찢기고 혐오로 인해 괴로워하며 무관심으로 감각이 없는 사회를 고치라고 말이다. 기독교 도덕주의는 아무것도 이룬 것이 없다. 사실 교회는 우리의 이웃을 우리 자신처럼 사랑하기 위한 노력보다 우리가 완전히 입증할 수 없고 우리 중 아무도 온전히 살아내지 못하는 도덕적 규범 개발에 더 많은 힘을 쏟아왔다. 하나님은 사랑이시며, 오직 하나님만이 완벽한 사랑의 지혜를 갖고 계신다. 어떤 도덕적 규범이 우리에게 있더라도, 이를 통해서는 우리가 하나님의 완전한 사랑에 더 가까이 나아갈 수 없다.

기독교인들은 예수가 인종 차별과 인종 간의 불평등에 대한 해답을 갖고 있다고 믿는가? 우리는 가정 폭력 및 국가 간 폭력으로 물든 세상에 성서가 해답을 제공한다고 생각하는가? 성서는 사람들을 교회 예배로 초청하는 것 이상의 일과 관련이 있는가? 물론 그렇다! 그러나 우리가 교회의 미래를 그리는 데 있어서 우리의 선교는 정체되어 있고 우리의 상상력은 그 깊이가 얕다. 하나님의 구원 계획은 교회의 결실과 분리될 수 없다. 세상이 구원받을 때 교회가 번성한다. 그리고 교회가 번성할 때 세상은 구원받는다. 따라서 교회는 사회의 구조를 수리하고 사랑, 위엄, 헌신, 교제, 은혜의 사절로서 섬기라는 사명을 받았고 그에 상응하는 능력을 부여받았다. 데이비드 보쉬(David Bosch)가 다음과 같이 말한 것처럼 말이다.

---

nytimes.com/2015/06/30/opinion/david-brooks-the-next-culture-war.html.

우리가 전하는 선교적 메시지의 핵심 주제는 그리스도께서 부활하셨다는 것이고, 그 결과 주어진 다음 주제는 교회가 지금 이곳에서 부활의 삶을 살며 사망과 멸망의 권세에 대적하는 표지가 되라는 부름을 받았다는 것이다.[18]

이 책의 관심사는 하나님께서 꿈꾸시는 방법으로 문화의 궤적을 바꾸어나가는 교회를 보고자 하는 열망을 충족시키는 것이다. 그렇게 하려면 공동체, 정치, 사업, 교육, 의료, 예술, 종교, 그리고 사회 자체에 관한 새로운 사고방식이 필요하다. 이 일에는 성직자만이 아니라 모든 사람의 참여가 포함된다. 또 단지 세상이 어떤 교회를 필요로 하는가라는 질문만이 아니라 하나님께서 어떤 세상을 출산하고 계신지에 대한 질문도 포함된다.

하나님은 무엇을 출산하고 계시는가?

우리는 해산하는 여인 같이 숨을 헐떡이고 계신 하나님에 대한 은유가 몇몇 독자를 불편하게 만든다는 것을 알고 있다. 하나님에 대해 여성적 이미지를 사용하는 것에 대한 합리적인 우려가 존재하는데, 이

---

18 David J. Bosch, *Transforming Mission* (Maryknoll, NY: Orbis, 1991, 『변화하는 선교』 [CLC 역간]), 515.

는 이런 묘사가 여성 신에 대해 이야기하는 이교도적 방식과 유사하다는 데 근거한다. 신학자 엘리자베스 악트마이어(Elizabeth Achtemeier)가 이 점에 있어서 우리에게 도움이 된다. 교회가 가부장적이고 배타적인 언어를 사용했음을 인정하면서도 그녀는 하나님이 여성이라고 제안하는 것처럼 보이는 것에 대해 우리에게 경고한다.

> 우선, 성서의 하나님에게는 어떤 성도 없다는 것이 성서학자들의 보편적 이해다. 성(sexuality)은 창조의 한 구조로(참조. 창 1-2장), 창조의 한계 내에 갇혀 있는 개념이다(참조. 마 22:30). 그리고 성서의 하나님은 모든 피조물과 완전히 다른 존재로 일관성 있게 묘사된다.[19]

우리는 이에 동의한다. 우리는 지금 "하나님 어머니"께 기도를 시작해야 한다고 제안하는 것이 아니다. 비록 하나님을 어머니로 부르는 것이 기술적으로 불가능한 것은 아니지만, 이는 수많은 신학적 논쟁을 불러온다. 앞서 인용한 이사야의 언급은 바빌로니아 유배 중에 히브리 사람들 사이에서 하나님이 행하신 역사를 기술하는 은유다. 하나님을 해산하는 여인 혹은 전사 혹은 독수리로 묘사하는 성서의 은유들은 하나님의 본성을 특정하는 요소로서가 아니라 우리가 우리 가운데 역사하시는 하나님의 행위를 이해하는 방식으로서 제시되는 것

---

19   Elizabeth Achtemeier, "Exchanging God for 'No Gods,' A Discussion of Female Language for God," *Theology Matters* 12, no. 3 (May/June 2006): 2.

이다. 그러므로 성서에서 발견되는 다양한 여성적 비유는 성서의 하나님이 지닌 충만함과 아름다움을 우리가 이해하는 데 있어서 매우 유용하다. 신학자 엘리자베스 존슨(Elizabeth Johnson)은 이 점에 있어 우리에게 도움을 준다.

> 하나님의 신비는 남성적 측면으로도 여성적 측면으로도 바르게 이해되지 않는다. 하나님의 신비는 상상할 수 없는 방식으로 두 성을 모두 초월한다. 하지만 하나님이 자신의 신성한 형상으로 남성과 여성 모두를 창조하시고 남성과 여성 모두에게 완벽의 근원이 되시는 한, 각각의 성은 하나님의 신비를 가리키는 은유로서 동등하게 사용될 수 있다. 사실 두 성 모두 하나님을 보다 적절하게 언급하기 위해 필요하다. 왜냐하면 하나님의 형상으로 인류가 창조되었기 때문이다. 남성과 여성의 이미지를 통해 하나님에 대해 언급할 수 있는 이런 "단서"에는 여성이 하나님의 형상으로 지음 받은 존재로서의 위엄을 향유하고 있으므로 하나님을 표현하는 데 있어 남성과 동등하게 사용될 수 있음을 처음부터 분명히 해주는 이점이 있다.[20]

하지만 이에 덧붙여 말하면, 악트마이어의 설명처럼, 성서의 하나님은 다른 종교들에서와는 달리 피조물과 동일시되지 않는데, 그 이유는 창조주가 아닌 피조물을 숭배하려는 인간의 경향을 막기 위함이다

---

20   Elizabeth Johnson, *She Who Is* (New York: Crossroad Publishing, 2002), 55.

(롬 1:25을 보라). 본질적으로 하나님의 "자궁"으로부터 탄생한 피조물이라는 이미지는 창조주와 피조물 간의 구별을 강조하는 매우 중요한 히브리적 개념에 크게 대치된다. 이런 이미지가 히브리 문학에 드문 것도 우연이 아니다. 만일 그랬다면 이는 온갖 종류의 이교도적 해석에 여지를 주었을 것이다. 악트마이어는 다음과 같이 말한다.

> 성서의 하나님은 그분이 만드신 모든 것과 명확히 구별된다. 확실히 하나님은 그분의 말씀(Word)과 영(Spirit)을 통해 그분의 피조물 안에서 일하신다. 그리고 하나님은 그분의 피조물에게 명령하시고 피조물을 존재하게 하신다. 하나님은 끊임없이 피조물을 돌보신다. 그러나 하나님은 피조물과 절대로 동일시되지 않는다. 성서의 종교와 다른 모든 종교를 구별해주는 것도 바로 창조주의 거룩함, 타자성, 초월성이다.[21]

위의 내용을 인정하면서 우리는 이사야 42:14이 창조주로서의 하나님의 역사를 지시하는 것이 아니라 새로운 창조, 즉 유배된 자들이 겪은 잔혹함 및 굴욕의 대안적 현실을 "탄생시키는" 하나님의 행위를 언급하는 것이라고 주장할 것이다. 하나님께는 성이 없다. 그리고 하나님은 모든 피조물과 구별되신다. 그러나 하나님의 통치는 하나님의 거룩하고 은혜로운 본성에서 유래한다. 이는 야웨의 신성한 본질을 반영한다. 우리는 이에 관한 이 땅의 증거물들이 우리가 아닌 하나님

---

21   Achtemeier, "Exchanging God," 4.

에 의해 존재하게 되었다고 말할 수 있다. 이는 지금의 우리에게 그렇듯이 바빌로니아에 유배된 이스라엘 백성들에게도 어려운 교훈이었다. 그들은 무기력하여 자신들의 유배 생활을 끝낼 수 없었고 하나님이 정해놓으신 시간표를 따라야 했다. 따라서 오늘날 우리는 우리 자신의 행위로, 그것이 교회의 일이든지 정치적인 일이든지 간에, 하나님 나라의 도래를 앞당길 수 없음을 배울 필요가 있다. 우리는 단순히 하나님의 시중을 드는 종으로서 우리에게 약속된 세상의 도래에 반응할 뿐이다.

세상을 속히 변화시키고자 하는 바람은 이해할 수 있다. 초조하게 우리의 힘을 정돈하고 우리의 능력을 모으는 것은 합리적인 것으로 보인다. 하지만 이런 모든 행위가 하나님의 계획을 통제하려는 시도로 흘러가게 될 때 심각한 문제들이 발생한다. 이 책은 세상을 변화시키는 일에 관한 책이다. 하지만 이 책은 인내하며 하나님의 말씀을 경청하는 일에 관한 책이기도 하다. 하나님의 통치가 펼쳐지는 것을 보고 배우며, 성령의 계획에 보조를 맞추고, 하나님 나라 사역의 동역자들로서 삼위일체 하나님과 함께하면서 말이다.

다니엘은 바빌로니아에 유배된 자로서 이런 사명을 완벽하게 구현한 인물이다. 갈대아 왕인 느부갓네살 2세의 궁정에 불려와 살면서 다니엘은 막대한 특권과 기회를 누리며 (때로는 큰 위험과 거의 죽음에 이르는 상황을 견디며) 살아야 했는데, 이런 삶 가운데서 사실상 제국의 총리직에 올랐다. 이는 유배된 히브리 사람의 비열한 업적이 절대 아니었다. 구약학자 월터 브루그만(Walter Brueggemann)이 "끝없이 교묘하고, 위험한 협상 과정"[22]이라고 부르는 것을 통해 다니엘은 바빌로니아 사람들 가운데 거하며 저항과 포용 사이에서 균형을 잡아야 하는 불안한 삶을 살면서도 시종일관 그와 함께하시는 야웨의 신실한 현존에 의존한다.

다니엘 7장에서 느부갓네살을 이어 왕위에 오른 벨사살이 통치하는 기간에 다니엘은 큰 바다에서 솟아오르는 무시무시한 짐승들에 관한 기묘한 꿈을 꾼다. 이 네 마리의 괴물은 고대 근동의 큰 제국들, 즉 바빌로니아, 메대-페르시아, 그리스, 마지막으로 가장 최악인 로마를 상징한다. 이렇게 끔찍한 장면을 다니엘의 꿈속에서 풍경처럼 펼쳐보이심으로써 하나님은 인간이 만든 제국의 진정한 본질을 그에게 계시하신다. 인간의 제국은 불결하고 잔인하며 변덕스럽다.

바빌로니아와 로마 이래로 역사는 나치 독일, 소련, 마오쩌둥의 중국, 폴 포트의 캄보디아와 같은 제국들의 부침을 보았다. 오늘날 우리는 북한의 독재자 김정은과, 자칭 이슬람 국가(IS)라고 주장하는 단체의 극적인 등장을 보며 살아가고 있다.

다니엘의 꿈에서 바빌로니아 제국의 숨통은 다니엘이나 그의 세 친구의 노력으로 끊어지지 않았다. 그가 보는 네 짐승은 이길 수도 막을 수도 없는 매우 강력한 존재처럼 나타난다. 유배된 히브리인들이 아무리 노력을 많이 했더라도 그들의 바빌로니아 유배생활에는 어떤

---

22   Walter Brueggemann, *The Word Militant* (Minneapolis: Augsburg Fortress, 2010), 143.

변화도 일으킬 수 없었을 것이다. 마치 초기 교회의 엄청난 인간적 노력으로도 로마 제국을 무너뜨릴 수 없었던 것처럼 말이다. 궁극적으로 이런 제국들은 하나님의 통치가 지닌 순전하고 완전한 힘에 의해 무너진다. 다니엘 7장에서 우리는 하나님의 위엄을 볼 수 있다.

> 내가 보니 왕좌가 놓이고 옛적부터 항상 계신 이가 좌정하셨는데, 그의 옷은 희기가 눈 같고 그의 머리털은 깨끗한 양의 털 같고, 그의 보좌는 불꽃이요, 그의 바퀴는 타오르는 불이며, 불이 강처럼 흘러 그의 앞에서 나오며, 그를 섬기는 자는 천천이요, 그 앞에서 모셔 선 자는 만만이며, 심판을 베푸는데 책들이 펴 놓였더라"(단 7:9-10).

여기서 야웨는 거룩하고 형언할 수 없으며 영원하고 전능하신 분으로 제시된다. 세상의 모든 제국은 왕이자 심판자인 야웨 앞에서 무력하다. 바로 이런 왕이요 심판자이신 야웨가 해산하는 여인 같이 울부짖으시며 우리의 구속과 회복을 출산하고 계신다. 오직 옛적부터 항상 계신 이 곧 야웨만이 우리의 세상을 변화시키실 수 있다. 하나님의 신음소리를 듣고 이에 믿음으로 응답하는 우리는 이렇게 제국을 박살내버리는 일에 하나님을 섬기도록 초대받는다.

이 책 전체에서 우리가 희망하는 것은 이런 초대가 오늘날 실제 상황에서 어떤 모습으로 나타나는지를 탐구하는 것이다. 이를 위해 각 단계와 실제적인 적용을 자세히 다루고 싶지는 않다. 우리가 원하는 것은 교회가 세상에서의 자신의 역할을 이해하기 위해 사용해온 바로 그 은유들을 재설계하는 것이다. 그러나 이에 앞서 우리는 우리의 길을 가로막고 있는, 현재 교회의 가정들과 관행들을 면밀히 살펴볼 필요가 있다.

2장

무엇이 우리의 길을
가로막고 있습니까?

공동체에는 다름이 존재해야 한다.

왜냐하면 교회가 존재하기 때문이다.

만일 어떤 이유로 다름이 사라진다면 공허함이 느껴져야 한다.

불행히도 이런 공허함이 좀처럼 느껴지지 않는다.

우리는 공동체의 변화보다는 교회의 보존에 더 심혈을 기울인다.

에드 스테처(Ed Stetzer)

다니엘이 꿈꾸는 제국들의 충돌에서 "보다 관련이 있는" 교회가 어떻게 완전한 답이 될 수 있을까? 우리는 문화 형성이 교회 성장이나 입법을 포함하지 않는다고 제안하는 것이 아니다. 그러나 교회 성장이나 입법만으로는 한계가 있다고 생각한다. 그리고 우리는 지난 50년간의 증거가 이를 확증한다고 생각한다. 보수적 기독교인들은 칼럼니스트 칼 토마스(Cal Thomas)와 같은 사람들이 1970년대 이후로 기독교의 정치 개입이 성취한 것이 거의 없다고 주장할 때 분개하지만, 이는 기독교인들이 정치적 과정에서 물러나야 함을 의미하는 것은 아니다. 기독교인들은 이런 이슈들에 깊숙이 관여해야 한다. 사실 우리는 기독교인들이 사회의 모든 측면에 관여할 수 있고 관여해야 한다고 믿는다. 예수에 의해 형성되는 삶의 모든 것에 대해 하나님의 관점을 제시하고, 그리스도의 명령을 일부 전문가들이 말하는 "중대한 도덕적 우려"(진화론에 대한 불신, 전통적 결혼 옹호, 낙태 반대)로 축소시키지 않으면서 말이다.

마찬가지로 우리는 교회 성장과 교회 개척에 우리의 모든 소망을 두고 있지는 않지만, 교회 개척자들을 사랑한다. 우리는 사람들을 향한 그들의 마음과 열정, 그리고 어떤 역경 가운데서도 절대로 사라지지 않는 그들의 불굴의 정신을 사랑한다. 우리는 세상이 더 많은 교회를 필요로 한다는 점에 동의한다. 그러나 더 많고 더 좋은 교회가 우리의 유일한 목적이 되어야 한다고 확신하지는 않는다. 더 많은 교회를 개척하는 일이 문제를 해결해주는 것은 아니다. 교회 개척을 새로운 세상의 탄생이라는 위대한 비전의 한 부분으로 보는 것은 우리에게 합리적인 것으로 보이지만, 교회 개척 자체가 목적은 아니다. 아마도 새로운 교회의 개척과 기존 교회의 성장은 우리가 추구해야 할 목적이라기보다는 하나님의 비전에 대한 결실로 보아야 할 것이다.

그렇다면 우리의 길을 가로막고 있는 것은 무엇인가? 교회 성장 전략과 정치적 관여에서 우리의 모든 노력(이 노력은 그 자체로 의미가 있다)의 전반적인 영향력은 왜 이토록 미미한 걸까? 우리는 앞으로 그 이유들을 제시하고자 한다.

주일에 국한된 기독교

확실하게 말해서 교회가 의미 있는 문화적 영향력을 끼쳐야 한다면, 교회는 반드시 사회의 모든 측면에 개입해야 한다. 이는 우리가 정치적 행위를 절대로 배제하지 않는 이유다. 우리는 기독교인들이 나라의 정치, 사업, 법률적 과정, 교육, 예술, 그리고 더 많은 것에 영향을 미쳐야 한다고 생각한다. N. T. 라이트는 다음과 같이 주장한다.

> 우리는 하나님의 새 창조의 일부분이 되라는 부름을 받았다. 그리고 지금 여기서 새 창조의 대리인들이 되라는 부름을 받았다. 우리는 교향곡과 가정생활에서, 회복을 가져오는 정의와 시(poetry)에서, 거룩함과 가난한 자들에 대한 섬김에서, 정치와 그림에서, 새 창조를 본보기로 삼고 그것을 드러내도록 부름 받았다.[1]

새로운 세상을 탄생시키는 우리의 비전에서, 라이트의 말처럼, 만일 새로운 세상의 대리인들이 사회의 모든 영역을 가득 채우고 그리스도께서 가르쳐주신 그들의 가치를 고수한다면, 우리는 우리의 문화가 현재 취하고 있는 길의 진지한 변화를 목격할 수 있을 것이다. 이것은 사회의 모든 영역에서 문화 변화에 기여하는 모든 기독교인에 대한 인정을 포함해야 한다. 새로운 세상의 탄생은 단순히 교회를 변화시키는 일에 관한 것이 아니라 전 세계를 변화시키는 일에 관한 것이다. 라이트는 이것을 다음과 같이 설명한다.

> 공간의 세계, 시간의 세계, 물질의 세계는 실제 사람들이 살고, 진정한 공동체가 발생하며, 어려운 결정이 내려지는 곳이다. 학교와 병원은 복

---

1 N. T. Wright, *Simply Christian: Why Christianity Makes Sense* (London: SPCK, 2006, 『톰 라이트와 함께하는 기독교 여행』[IVP 역간]), 236.

음의 "지금, 이미"(now, already)를 증언하는 곳인 반면에 경찰서와 감옥은 복음의 "아직"(not yet)이 목격되는 곳이다. 공간의 세계, 시간의 세계, 물질의 세계는 국회, 시 의회, 이웃 감시 단체, 그리고 그 외의 모든 것이 더 넓은 공동체의 이익을 위해 설치되고 운영되는 곳이다. 그런데 이 더 넓은 공동체에서 무정부 상태는 (물리적 차원뿐만 아니라 경제적·사회적) 깡패들이 언제나 승리한다는 것을 의미한다. 그곳에서 약자들은 언제나 보호를 필요로 한다. 그러므로 그곳에서 사회의 사회적·정치적 구조는 창조주의 계획의 일부다. 예수의 부활이 지닌 메시지로 새로워진 교회는 바로 이런 공간의 세계, 시간의 세계, 물질의 세계에서 일하는 교회가 되어야 하며, 이런 세계가 하나님 나라, 예수의 주 되심, 성령의 능력이 발생하는 장소라고 미리 주장하는 교회가 되어야 한다.[2]

라이트 박사가 언급하는 이 공간, 시간, 물질에는 반드시 우리의 주중 생활, 즉 월요일부터 금요일까지의 삶이 포함되어야 한다. 기독교인들은 그리스도를 위해 그들의 소명을 변화시키는 대리인들이 될 준비가 되어 있어야 한다.

최근에 나(마이클)는 에드(Ed)라는 이름을 가진 한 기독교인 남성을 만났는데, 그는 캘리포니아주의 교육계에서 일하면서 가난한 지역의 학교들을 되살리기 위해 애쓰고 있었다. 교육행정 분야의 박사

2   N. T. Wright, *Surprised by Hope* (New York: HarperCollins, 2008, 『마침내 드러난 하나님 나라』[IVP 역간]), 265.

이자 탁월한 지도자인 그는 관료주의 체계에서 지금껏 일해왔고, 구석에 있는 사무실에 앉아 편안한 정부의 일을 하는 삶에 만족할 수도 있었다. 하지만 그는 스스로 자신의 지위를 강등시켜 사회적·경제적으로 궁핍한 도시의 지역 감독관으로서 일하기로 결정했다. 그의 가장 최근 과제는 실적이 부진한 세 고등학교를 활성화시키는 일이었다. 에드는 학교의 활성화가 지역사회의 번영을 가져온다고 믿고 있다. 그리고 그의 이런 신념은 결실을 맺고 있는 중이다. 내가 그에게 그가 출석하고 있는 교회나 그 지역의 다른 교회들로부터 어떤 지원을 받고 있는지를 물었을 때, 그는 나를 멍하니 바라보았다. 그는 교회가 이런 일에 기여할 수 있으리라고는 아예 생각해본 적이 없었던 것이다. 그러나 제국을 파괴할 만큼의 가공할 힘을 지닌 에드의 일은 하나님이 무너진 이 세상에서 우리에게 원하시는 일임이 분명하다. 에드의 사역은 특권, 가난, 그리고 뿌리 깊게 박혀 있는 불이익이라는 괴물들에 도전장을 내민다. 이토록 엄청나게 유용한 사역이 간과되고 있다. 그 이유는 우리가 지역사회 전체의 번영을 돕는 것이 하나님 나라의 사역이 아니라고 생각하기 때문이 아니라, 에드가 하는 이런 종류의 일이 일반적으로 목사들이 참여하거나 지지하는 일이 아니기 때문이다.

교회가 새 창조를 탄생시키시는 하나님의 사역에 동참할 수 있는 중요한 방법 중 하나는 에드와 같은 사람들을 자유롭게 풀어주고 양육하며 지원하여 그들이 하나님의 소명을 감당하도록 돕는 것이다. 새 창조는 음악, 시, 그림, 가정 생활, 회복을 가져오는 정의, 가난한 자들에 대한 섬김 등 그 어느 영역에서 그것이 본보기로 드러나든지 간에 성직자들이 일반적으로 관여하는 영역 그 너머에서 반드시 일어나야 한다.

우리의 교회에서 종종 들리는 이야기는 당신의 수입이 얼마든지 간에 당신이 가진 시간, 재능, 그리고 재정은 교회의 프로그램을 시행하고 목회자의 사례비를 지불하기 위해 교회에서 가장 중요하다는 것이다. 이 모든 것은 도시를 축복하기 위해 교회가 시행하는 사역들에 연료를 제공하기 위한 것이다. 전도와 제자 삼는 사역에 관해 말하면, 당신의 선하고 도덕적인 모범, 당신의 간증을 분명히 밝힐 수 있는 능력, 당신이 일하고 놀며 살고 있는 곳에서 보여주는 당신의 자애로운 성향은 사람들을 복음으로 끌어들이고 궁극적으로 그들이 교회에 참여하도록, 더 구체적으로 **당신의** 교회에 참여하도록 유도하기 위한 것이다.

우리는 모두 삶에 궁극적으로 기여한다. 그리고 이는 교인의 수를 늘리기 위해 단순히 교회 프로그램을 지원하고 금전적으로 후원하는 것 이상을 의미한다. 우리는 단지 교회를 개선하기 위해서만이 아니라 세상을 개선하기 위해 하나님의 구원 계획에 참여하도록 특별히 부름을 받았다. 우리의 교회는 교인들이 자신의 직장과 일상생활을 하나님이 일하시는 거룩한 곳으로 여기면서 그들의 소명을 분별하고 그 소명에 부합하는 결정을 내리는 데 필요한 것을 제공해줄 수 있는 기회를 갖고 있다.

사우스 다코타주 수폴즈에 거주하는 저스틴 반데워터(Justin

Vandewater)는 수년간 지역 교회에서 섬기다가 한 기로에 서게 되었다. 우리의 직업이 무엇이든지 간에 우리 모두에게는 세상을 사랑하기 위한 하나님의 선교에 동참해야 한다는 일차적 부르심이 있다고 확신하면서, 그는 Our Primary라는 사역을 공동으로 만들었다. 이 사역은 예수를 따르는 자들과 함께하며 그들이 삶의 전 영역에서 표현되는 자신들의 일차적 부르심을 발견하도록 돕는 일이다. 워크숍과 일대일 코칭을 통해 저스틴과 그의 팀은 사람들이 자신의 꿈에 눈뜨게 하고, 자신의 직업을 하나님의 선교의 소중한 측면으로 여길 수 있도록 돕고 있다. 우리는 예수를 따르는 자들이 교회 활동에서의 그들의 섬김과 자발적 사역을 가치 있는 것으로 여기지 말아야 한다고 주장하는 것이 아니다. 정확히 말하면 우리는 문화 형성에 대한 그들의 기여가 이런 교회 관련 사역에 국한되지 말아야 한다고 제안하는 것이다.

예수를 따르는 자들은 사실 사회의 여러 분야에 종사하고 있으며 문화를 변화시키는 일에 자극을 주는 놀라운 일들을 행하고 있다. 불행하게도 많은 교회가 그들의 신자들이 열정, 전문성, 창의성을 지닌 그들의 자리에서 하나님이 주신 소명을 살아내는 일을 과소평가하거나, 이에 대한 지원을 별로 제공하지 않는다. 교회들은 재능 있는 신자들로 채워져 있는데, 그들은 예수와 함께하는 인생의 여정에서 그들 옆에서 함께 걸으며 세상을 새롭게 하시는 하나님의 사역에 동참할 수 있는 방법을 발견할 수 있도록 그들을 도와주는 동반자, 멘토, 어머니, 아버지를 갈망한다.

교회 구성원들의 삶에 깊이 투자하는 일은 주일 교회 모임만으로는 발생하지 않을 것이다. 이런 투자는 헌신되고 삶과 삶이 만나는 관계를 필요로 한다. 우리는 많은 사람이 그들의 꿈과 소명의 불꽃을 키워주고 부채질해줄 수 있는 유대적 관계가 없어 교회를 떠나고 있다는 사실에 두려움을 느낀다.

"교회를 떠난"(dechurched) 성도들이라는 용어는 한때 조직화된 교회의 일원이었으나 이런저런 이유로 지금은 교회를 떠난 사람들을 묘사하는 데 종종 사용된다. 그러나 그들이 교회 제도를 떠난 것이 그리스도에 대한 지속적인 사랑을 잃어버렸음을 뜻하는 것은 아니다. 이와 관련하여 특별히 한 명의 지도자가 떠오른다. 에밀리(Emilie)는 12년 이상 한 대형 교회를 섬겼다. 사람들을 사랑하고 성서 중심의 공동체를 육성하는 데 열심이었던 그녀는 신학교에서 목회학 석사를 마치고 목회 사역자로 들어가게 되었다. 에밀리는 자원봉사자들을 가르치고 양육하고 조직했으며, 가능한 한 교회가 원활하게 운용될 수 있도록 평범치 않은 일일지라도 모두 완수했다. 몇 년 후, 삼십 대 초반이 된 에밀리의 마음에는 명상의 영성에 대한 관심이 커져갔고, 자신이 섬기는 성공적인 교회의 담장 밖에서 하나님이 하시는 일에 더 많이 참여하기를 원하게 되었다. 그녀는 다른 형태의 교회를 시작해야할 때라고 느꼈는데, 이 새로운 형태의 교회는 하나님께서 한동안 그녀의 생각에서 만들어놓으신 것이었다. 대형 교회에서 물러나는 일은 가슴을 쥐어짜는 아픔이었지만, 동시에 모든 것으로부터의 해방을 의미했다. 그녀는 하나님이 자신을 밖으로 인도해내셨음을 알았지만, 그녀의 동료 사역자들은 그녀의 비전을 오해했고 지지하지 않았다.

미래에 대한 불확실성이 그녀의 마음에 부담이 되었지만, 그녀는 다른 많은 사람들처럼 위험을 감수하고 하나님을 따르면서 앞으로 나아갔다.

애석하게도 일부 성직자들은 에밀리와 같은 사람들을 "교회를 떠난 자들"로 치부해버린다. 우리는 에밀리와 같은 사람들을 향해 헌신이 부족하다거나 교회론이 빈약하다고 비난하는 교회를 사람들이 왜 떠나는지에 대한 인터넷 블로그와 기사들을 읽는 것에 점점 지쳐간다. 많은 사람이 교회를 떠나는 이유는 그리스도를 따르고 세상을 변화시키는 소명이 교회에 기반하거나 주일에 기초한 사역만으로는 역부족이라고 믿기 때문이다. 그들 중 대다수는 지금까지 그들이 보아왔던 것과 다른 무엇을 만들어내기 위해 단순히 하나님의 인도하심에 순종하고 있다. 이렇게 소위 교회를 떠난 사람들이 앞으로 있을 미래 교회에서 정점에 있을 수 있다. 그들은 의미와 목적 그리고 그들이 속할 공동체를 찾고 있는 중이다. 그들이 찾는 공동체는 삶의 질문들과 씨름하는 그들을 도와주고, 일상의 어려운 문제를 해결하도록 그들을 지원해주며, 그들이 그리스도를 따르는 자들로서 신실하게 살고 사랑하도록 만들어주는 곳이다. 제도적 교회를 떠난 사람들이 표현하는 가장 흔한 감정 중 하나는 교회에 출석하는 행위가 그들의 일상에 최소한의 영향만을 미쳤다는 것이다. 하지만 예수는 여전히 그들에게 큰 영향을 미치고 있다. 어떤 이들은 심지어 그들이 기존의 교회에서 경험했던 제도화된 예수로부터 벗어나기로 선택했을 때 실제로 예수를 찾았다고 말하기도 한다.

자신들이 알고 있는 교회 제도를 떠나게 되면서 사람들은 다른 방식으로 공동체를 만들어가게 되었다. 이렇게 탄생한 공동체는 서비스 프로젝트, 활동주의, 명상, 약물 남용 방지 지원 단체, 창의적 참여 운동, 정의 프로젝트, 토론 팟캐스트, 오락 취미, 직장/사업 벤처 모임, 건강 및 웰빙 단체, 이웃 모임, 단계별 인생 친화 단체 등을 구성했다. 이런 형태의 공동체에서 사람들은 유대감에 대한 깊은 열망, 내적 평안, 그들이 세상에 변화를 가져온다는 느낌과 함께 삶의 의미를 추구하고 있다. 우리의 관심은 왜 그들이 이런 것들을 발견하기 위해 교회를 떠나야 했는가에 있다. 사람들은 교회를 떠나는 대신에 교회를 통한 사역에서 이런 의미를 발견할 수는 없는 걸까? 성직자들과 동료 교회 신자들이 이런 사역을 육성하고 그들을 사랑으로 품으며 책임질 수는 없는 걸까? 아니면 교회의 탄생을 지시하는 이런 표지들은 우리가 종종 간과하는 곳, 즉 우리의 전형적인 교회 패러다임 밖에 존재하는 걸까? 그리스도는 여기서 무엇을 하고 계시는 걸까?

우리의 지역사회와 도시에서 하나님의 이야기 속으로 더 풍성히 들어가기를 원한다면, 우리는 주일 교회 경험을 넘어 우리 자신을 보다 큰 공동체의 일부로서 받아들이는 법을 배워야 한다. 교인 수가 감소한다고 목사들이 한탄하는 소리를 들을 때 우리는 그들이 자신의 이웃을 목양하도록 교회 밖으로 풀려날 필요가 있다고 생각한다. 교회 장의자에 앉아 있는 숫자로만 성공을 가늠하는 것은 많은 교회 지도자의 영혼을 파괴할 수 있다. 그러나 교회 밖에 존재하는 사람들은, 그들이 교회를 다니지 않는(unchurched) 사람이든지 교회를 떠난

(dechurched) 사람이든지 간에, 그들과 함께하며 그들을 목양하고 그들이 속한 공동체 속에서 하나님을 찾도록 도와줄 진실한 지체들과 유능한 목사들을 간절히 바라고 있다. 목사들은 위에 기술된 그런 방식으로 제자도 사역을 제한함으로써 우리가 부름을 받은 문화 형성의 사역을 제한하는 위험에 처해 있다.

식민화 방법론들

교회가 문화를 변화시키는 데 영향을 미치지 못하는 두 번째 이유는 교회가 변화를 가져오기 위해 위에서부터 아래로의 접근을 선호하기 때문이다. 변화를 일으키기 위해 "캠페인"을 계획하는 것은 종종 다른 이들을 지배하거나, 도덕을 입법화하거나, 사회적 특권을 지닌 교회의 지위를 주장하려는 시도로 보인다(비록 그것이 교회의 의도는 절대 아닐지라도 말이다). 우리는 레슬리 뉴비긴의 말에 동의하는데, 그는 우리의 정치적 혹은 종교적 행위가 하나님 나라를 세울 수 없음을 인식하는 종말론의 회복이 필요하다고 주장했다. 그것은 하나님의 일이며, 하나님은 역사를 그 궁극적인 종말로 이끌어가고 계신다. 교회가 국가와 차별되는 권력을 행사하려고 하거나 자기 견해를 다른 이들에게 강요하는 것은 분노와 의심을 일으킬 뿐이다.

　이런 "식민화" 충동은 한 지역에 존재하는 교회가 불우한 지역사회에서 사역을 감행할 때 드러나곤 한다. 이런 사역은 종종 그들이 섬기는 도시에서 보다 가난한 지역의 사람들에게 축복이다. 하지만 이 사역은 제공되는 섬김에 머물러 있을 뿐, 실제로 지역 주민들이 그들 자신을 발전시키고 그들의 상황을 개선하는 데 투자하도록 이끌지는 못한다. 교회의 이런 접근은 필요한 섬김을 제공함에도 불구하고 더 큰 필요를 해결하지 못하고 오히려 가난과 억압이라는 순환을 키울 수 있다. 우리는 이런 섬김을 베푸는 교회의 선한 동기를 의심하는 것이 아니라, 단지 이런 행위가 의도치 않게 초래하는 결과에 대해 말하는 것이다.

앰버(Amber)와 매튜 아이어스(Matthew Ayers) 부부는 매우 설득력 있는 또 다른 비전을 갖고 있다. 앰버는 콜로라도스프링스에 거주하는 ECO 장로교 목사고, 그녀의 남편인 매튜는 Dream Centers의 지역 전무 이사다. 미국 백인 교회의 이런 식민화 경향에 대한 반응으로, 그들은 하나님께서 다민족으로 이루어진 열악한 지역사회에서 집을 구매하고 그곳에서 예수를 따르는 자들과 함께 작은 공동체를 만들어 살라고 그들을 부르시는 것을 느꼈다. 그들은 경청하며 배우는 자들로서 지역사회 안으로 들어갔으며, 하나님이 그분의 방식으로 그분의 때에 그들이 머무는 곳에서 탄생시키실 것을 신뢰하면서 길고 수고스럽지만 기쁨이 가득한 사역에 헌신했다. 앰버 역시 자신의 상황 내에서 지도자들을 훈련하고 준비시키는 소명을 받았다. 그러나 이 부부는 그 지역사회에서 사역을 시작하거나 교회를 개척하기보다는 인내하며 성령의 일하심을 기다리고 있다. 그들은 하나님의 선하심과, 하나님께서 해산하는 어머니처럼 그곳에 생명을 탄생시키고 계신다는 사실을 전보다 더 깊이 소망하면서 미지의 영역으로 걸음을 내딛고 있다.

이와는 다른(애석하게도 더 흔한) 접근은 아이어스네와 같은 부부 혹은 그들의 공동체와 같은 작은 단체가 새 이웃들이 사는 곳으로 들어가 그 사람들에게 필요한 것이 무엇인지를 잘 아는 전문가처럼 행동하는 것이다. 그런 단체가 미리 짜놓은 사역 계획을 가지고 지역사회로 들어가서 그곳에 살고 있는 이웃들의 말에 귀를 기울이지도 않고 대화나 협력도 없이 이웃들에게 그들 자신의 계획을 강요할 때, 그들은 마치 자신들이 가장 잘 아는 사람들인 것처럼 행동한다. 그들은 위에서부터 아래로의 접근을 택한다. 마치 그들이 새 이웃들의 문제에 대한 답을 갖고 있고 그 문제를 해결하기 위해 왔다는 듯이 말이다.

"도시 교회 개척이 아닌 도시 교회 농장"이라는 도발적 제목의 블로그 글에서 크리스티나 클리블랜드(Christena Cleveland)는 교외에 거주하는 백인 기독교인들이 도시 공동체 안으로 물밀 듯 들어와 사회에 미치고 있는 부정적 영향에 대해 강조한다. 그들은 그곳에서 그리스도를 섬기려는 의도로 들어왔지만, 사실상 이웃들의 건강치 못한 고급화(gentrification)에 기여한다. 그녀는 다음과 같이 썼다. "나는 교외에 위치하며 주로 백인으로 이루어진 부유한 교회들이 도시 중심부를 제국주의적 시선으로 바라보며 자신들이 '그 도시를 탈환'하도록 부름을 받았다고 확신하면서 군사적 침입에서나 볼 수 있는 모든 영예와 수단을 동원하여 전진해나가는 모습을 목격했다."³ 이런 식민화 교회들은 하나님의 통치가 지닌 가치를 따르며 도시에 구원의 가능성을 가져오는 대신에 무심코 불평등, 차별, 분리에 기여해왔다. 클리블랜드는 "우리 대 그들"(us-and-them) 이데올로기에 대해 직접 이야기하는데, 특히 이 이데올로기는 특권을 가진 교회들이 사용하는 목회 전략과 관련이 있다. 그들은 자신들이 "매우 필요하다"고 생각하는 상황에서 교회 사역에 그들의 방식을 강요한다. 그녀는 아래와 같이 말한다.

> 우리가 진심으로 우리 자신을 하나의 머리, 자원, 피, 생명을 공유하며 서로 의존하는 하나의 몸으로 간주한다면, 도시에서 사랑을 나누고자 하는 교외의 교회들이 도시의 경계를 가로지르며 그들의 제국을 확대함으로써 사랑을 실현하려고 들지는 않을 것이다. 그들은 자신들의 자원, 피, 생명을 진정으로 공유하며 머리이신 예수를 섬기는 가운데 사랑을 실천할 것이다.…그런 제국은 다음과 같이 말한다. 우리의 교회가 모든 공동체에 존재해야 하고, 우리의 교회에 해답이 있어야 하며, 우리 교회의 자원이 우리의 유일한 자원이라고 말이다. 만일 우리가 이런 길을 따른다면, 힘의 역학은 변함없이 유지되고 도시 교회 농장이 발생하게 된다.⁴

---

3   Christena Cleveland, "Urban Church Planting Plantations," March 18, 2014, www.christenacleveland.com/2014/03/urban-church-plantations.

4   위의 글.

보다 다양한 도시 내부 환경에 진입하는 단일문화의 특권 계층 교회든지, 자신이 속한 정황 속으로 들어가는 교회 개척자든지 간에, 교회의 "우리 대 그들"이라는 사고방식은 하나님의 구원 사역을 일으키는 일에 참여함에 있어서 주된 장애물이다. 변화는 우리가 진정으로 우리의 지역사회 안으로 들어가 그곳의 이웃들과 동역할 때 발생하는 것이지, 우리의 외적인 전략을 강요할 때 발생하는 것이 아니다.

뿌리 없는 교회

문화를 변화시키는 데 교회가 미치는 영향이 왜 점점 더 줄어드는 것으로 보이는지에 대한 우리의 세 번째 우려는 "뿌리 없는 교회" 모델의 발전이다. "식민화" 교회가 물리적으로 한 지역사회 안으로 들어가 그들의 이웃을 지배하려는 경향이 있는 반면, 뿌리 없는 교회는 그 지역사회에 살고 있는 성도가 한 명도 없는 것을 특징으로 한다. 이런 교회들은 성도들이 그 교회가 있는 지역에서 모두 이사를 나갔지만 주일마다 그 교회에 계속 출석하거나, 교회가 개척된 지역사회의 토양에서 자라기보다는 그 지역에 낙하산처럼 투하되어 외적으로 강제된 새로운 교회들이다.

우리에게 흥미로운 사실은 "개척"이라는 용어가 점점 인기를 얻고 있는 반면, "뿌리"란 개념은 그 인기를 점점 잃어가고 있다는 것이다. 이런 외래적 교회는 이동이 용이하고 이질적이며, 유기적으로 나타나기보다는 지역사회에 해를 입히는 것으로 자주 인식된다. 이런 외래적 교회가 그 이웃들과 맺고 있는 관계적 연결은 그 깊이가 얕팍하다. 그리고 그들이 담당하고 있는 사회적 프로젝트들은 종종 강요되는 것으로 느껴진다. 사람들이 뿌리 없는 교회에게 지역사회에 관여하기 위해 그들의 공동체에서 "선교 프로젝트 하나를 선택하라"고 충고하는 것을 들을 때 우리는 몸서리를 친다. 왜냐하면 그들은 선교가 마치 관계나 소명이라기보다는 다양한 음식이 제공되는 뷔페인 것처럼 생각하기 때문이다.

나(크리스티아나)는 어느 휴일 오후에 샌디에고 지역의 한 공원에서 한 교회 단체가 소풍을 즐기고 있는 것을 보았다. 나는 이 단체가 공원에서 약 이십 분 거리에 있는 학교 강당에서 매 주일 모이는 "복음 중심의 기독교 교회"라는 것을 알게 되었다. 주일 예배에 출석하는 인원의 성장에 의존하던 이 교회는 언제까지 지금의 장소에 머무를 수 있을지를 확신하지 못했다. 그들의 교회 인터넷 홈페이지에 따르면, 이 교회는 샌디에고 도시를 향해 감탄할 만큼 사랑스러운 마음을 품고 있다. 그들은 향후 5년간 열 개의 교회를 개척하길 원하는데, 그들이 개척하려는 교회는 "사람들이 하나님 안에서 회복되도록 돕는" 그런 교회다. 그러나 나는 그들의 사명, 목적 혹은 신앙 선언문 그 어디에서도 그 지역사회에 대한 헌신이나 집중적으로 공략하고자 하는 지리적 장소에 대한 언급을 단 한 마디도 찾지 못했다. 그들이 우리 지역의 공원으로 소풍을 온 것은 단지 그들의 공원이 없기 때문이다. 바로 이런 교회가 우리가 말하는 뿌리 없는 교회다.

이 교회는 특정 지역사회에 위치한 학교 건물에서 모임을 갖는데, 그 이유는 바로 그곳이 교회 지도자들이 볼 때 가장 저렴하게 빌릴 수 있는 공간으로 그들의 필요에 도움이 되기 때문이다. 그들은 도시를 섬기려는 지역적 비전을 갖고 있지만, 지역사회에 대한 그들의 비전은 제한되어 있다. 비유적으로 말하면, 그들은 보다 큰 회중을 위해 더 넓은 공간이 필요할 때면 언제라도 자신들의 교회를 번쩍 들어 올린 후 필요에 더 잘 부합하는 다른 지역으로 옮겨버릴 수 있다. 그들이 새로운 장소로 이전해도 바뀌는 것은 거의 없을 것이다. 물론 그들은 새롭게 공간을 배치해야 하고 주말 예배를 위해 새로운 강단을 꾸며야 할 것이다. 그러나 이렇게 사소한 불편 외에 다른 모든 것은 여전히 그대로일 것이다. 어쩌면 그들이 떠나온 그 지역사회는 주일마다 있었던 주차 악몽이 수그러든 것을 제외하면, 그들이 떠난 것을 알아차리지 못할 수도 있다.

오늘날 교회에 관해 이렇게 표현하는 일이 점점 더 흔해지고 있다. 나(마이클)는 최근에 로스앤젤레스에서 한 건축가를 만났는데, 그는 많은 수의 초대형 교회를 설계한 경험이 있었다. 새로운 교회 시설을 건축할 때 그가 극복해야 했던 장애물 중 하나는 이웃들이 그런 교회 건물을 "지역적으로 바람직하지 않은 토지 사용"으로 생각한다는 점이었다. 다시 말해서 당신이 사는 동네에 공터가 있다고 가정할 때, 이웃과 관련하여 그 공터가 가장 바람직하지 않게 사용되는 일 중 하나는 바로 그곳에 교회가 세워지는 것이다. 일반적으로 새 교회들은 아름다운 건물과는 거리가 멀다. 새 교회는 일반 단체가 사용할 수 없는 장소로 간주된다. 그리고 새 교회들은 주일마다 외부인들을 동네로 데리고 들어와 도로를 막고 동네의 쾌적함을 훼손한다. 우리는 보다 많은 회중이 만날 수 있도록 적절하게 큰 시설이 필요함을 부정하지 않는다. 하지만 우리가 말하고자 하는 것은 그런 회중에 속한 구성원들이 그 교회가 있는 동네에 살지 않을 때, 그들의 교회 건물은 애석하게도 "지역적으로 바람직하지 않은 토지 사용"으로 명명된다는 것이다.

우리는 서구 기독교인으로서 사람들과 장소에 대한 우리의 헌신이 부족하다는 것과 이동적 성향으로 인해 우리의 뿌리가 절단되었음을 우려한다. 이는 우리가 사는 동네에 거주하길 거부하는 방식으로도 해석된다. 뿌리가 없으면 우리는 좋은 열매를 단 하나도 맺지 못한채 서서히 죽어간다. 우리가 고대하는 열매는 하나님의 구원 계획 안에서 문화를 바꾸는 것이다.

우리의 좋은 친구들인 폴 스파크스(Paul Sparks), 팀 소렌스(Tim Soerens), 드와이트 프리슨(Dwight Friesen)은 공동 저술한 『새로운 교구』(*The New Parish*)에서 지역화된 표현에 내재되어 있는 공동체, 형성, 선교에 관한 우리의 관행을 재통합하면서 하나님의 백성을 위한 대안적 현실을 자세히 설명한다. 바로 이런 관행의 통합을 통해 우리는 모든 현실에 충실하게 존재하게 되고, 우리 가운데서 우리를 통해 변화시키는 방식으로 역사하시는 하나님의 영의 움직임을 경험한다. 그들은 다음과 같이 말한다.

해당 동네의 주민으로서 그리스도를 따르는 자들이 이런 재통합의 과정에 참여할 때, 우리는 특정 시간 및 장소에 기반하고 있는 신앙 공동체의 한계 내에서 우리의 전체 삶을 화해시키는 데 대한 지지를 발견한다. 이런 현상이 발생할 때 하나님의 사랑은 전인적 이웃 사랑으로 드러난다.[5]

우리의 삶을 지역사회와 도시 및 마을들에서 재통합할 때, 우리는 하나님께서 그분의 나라의 실재를 이미 탄생시키고 계시는 곳에서 우리에게 신실하게 살아가라고 요청하시고 있다는 것을 인지하기 시작한다. 교회의 신자들 가운데 극소수만이 자기 교회가 위치한 지역에 살고 있다. 이런 교회는 일주일에 한두 번 이런저런 행사로 교회에 오는 사람들로 구성된다. 그들은 해외 선교사들, 선교 기관들, 그리고 도시 전체를 포괄하는 전도 여행을 지원하지만, 그들의 교회가 위치한 바로 그 지역에서 매일 발생하는 어려움에는 거의 참여하지 않는다. 이와 같은 교회의 뿌리 없음이 지역사회에 영향을 미친다. 나(크리스티아나)는 두 명의 이웃과 대화를 나누면서 지역 교회가 지난 수십 년간 우리가 공유하는 지역사회의 상황에서 구체적으로 미친 영향에 대해 질문해보았다. 무신론자인 이 부부는 59년 동안 내 지역사회인 골든 힐에서 살고 있었다. 자녀들을 양육하고 지역사회의 삶에 참여하면서

---

5   Paul Sparks, Tim Soerens and Dwight J. Friesen, *The New Parish* (Downers Grove, IL: InterVarsity Press, 2014), 90.

보낸 수십 년간 그들이 집이라고 부르는 이 지역에서 선한 영향을 미친 교회로 꼽을 수 있는 교회는 (그곳에 20년 이상 존재해온 일곱 개의 교회 중) 단 한 곳뿐이었다. 그들이 꼽은 그 교회는 매달 푸드뱅크를 열어 샌디에고 시내의 가난한 사람들에게 먹을 것을 제공한다. 이는 교회가 선한 행위나 주목할 만한 활동을 하지 않는다는 것이 아니라, 교회의 비전이 너무 작고 종종 뿌리가 없다는 말이다. 우리의 이웃이 우리의 돌봄이 부족하다는 것을 얼마나 많이 주시하고 있는지를 절대로 과소평가하지 말라.

예수, 어머니, 전사, 분노

다니엘 7장에 나오는 꿈 이야기로 다시 돌아가보자. 여기서 다니엘이 말하는 세상의 제국들은 옛적부터 항상 계신 이에 의해 무너진다. 다니엘은 하늘 보좌의 구름과 불꽃을 통해 신비한 인물을 본다. 그는 사람 혹은 "인자"(son of man)처럼 보이고, 그에게 모든 권세와 권위가 주어진다. 우리는 이 신비한 인물의 정체를 안다. 예수는 의식적으로 다니엘 7장의 "인자"라는 표현을 사용하고 이 표현을 그 자신에게 적용한다. 대제사장 앞에서 재판을 받을 때 예수는 그 자신이 메시아인지 아닌지에 관한 질문을 받는다. 그는 다음과 같이 대답한다. "네가 말하였느니라. 그러나 내가 너희에게 이르노니 이후에 인자가 권능의 우편에 앉아 있는 것과 하늘 구름을 타고 오는 것을 너희가 보리라"(마 26:64).

우리는 예수가 만국의 소망임을, 그리고 하나님께서 새로운 세상을 바로 이곳, 즉 깨어진 세상 한가운데서 탄생시키고 계심을 믿는다. 예수가 십자가에서 죽은 것은 출산의 고통과 괴로움을 반영한다. 실제로 예수는 자신의 죽음을 통해 모든 믿는 자를 위한 새로운 언약을 탄생시켰다. 아무런 불평 없이 침묵하며 죽임을 당한 예수의 모습은 이스라엘 백성이 바빌로니아 포로로 지내는 동안 침묵하셨던 하나님의 모습을 반영한다. 비웃는 자들은 예수의 연약함을 조롱했다. "성전을 헐고 사흘에 짓는 자여! 네가 만일 하나님의 아들이어든 자기를 구원하고 십자가에서 내려오라"(마 27:40). 그러나 우리가 알고 있는 것처럼 예수의 겸손한 죽음은 약함의 행위가 아니었다. 예수의 죽음은 오히려 능력을 지닌 최고의 업적이었다. 왜냐하면 예수의 죽음은 곧 출산을 의미했기 때문이다.

우리가 처음에 시작할 때 언급한 이사야 42장으로 다시 돌아가서 마치 해산 중인 어머니처럼 신음하고 계신 야웨를 묘사하는 14절의 문맥에 주목하는 것이 중요하다. 바로 앞에 있는 구절은 하나님을 (남성?) 전사로 묘사한다.

여호와께서 용사 같이 나가시며
전사 같이 분발하여 외쳐 크게 부르시며
그 대적을 크게 치시리로다(사 42:13).

그다음 이어지는 절에서 이사야는 다음과 같은 하나님의 선포를 듣는다.

> 내가 산들과 언덕들을 황폐하게 하며
> 그 모든 초목들을 마르게 하며
> 강들이 섬이 되게 하며
> 못들을 마르게 할 것이며(사 42:15).

따라서 해산 중인 연약한 여인에 대한 언급은 힘과 분노라는 두 이미지 사이에 놓여 있다. 예수는 자신을 고발하는 자들 앞에서 침묵하지만, 이는 결코 연약함을 의미할 수 없다. 처음에는 전사와 어머니를 병치하고 출산과 파괴를 병치하는 이런 사고가 이상하게 보인다. 그러나 (크리스티아나처럼) 출산의 경험이 있는 사람들, (마이클처럼) 출산 중인 아내 옆에 무기력하게 서 있을 수밖에 없는 사람들, 혹은 다른 이들을 위한 자기희생의 상처를 지닌 누군가에게 분노와 분개의 생각은 그렇게 부적절한 것으로 보이지 않는다. 우리는 출산하는 어머니와 같이 숨을 거칠게 몰아쉬는 하나님을 생각할 때 13절과 15절을 읽을 필요가 있다. 하나님은 이렇게 말씀하신다. 즉 우리가 보고 있는 공포, 숨막힘, 괴로움은 새로운 것이 나오기 위한 산통이며, 바로 이 새로운 것을 내가 출산하는 중이라고 말이다! 그리고 교회는 이 출산을 돕도록 초청받았는데, 우리는 다음 장에서 이에 대해 설명할 것이다.

TO ALTER YOUR WORLD

3장

신성한 문 열열

결단력 있는 사람의 변화를
가로막을 만큼 큰 장애물은 존재하지 않는다.

제이 사미트(Jay Samit)

예수는 하나님이 출산하시는 세상을 "하나님 나라"로 설명했다. 예수의 비유들은 이 하나님 나라가 마치 갓난아이처럼 작게 시작하지만, 역사를 거치면서 그 규모와 영향력이 이루 말할 수 없을 정도로 크게 자라난다는 그의 확신을 드러낸다.

마태복음 13장에서 예수는 하나님 나라를 작은 씨앗으로 묘사한다. 이 씨앗은 그 안에 생명을 품고 있으며, 좋은 밭에 심기면 백 배, 육십 배, 삼십 배의 결실을 맺는다(8절). 후에 예수는 하나님 나라를 겨자씨에 비유하며, 비록 겨자씨가 작지만 가장 큰 나무 중 하나로 자라난다고 말한다(31-32절). 같은 장에서 예수는 하나님 나라를 누룩(33절), 밭에 감추인 보화, 그리고 장사꾼의 전 재산의 가치에 상응하는 진주로 묘사한다(44-46절).

모든 경우에 예수는 자라나고 큰 영향을 미치며 높은 가치를 띠게 되는 작은 것을 이야기한다. 예수는 이 세상의 씨를 심으면서 그 씨가 뿌리를 내리고 세상을 바꾸는 힘으로 자라날 것을 알았다. 세상을 바꾸는 이 힘은 거대하고 활기차며 역동적인 운동으로, 역사 내내 세계 곳곳에서 자라날 것이다. 실제로 하나님 자신의 성육신은 이런 운동의 물리적 실현이다. 베들레헴의 한 마굿간에서 연약하고 작은 아기로 이 땅에 오신 메시아는 키가 자랐고 로마 제국의 근본을 뒤흔드는 운동을 시작했다.

마리아는 메시아 예수의 탄생을 기다리면서 그녀의 태중에 있는 생명이 전례 없이 인간의 발전에 혼란을 가져올 것을 알고 있었다. 우리가 앞서 살펴본 다니엘 7장의 예언과 같이 무수히 많은 예언이 마리아의 태중에서 자라고 있는 아이에 대해 이야기했다. 마리아는 억압적인 로마 제국의 정권을 무너뜨리고 정의로운 새 왕국을 설립할 그런 메시아를 동경했다.

성육신은 기존 패러다임의 심각한 분열을 의미했다. 하나님은 나사렛이라는 작은 동네 출신의 어린 유대인 소작농 처녀의 자궁을 통해 이 세상에 오기로 선택하셨다. 마리아는 마을 전체로부터 응징을 받을 수도 있는 불확실한 미래에 직면했다. 마태복음은 그녀의 약혼자 요셉이 그녀를 공개적 망신과 고문에 노출시키는 대신 결혼 서약으로부터 조용히 놓아주고자 했음을 조심스럽게 진술한다(마 1:18-19). 유대 율법에 따르면, 이 어린 소녀는 간음죄로 인해 돌에 맞아 죽을 수도 있었다.

그렇게 마리아는 용감하게 부르심을 받아들이고 아기 그리스도를 열 달 동안 태에 품는다. 그녀가 알고 있었던 삶의 변화를 기대하면서 말이다. 이 얼마나 용감하고, 모험적이며, 영웅적인 젊은 여성이란 말인가! 남자 아기 예수는 자기가 태어난 가족 체계를 휘저어놓을 것이다. 마리아의 새로운 가족에게 불일치, 사고의 전환, 그리고 조정이 발생할 것이다. 메시아 예수 곧 육신을 입으신 하나님은 자신이 태어난 사회의 질서를 붕괴시키실 것이다. 정치적 안정이 흔들리고, 권력 구조가 저항에 부딪히며, 불의가 드러나고, 강한 목소리가 약자들에게 주어질 것이다. 이런 격동의 기다림 가운데 마리아는 찬양하며 그녀의 소외된 삶의 불쾌한 현실과 그녀가 신뢰하는 하나님에 대한 질긴 소망을 함께 부여잡았다. 마리아는 예수의 정체를 메시아로 선포하는데, 이는 우리가 마리아 찬가라고 부르는 내용에 포함되어 있다.

이 찬가의 라틴어 제목은 *Magnificat*인데, 이는 "내 영혼이 주님을 찬양한다"라는 의미의 *Magnificat anima mea Dominum*의 첫 단어다.

마리아가 이르되,
"내 영혼이 주를 찬양하며
내 마음이 하나님 내 구주를 기뻐하였음은
그의 여종의 비천함을 돌보셨음이라.
보라, 이제 후로는 만세에 나를
복이 있다 일컬으리로다.
능하신 이가 큰 일을 내게 행하셨으니
그 이름이 거룩하시며
긍휼하심이 두려워하는 자에게 대대로 이르는도다.
그의 팔로 힘을 보이사

마음의 생각이 교만한 자들을 흩으셨고

권세 있는 자를 그 위에서 내리치셨으며

비천한 자를 높이셨고

주리는 자를 좋은 것으로 배불리셨으며

부자는 빈손으로 보내셨도다.

그 종 이스라엘을 도우사

긍휼히 여기시고 기억하시되

우리 조상에게 말씀하신 것과 같이

아브라함과 그 자손에게

영원히 하시리로다" 하니라(눅 1:46-55).

마리아는 자신의 고통과 자기 주변의 지친 세상이 겪고 있는 고통을 한탄한다. 그녀의 믿음은 격렬하다. 캐롤린 샤프(Carolyn Sharp)는 마리아를 다음과 같은 여성으로 그린다. 즉 마리아는 "눈물로 그녀의 하나님께 저항하듯 찬양하고, 알 수 없는 미래를 향해 주먹을 휘두른다. 마리아의 용감한 찬가는 실제 삶의 고난과 갈등 한가운데서 거룩함을 높이고자 하는 이들에게 급진적인 자원이다."[1]

1980년대에 과테말라 정부는 가난한 자들에 대한 하나님의 특혜적 사랑을 노래하는 마리아 찬가가 매우 위험하고 혁명적인 것이

---

1 Carolyn Sharp, "Luke 1:39-56: Magnificat for a Broken World," *Huffington Post*, December 14, 2011, www.huffingtonpost.com/carolyn-sharp/luke-13956-magnificat-for_b_1146988.html?ir=Australia.

라고 판단했다. 마리아 찬가의 내용이 과테말라의 빈민층에 속한 사람들의 마음을 동요시켰다. 아기 그리스도에 대한 마리아의 찬가는 가난한 자들로 하여금 자유와 변화가 실제로 가능하다는 것과, 그들이 예수의 방식을 따름으로써 자신들이 알고 있는 문명의 흐름에 방해를 가할 수 있다는 것을 믿게끔 만들었다. 이런 열정이 점차 커져가자, 과테말라 정부는 마리아 찬가의 공개적 낭송을 전면 금지했다. 이와 마찬가지로 아르헨티나에서는 남편과 자녀를 정부의 억압적 군사독재로 인해 잃어버린 여성들(Mothers of the Plaza de Mayo)이 이런 불의에 저항하기 위해 수도의 중심인 광장 전체에 마리아 찬가 전단지를 부착했다. 이 여성들은 아르헨티나 군사정권에 의해 무고한 사람들이 죽임을 당하고 가족이 산산조각 나버렸을 때 처음으로 반응한 사람들이었다. 그들의 행동주의는 생명을 구하는 데 도움이 되었을 뿐만 아니라 남미를 비롯하여 다른 지역에서 벌어지고 있는 인권 유린에 대한 이슈를 나라 안팎으로 알리는 데 기여했다.

예수는 모든 것을 전복시키고 나라들을 해체하며 그의 말씀과 행위 그리고 성령의 능력을 통해 온전한 하나님의 통치를 선언한다. 성육신 사건은 사회 구조를 와해시키고 역사를 영원히 바꾼다.

독일 신학자 디트리히 본회퍼(Dietrich Bonhoeffer)는 1933년의 대림절 설교에서 마리아 찬가의 혁명적 본질에 대해 깊이 있는 메시지를 전했다. 그는 다음과 같이 말했다.

마리아 찬가는 가장 오래된 강림 찬송이다. 마리아 찬가는 가장 열정적이고 가장 거친 찬송으로, 그 어떤 찬양보다 가장 혁명적인 강림 찬양이다. 이 찬가를 부르는 마리아는 우리가 때때로 그림에서 보는 온화하고 부드러우며 몽환적인 그런 마리아가 아니다. 이 사람은 큰소리로 정확히 할 말을 하고 있는 정열적이고, 하나님께 온전히 굴복하며, 자부심과 열정에 사로잡힌 그런 마리아다. 이 노래는…무너져내리는 왕좌와 이 땅의 비천한 자들에 관한, 그리고 하나님의 능력과 인간의 무력함에 관한 강력하고 냉혹한 노래다. 마리아 찬가는 구약성서에 나오는 여예언자들의 어조를 띠고 있는데, 이 어조가 지금 마리아의 입을 통해 되살아나고 있다.[2]

마리아 찬가의 도발적 메시지는 오늘날 우리의 세상을 지속적으로 분열시킨다. 우리가 마리아 찬가의 내용을 사실로 믿는다면, 현재 진행 중인 하나님의 구원에 대한 큰 기대가 존재한다. 특히 이 세상의 가장 어두운 구석에서 이런 소망은 더욱 절실하다. 새로운 세상은 그때도 탄생 중이었고 지금까지 계속 탄생 중에 있다. 아마도 마리아 찬가는 예수 안에서 하나님의 이런 사명에 동참하기로 결정한 신앙 공동체의 소명과 목적을 전달할 것이다. 확실히 이런 삶의 방식을 따르는 일은 혁명적이다. 성육신하신 하나님을 따르는 자들은 지역사회나 단체 혹은 공동체 안으로 진입할 때 분열을 조장할 수밖에 없는데, 그 이유

---

2   Edwin Robertson, ed., *Dietrich Bonhoeffer's Christmas Sermons* (Grand Rapids: Zondervan, 2005). 1933년 12월 17일 마리아 찬가(눅 1:46-55)에 대한 세 번째 대림주일 설교에서 발췌함.

는 그들이 분열하시는 하나님의 대리인들이기 때문이다. 그러나 그것 이상으로, 교회는 하나님이 그리스도 안에서 새로운 세상을 출산하고 계신다는 사실을 계속 의식하고 있어야 한다. 하나님은 교만한 자들을 흩으시고, 통치자들을 그들의 왕좌에서 끌어내리시며, 겸손한 자들을 높이시고, 주린 자들을 좋은 것으로 먹이시는 분이다. 이런 세상이 우리 주변에서 펼쳐질 때, 우리는 회복하시는 하나님의 목적에 동역자로서 참여한다.

가족과 마찬가지로 모든 네트워크는, 그것이 하위문화든지 종교 공동체든지 아니면 전체 지역사회든지 간에, 기존의 균형이 지닌 형태와 함께 작용한다. 새로운 요소의 등장―신생아, 다른 종교 단체, 낯선 사람, 혹은 이 세상에서 그리스도의 가치를 살아내는 데 헌신된 공동체―은 언제나 균형을 무너뜨릴 것이다. 다시 반복해서 말한다. 이런 요소의 등장은 **언제나** 균형을 무너뜨릴 것이다. 우리가 직면해야 하는 질문은 "하나님이 이곳 상황을 바꾸고 계신가?"가 아니라, "**어떤 방식으로** 내가 이런 변화에 기꺼이 참여하고자 하는가?"다.

모든 환경은 평형 상태를 추구한다. 이 평형 상태는 안정(stasis)이라고 불리기도 하는데, 이 단어의 어원은 "가만히 있음"을 의미하는 그리스어다. 평형 상태는 안정적인 상태를 의미하는데, 이 안정적 상태에서 모든 힘은 서로 동등하면서도 서로 대립한다. 그래서 균형이 안정적으로 유지되는 것이다. 우리의 몸도 이런 평형 상태를 추구한다. 우리의 가정도 그것을 추구하며, 모든 사회도 마찬가지다. 평형 상태를 깨뜨리는 요소가 등장할 때, 우리의 안정 욕구로 인해 우리는 이 새로운 등장 요소를 동화시키거나 추방해버린다. 실제로 안정 상태는 새로 등장한 요소에 적응하거나 그것을 추방하는 것이다. 예수를 따르기 위해서는 무엇보다도 안정을 갈망하는 환경에서 어느 정도 우리 자신을 불균형의 근원으로 봐야 한다. 추방을 피하는 것은 당연한 것으로 보인다. 하지만 다른 대안인 동화(assimilation)는 우리의 상황에서 예수의 선함을 성육신하고자 열망하는 자들에게 어떤 모습일까? 우리는 다음과 같은 방식으로 지역사회 혹은 공동체에 적응하는 것에 대해 어떻게 생각할 수 있을까? 즉 우리를 우리의 환경에 제대로 몰입하지 않게 만들어서 우리의 존재가 그 환경에 아무런 변화를 가져오지 못하게 만드는 방식 말이다. 간단히 말해서 예수의 성육신적 방식에 헌신된 자들은 그들이 살아가고 있는 환경을 바꾸고자 애쓰고 있다. 하지만 환경은 바뀌는 것을 원하지 않는다.

우리 중 몇몇은 변화에 대한 이런 저항을 잘못 이해한다. 어떤 이들은 그것을 그들의 신앙에 대한 박해 또는 하나님의 일에 대한 도전으로 간주한다. 때때로 이런 현상이 발생하지만, 성육신을 추구하는 교회가 경험하는 보다 빈번한 반대는 안정에 대한 일반적 욕구에 기인한다. 우리가 이를 인지하지 못할 때, 우리는 분리나 타협, 이 둘 중 하나로 흐르는 경향이 있다. 우리는 우리가 믿는 것을 믿지 않는 자들로부터 우리 자신을 분리하거나 우리가 지닌 정체성을 모조리 타협해버린다. 이 두 접근은 모두 불행을 초래한다. 하나님의 초대는 예수의 방식으로 성육신하는 것으로, 우리가 살고 일하며 섬기고 활동하는 곳에 임재하는 성령을 통해 변화를 받으며 우리가 전심으로 이 세상에서 살아가는 것이다. 우리가 살고 있는 환경에 영향을 미치고 그것을 바꾸는 존재는 바로 우리 안에 내재하는 성령이다. 이 동일한 성령이 우리 안팎에 존재하여 우리에게 영향을 미치고 우리를 바꾼다.

하나님을 따라 옛 세상 안으로 들어가 새 창조의 탄생에 참여하는 일은 하나님의 백성이 마땅히 해야 하는 일이다. 하나님이 이 새로운 세상을 탄생시키실 때, 우리는 마치 산파와 같이 출산을 돕도록 초청받는다.

하나님의 회복 목적 추구하기

이웃 사랑, 환대, 정의 추구 등을 강조하는 선교적 삶을 다룬 많은 글이 있다. 우리의 공동체에게 반감을 일으키지 않고, 우리 이웃들의 신뢰를 얻으며, 모든 세속적인 것을 정죄하는 불쾌한 기독교라는 고정관념에 대응하는 것에 대한 합리적 우려가 존재한다. 우리가 알기도 전에 우리는 그리스도 안에 있는 우리의 가장 깊은 정체성을 훼손시키는 위험을 감수한다. 이 정체성은 우리의 공동체 영역과 이를 넘어서는 영역 그리고 지역사회의 개선을 포함하는 꿈을 위해 살도록 우리에게 강요한다. 예수의 메시지는 반감을 일으킨다. 이는 우리와 우리 주변의 환경에 변화를 가져온다. 복음으로 충만하며 이 복음을 새로운 장소에서 선물로 제공해야 하는 자들은 그들의 이웃을 성가시게 만드는 존재가 된다. 우리는 사회 구조에 영향을 미치며 영혼의 차원에서 일어나는 변혁적인 변화의 대리자들이다. 그런 사람들인 우리의 소명과 소망은 이 복음이 그리스도로 충만하고 선한 이유들로 인해 사람들을 성가시게 만들도록 허용하는 것이다.

우리가 만일 변화의 대리자들이 되어야 한다면, 우리가 보기 원하는 변화는 무엇인가? 이는 확실히 우리의 이웃들 사이에서 마음의 변화를 일으키는 것이다. 그러나 우리가 타협적 입장을 취할 때, 우리는 그런 마음의 변화를 일으키지 않고도 이웃 사랑과 지역사회의 발전에 개입하는 것이 가능하다고 생각할 것이다. 우리의 사교 클럽, 단체, 공동체 모임, 정의 구현 포럼들이 근본적으로 마음과 무관한 무정한 만남이나 모임이 될 위험이 있다고 볼 수 있을까? 단지 좋은 이웃으로 보이는 것만으로는 충분하지 않다. 우리는 어느 성공회 주교의 다음과 같은 발언을 기억한다. "바울은 어느 곳을 가든 폭동을 야기했다. 그러나 내가 어느 곳을 가든 사람들은 내게 차 한잔을 대접한다." 그러나 우리는 원칙적이고 윤리적이며 성육신적인 삶이 폭동과 차 한잔 사이 곧 분리와 타협 사이 그 어디쯤에 놓여 있다고 제안하고 싶다.

하나님은 새로운 현실을 탄생시키고 계신다. 그리고 새로운 현실은 필연적으로 변화를 가져온다. 이 말은 기독교의 메시지가 "당신을 사랑합니다. 그러니 이제 변하세요"라는 말로 환원될 수 있음을 뜻하는 것이 아니다. 이런 접근은 그런 말을 듣는 많은 사람의 큰 공분을 사는데, 이는 기독교인들이 자신들을 다른 사람들보다 우월한 존재로 설정하는 것이기 때문이다. 변화는 위대한 사랑의 소박하고 진실한 일상의 행위로 시작된다. 우리는 인간을 위한 하나님의 패턴에 순응하기 위해 하나님이 변화시키시는 지속적인 과정 안으로 들어가야 하는 상호적 필요를 본다. 우리에 관한 폴 데이비드 트립(Paul David Tripp)의 설명처럼, 우리는 "변화가 필요한 사람들을 돕는 변화가 필요한 사람들"이다.[3] 우리는 원칙적이고 관계적인 선교의 중요성을 반드시 탐구해야 하지만, 동시에 성육신적 존재의 윤리적·의도적 표본에 대한 필요성도 다루어야 한다. 왜냐하면 이 성육신적 존재가 하나님께 영광이 되는 변화를 각 개인과 사회 전체에 가져오기 때문이다. 그리고 우리는 우리의 교회가 세상의 문제에 대한 해결책이 아니라 다른 방식 곧 하나님의 방식이 가능함을 보여주는 일종의 표지임을 결코 잊지 말아야 한다.

제임스 데이비슨 헌터(James Davison Hunter)는 우리의 성육신적 소명을 "신실한 현존"(faithful presence)으로 언급한다. 『기독교는 어떻게 세상을 변화시키는가』(To Change the World)에서 그는 다음과 같이 주장한다. 즉 기독교인들이 제자를 만들고 공익을 위해 봉사하면서 신실한 현존을 실천할 때 그들 주변의 세상을 변화시키게 되는데, 그 이유는 그들이 세상에 변화를 주는 일을 시작해서가 아니라 제자를 만들고 공익을 위해 봉사하는 일이 복잡한 문화적 균형을 바꾸기 때문이라고 말이다. 그는 다음과 같이 말한다. "만일 우리가 세상에 개입

---

3   Paul David Tripp, *Instruments in the Redeemer's Hands: People in Need of Change Helping People in Need of Change* (Phillipsburg, NJ: P&R Publishing, 2002).

함으로써 생겨나는 호의적인 결과가 있다면, 이는 세상에 대한 우리의 개입이 더 나음을 위해 세상을 변화시키고자 하는 욕망에 토대를 두고 있어서가 아니다. 그것은 우리의 개입이 모든 선함과 아름다움 그리고 진리의 창조주께 영광을 돌리고자 하는 욕망의 표현이고, 하나님을 향한 우리의 사랑에서 우러나오는 순종의 표명이며, 우리의 이웃을 사랑하라는 하나님의 명령의 성취이기 때문이다."[4]

창조주께 영광을 돌리는 일, 이웃을 사랑하는 일, 공익을 위해 봉사하는 일, 선하고 의로운 것을 지지하는 일, 이 모든 일은 기존 체계에 새로운 요소를 끌어들일 수밖에 없다. 이런 일들은 안정 상태를 뒤집어버리는데, 이렇게 안정 상태가 전복되는 것은 항상 감사한 것으로 인정받지 못하며, 오히려 단호한 저항에 부딪친다. 권력을 쥐고 있는 자들은 변화에 저항하는데, 그 이유는 그들의 지위가 현재의 상태에 달려 있기 때문이다. 권력이 없는 자들 역시 종종 변화에 저항하는데, 그 이유는 그들이 현재의 상태를 즐기고 있기 때문이 아니라, 현재의 상태를 묵인하고 있기 때문이다. 그러나 단순히 변화가 폭동을 야기할지도 모른다는 것이 우리가 물러서야 할 충분한 이유가 되지는 않는다. 다시 말해 헌터가 말한 것처럼 "기독교인이 된다는 것은 세상에 개입하여 모든 생명에 대한 하나님의 회복 목적을 추구해

---

4   James Davison Hunter, *To Change the World: The Irony, Tragedy, and Possibility of Christianity in the Late Modern World* (New York: Oxford University Press, 2010, 『기독교는 어떻게 세상을 변화시키는가』[새물결플러스 역간]), 234.

야 할 의무가 있음을 의미한다."⁵ 우리는 우리가 보냄을 받은 세상에 개입하려고 노력할 때 직면하게 되는 어려움들을 알고 있어야 한다.

우리는 우리가 실제로 진입하는 모든 체계를 변화시킨다

우리가 채택해야 하는 핵심적 이해 중 하나는 어떤 체계든지 우리가 일단 진입하면 변화될 수밖에 없다는 것이다. 지역사회에 아무런 영향도 미치지 못하는 교회들은 분명히 그 지역사회로 진입하지 못했다는 것이다(즉 그들은 뿌리가 없다). 그러나 우리가 우리 주변에 있는 기존 체계들에 의미 있는 개입을 단행하기로 결정한다면, 우리는 반드시 그 체계들을 변화시키게 될 것이다.

간단한 예를 들어보자. 1970년대에 전문 치료사 머레이 보웬(Murray Bowen)은 "가족 체계 이론"(family systems theory)을 개발하여 모든 가족이 안정 상태를 갈구하는 체계임을 주장했다. 모든 가족 구성원은 서로 연결되어 있고, 말로 표현되지 않는 수없이 많은 신호를 통해 가족 체계 내에서 그들이 해야 하는 역할을 분명히 감지한다. 다음은 보웬의 잘 알려진 발언이다. "한 차원에서 각각의 가족 구성원은 개인이지만, 보다 깊은 차원에서 가족이라는 핵심 단체가 하나의 개

---

5   위의 책, 4.

체로 존재한다."[6]

　　이런 가족의 일체성 내에서 개별 구성원은 예상 가능한 방식으로 행동하는데, 이런 행동은 그들이 맡고 있는 역할과 다른 가족 구성원들이 맡고 있는 역할에 근거한다. 모든 식구가 각자의 역할을 담당하고 "규칙"을 준수하는 한, 가족이라는 체계 안에서 균형이 존재하게 된다. 한 사람의 역할이 움직이면 다른 모든 사람의 역할에 영향을 미치게 된다.

　　예를 들어 만일 어머니가 알코올 중독에 빠질 경우, 전체 가족 체계가 그 사실에 대처하는 데 적응하게 된다. 그녀의 예측 불가능함, 폭력, 경멸, 자기중심적 사고는 가족 간 상호작용의 상당 부분을 왜곡시킨다. 그래서 모든 가족은 분노를 흡수해버리고, 알코올 중독 행위가 미치는 영향을 부정하며, 그녀를 피하고, 심지어 알코올 중독이라는 질병 자체를 덮어버리려고 시도하기도 한다. 각 가족 구성원은 어머니의 알코올 중독 행위를 관리함에 있어서 종종 약간씩 다른 역할을 맡는다. 이런 역할극은 습관으로 굳어진 상호작용의 패턴으로 발전하며, 변화를 극도로 어렵게 만들어버린다. 그리고 모든 가족은 자기 통제적이고 독특한 규칙을 갖고 있다. 가족은 다분히 의도적인 체계로서 목적을 지니고 있는데, 대개 이 목적은 가족으로서 온전히 유지되는 것이다. 이런 이유로 가족 치료사들은 가족 중 단 한 명

6　　Murray Bowen, *Family Therapy in Clinical Practice* (Lanham, MD: Rowman & Littlefield Publishers, 2004), 74.

만 치료를 받으려고 할 때 진정한 치유가 절대로 이루어질 수 없다고 믿는다.

가족의 힘은 새로운 요소가 등장할 때라야 비로소 감지된다. 맏딸이 결혼할 때, 그녀의 새 신랑은 그의 장모가 알코올 중독자라는 사실, 즉 가족을 상당히 불안하게 만드는 이 사실을 왜 가족 모두가 감추고 있는지를 의아해할 것이다. 이 가족 체계에 새로 유입된 요소로서 그의 존재는 이 가족 체계에 속한 모든 이에게 큰 영향을 미친다. 가까운 가족이 알코올 중독으로 고통받고 있는 것을 보는 것은 버거운 일이지만, 가족이라는 체계는 아무리 기능 장애가 발생하더라도 고통받고 있는 가족을 수용함으로써 작용한다. 가족 체계는 극적인 변화에 저항하지만, 구성원과 환경의 변화를 수용하고 이에 대응하기 위해 끊임없이 작은 변화와 조정을 만들어낸다.

가족 중 한 명이 기독교로 갑자기 개종했다고 가정해보자. 그 가족 구성원이 자신의 믿음을 가족 안으로 가지고 들어오려고 할 때, 그 가족 체계에는 종종 격변이 발생한다. 기독교인들은 종종 이런 격변을 일종의 박해나 사탄의 역사로 이해한다. 그러나 이런 격변은 단순히 가족 체계 내에 발생한 불안정에 대한 가족의 반응일 뿐이다. 이 가족 체계는 문제의 가족 구성원이 기독교로 개종하기 이전에 보여준 특정한 성향 및 행동을 기반으로 안정성을 발전시켜왔다. 누군가 기독교인이 될 때 발생하는 가치, 믿음, 행동의 변화는 그 사람이 그 가족 내에서 더 이상 동일한 역할을 하지 않음을 의미한다. 새 신자에게서 발생하는 이런 변화가 (당신이 바라듯이) 더 나은 것을 위한 것일지라도, 그가 속한 가족 체계는 이미 특정한 방식으로 작동하는 데 익숙해져 있다.

그렇다고 체계의 변화가 불가능하다는 말은 아니다. 실제로 이것은 기독교 선교가 바라는 바로 그 일이다. 우리는 개인적·공동체적 변화를 일으키고, 사람들이 두려움, 죄, 죽음에서 벗어나는 것을 보며, 인간 사회를 고치고, 이 땅에 하나님의 통치를 불러오는 일에 사람들의 동참을 요청하기 위해 하나님께서 우리를 사용하시기를 간절히 희망한다.

가족에게 있어 변화는 크게 두 가지 이유로 일어난다. 첫째, 발생하는 규범적 변화가 있다. 시간이 흐르면서 가족이 성장하고 변화할 때 예상되는 변화들이 자연스럽게 일어난다. 어린아이들은 십 대가 되고, 십 대는 집을 떠나 학교에 간다. 부모들은 중년의 문제들을 경험한다. 이런 변화들은 가족이 상호작용하는 방식에 영향을 미친다. 그러나 이런 변화들은 일반적으로 점진적이고 예측이 가능하다(때로 예측이 어렵기도 하지만 말이다). 둘째, 가족 체계의 변화는 비규범적 압박, 위기에 따른 갑작스러운 실직, 위중한 질병, 새로운 가족 구성원의 출현, 기존 가족 구성원의 사망 등으로 인해 일어날 수 있다.

출생이라는 변화와 과정은 억제되지 말아야 할 경험이다. 어떤 사회 체계에서나 점진적인 성장과 변화가 존재하듯이, 우리는 새 생명이 세상에 출현하기까지 거의 열 달의 시간이 필요함을 잊지 말아야 한다. 그리고 그 기간의 성장과 기다림은 종종 흥분, 두려움, 불확실성의 혼합으로 채워진다. 물론 변화의 과정에서 점진적이고 다루기

용이하며 예측 가능한 성장이 항상 더 바람직하지만, 우리 모두는 사람들이 실패, 위기, 질병, 슬픔과 같은 비극을 통해 엄청난 개인적 성장을 경험할 수 있음을 알고 있다. 만일 우리가 진입한 체계를 변화시키는 데 참여하길 원한다면, 진정성을 갖고 그 일에 참여하는 것을 목표로 삼아야 한다. 점진적으로 필요한 단계를 거치며 이미 확립된 관계적·사회적 경로를 따라 움직이면서 말이다. 그리고 때때로 하나님은 상황을 매우 빠르게 바꾸신다!

전체 지역사회의 측면에서 살펴볼 때 당신은 이런 변화가 가족 체계와 유사하게 작동함을 알게 될 것이다. 지역사회 역시 안정을 추구한다. 대형 매장이 마을 안으로 들어올 때 거대한 변화가 발생한다는 것은 자명하다. 그러나 지역사회에서 상업적 변화가 발생할 때마다 연쇄반응이 일어나게 된다. 새로운 사업이 출현할 때, 새 이웃들이 이주해 들어올 때, 비극이 기존의 사업이나 가정에 발생할 때, 누군가 특별한 안건을 갖고 지역사회 협의회에 가입할 때, 이런 역학은 불균형을 일으킨다. 내(크리스티아나)가 사는 동네의 식료품 가게는 최근에 주인이 바뀌었는데, 주로 라틴계 사람들을 주 고객층으로 삼았던 평범한 쇼핑 장소를 수제 맥주와 값비싼 유기농 퀴노아(quinoa)를 판매하는 최신식 쇼핑 공간으로 바꾸었다. 아이러니하게도 이 식료품 상점은 저가의 라틴계 미장원과 유명한 멕시코 빵집인 판치타스(Panchitas) 사이에 위치해 있다. 이런 중대한 변화는 지역사회 내에 흥미로운 긴장을 야기했다. 지역사회 일부는 미학적 측면에서의 업그레이드와 이전 상점의 직원들이 계속 일할 수 있다는 것과 술의 종류가 많아진 것에 대해 고마워하면서 이런 변화에 잘 적응하고 있다. 그러나 WIC(여성, 유아, 어린이를 위한 식품 보조 사업)의 혜택을 받는 사람들은 새로 생긴 상점에 있는 대부분의 식품을 더 이상 구매할 수 없게 되어 피해를 입었다. 물론 소비자 인구 통계가 변하고 있다. 하지만 이런 변화가 진보인지, 아니면 퇴보인지를 단정하기는 어렵다. 한 식료품점의 단순한 변화가 사회적 불균형의 전형적인 사례에서 지역사회를 맴돌고 있다.

우리가 상황에 개입하는 방법, 우리가 성육신을 실천하는 방법─우리가 우리 자신을 환경에 소개하는 방법, 우리가 우리의 이웃들과 협력하는 방법, 우리가 우리의 지역사회를 이해하는 방법─이 중요하다. 당신이 당신의 환경을 변화시킬 것이다. 여기서 질문은 이것이다. 당신은 어떤 방식으로 환경을 변화시킬 것인가?

나(마이클)는 신선한 농산물과 옛 물건들 그리고 집에서 직접 만든 공예품들로 가득 차 있는 야외 시장에 간 적이 있다. 거기서 나는 다채로운 색깔의 돌과 크리스탈을 팔고 있는 진열대로 다가갔다. 노점상인 여성은 이교도의 상징적인 보석과 레이스 소매가 달린 자주색 어깨 장식을 하고 있었는데 그 모습이 매우 고딕 양식처럼 보였다. 그녀는 물건을 살지도 모르는 한 잠재 고객과 몇몇 크리스탈 제품의 치료 기능에 관해 활기찬 대화를 나누고 있었다. 내가 진열대로 다가가자, 그녀는 갑자기 대화를 멈추고 나를 쳐다보더니 불쑥 이렇게 물었다. "기독교인이신가요?" 내가 그렇다고 대답하자 그녀는 알고 있었다는 듯이 고개를 끄덕였다. "그럴 줄 알았어요." 그녀가 말했다. "당신이 방금 내 감각에 엄청난 혼란을 일으켰거든요."

　　감각에 엄청난 혼란을 일으키는 것, 우리는 이런 현상을 좋아한다. 확실히 이 여성은 영적 영역과 맞닿아 있었고, 마이클 안에 계신 성령의 존재가 그녀의 감각에 마비를 가져왔던 것이다. 당신이 지역 사회에서 만나는 대부분의 사람이 이 여성처럼 영적으로 민감하지는 않을 것이다. 그러나 매우 실제적인 의미에서 당신의 존재(또는 당신 안에 거하시는 하나님의 존재)는 마비를 야기할 것이다. 당신은 혼란을 일으킬 것이다. 바라건대 성가시고 불쾌한 방식이 아닌 선하고 흥미로운 방식으로 말이다. 앞으로 우리는 그런 균형을 바르게 잡아주는 틀에 대해 탐구할 것이다.

기대에서 살짝 빗나가기

때때로 우리는 우리가 시작해야 하는 이런 혼란이 재앙과 같은 거대한 무엇이 되어야 한다고 생각한다. 그러나 반드시 그럴 필요는 없다. 아주 작은 아기의 탄생이 큰 변화를 가져올 수 있듯이, 작지만 새로운 요소의 발생이 장기간의 큰 파급효과를 야기할 수 있다. 예술 감상과 관련하여 벌린의 법칙(Berlyne's Law)이라는 것이 있는데, 벌린은 심리학자로서 예술이 정서에 영향을 미치는 방식을 이해하기 위해 심리학적 도구들을 사용했다. 벌린의 법칙은 기본적으로 다음과 같다. 우리에게 훌륭한 예술로 각인되는 것은 보통 우리의 기대에서 살짝 벗어나는 것이다. 우리의 기대에서 너무 많이 벗어나는 예술은 괴리감과 기괴함을 느끼게 한다. 그래서 우리 중 많은 사람이 현대 예술 전시회에서 힘든 시간을 보낸다. 매우 추상적이고 실험적인 예술은 우리의 균형을 앗아간다. 우리는 이런 예술을 이해하지 못한다. 그러나 벌린에 의하면 하나의 예술 작품이 우리의 기대에 너무 완벽하게 들어맞을 경우 우리는 그 작품에서 지루함을 느낀다. 완벽하지만 따분하게 묘사된 풍경은 쉽게 간과된다. 우리의 관심을 끄는 이미지 유형은 관례에서 벗어나는 것들, 그러나 **너무 많이 벗어나지는 않는** 것들이다. 닐 로스(Neal Roese)가 말한 것처럼 "지루함과 기괴함이라는 두 극단 사이 어딘가에 약간의 놀라움과 결합된 감미로운 인지 영역이 존재한다."[7] 차이를 만드는 것은 바로 이 약간의 놀라움이다. 현대 세속 사회에서 선교적 삶을 사는 것은 지루함과 기괴함 사이의 영역에 안착하는 능숙한 솜씨를 요구한다.

우리는 사회적으로 기괴한 방식을 통해 지역사회에 영향을 미치고자 하는 기독교인들의 예를 생각해볼 수 있다. 어떤 목사는 부활절 예배에 자신의 교회로 4천 명 이상의 사람들이 올 경우 교회 꼭대기에 설치되어 있는 투명 아크릴로 만들어진 가로 세로 높이 180센티미터의 공간에서 삼 일 밤낮을 보내기로 서약했다. 다른 목사는 오토바이 스턴트맨인 이블 크니블(Evel Knievel)로부터 영감을 받아 자신의

---

7   Neal Roese, *If Only: How to Turn Regret into Opportunity* (New York: Broadway, 2005, 『If의 심리학』[21세기북스 역간]), 169.

오토바이를 타고 교회 주차장에 있는 버스들 위로 점프하고 때로는 불로 만든 벽을 통과하기도 한다. 또 다른 목사는 아버지의 날 행사를 개최했는데, 그날 교회에 참석하는 아버지들에게 두 자루의 AR-15 소총 중 하나를 받을 수 있는 추첨권을 제공했다(아이를 데리고 오는 아버지들은 아이의 숫자만큼 추가로 추첨권을 받았다). 물론 거대한 나무 십자가를 등에 지고 거리를 걷는 목사들의 수는 넘치게 많다. 에드 영(Ed Young)의 "칠 일간의 성교" 기행은 그 누구도 잊지 못할 것이다. 이 기행을 통해 영은 2만 명이 출석하는, 텍사스 그레이프바인에 있는 그의 펠로우십 교회(Fellowship Church)에서 커플들에게 그가 "회중 성교"(congregational copulation) 주간이라고 명명한 일주일 동안 그와 그의 아내를 따라서 성교를 하며 지내라고 촉구했다. 2012년에 행해진 후속 기행에서 영과 그의 아내 리사(Lisa)는 교회 지붕에 침대를 설치하고 하나님과 모든 사람이 보는 가운데 이십사 시간 동안 그곳에서 함께 지내겠다고 서약했다.[8]

시카고에 사는 세스 타워 허드(Seth Tower Hurd) 목사는 이런 기괴한 행태에 한탄하며 어린 시절 괴상한 행위에 심취했던 어떤 교회에서 자신이 겪은 경험을 회상한다.

---

[8] 이 일들과 그 외의 여러 기행에 관해서는 다음을 보라. David Gibson, "Top 12 Pastor Stunts: Living as an Atheist Is Just the Latest Ministry Gimmick," January 14, 2014, https://sojo.net/articles/top-12-pastor-stunts-living-atheist-just-latest-ministry-gimmick.

"크리스천 파워 팀"(Christian Power Team)이 마을에 와서 반쯤 구부러지고 우스꽝스러울 정도로 거대한 그들의 이두박근을 자랑하며 전화번호부 책을 찢은 후, 예수에게 헌신하라는 설교를 외친 적이 있다. 부활절마다 우리 가족은 "수난 연극"(Passion Play)을 보러 갔는데, 이 연극은 법원 잔디밭에서 예수의 생애 마지막 시간을 보여주었다. 이 연극이 펼쳐진 법원 잔디밭은 동네에서 가장 시끄러운 술집 세 군데에서도 훤히 볼 수 있었다. 내가 십 대였을 때 한 교회는 여성 금욕 랩 가수를 초청했는데, 이는 성생활이 결여된 그녀의 삶에 대해 (내가 상상할 수도 없는) 역겨운 말을 뱉어내기 위함이었다. 이 "힙합 봉사활동"은 참석한 모든 고등학생에게 "성교는 나중에"(sex can wait)라는 글귀가 적힌 천으로 된 팔찌를 나누어주면서 끝났다. (당신이 생각하는 것처럼, 많은 십 대가 곧 이 팔찌의 글귀를 다음과 같이 아이러니한 것으로 바꾸어놓았다. "성교는 지금 즉시"[sex can't wait] 또는 "성교는 나중에 하고 대신 자위를 하라"[sex can wait, masturbate].)[9]

때때로 이런 기행은 별일이 아닌 것처럼 느껴진다. 그러나 허드의 결론처럼 "교회의 공개적 기행은 예수를 따르는 자들을 쉽사리 바보처럼 보이게 하고 믿지 않는 자들을 기독교로부터 훨씬 더 멀어지게 만

---

9   Seth Tower Hurd, "Do Church 'Publicity Stunts' Send the Wrong Message?," *Relevant*, October 9, 2014, www.relevantmagazine.com/god/church/do-church-publicity-stunts-send-wrong-message.

든다."¹⁰ 그러나 우리는 한편으로 기괴한 것에 저항하면서도 지루한 것을 선택하지 않도록 주의해야 한다는 점에 동의한다.

우리 대부분에게 이처럼 기괴한 예들은 우리가 교회에서 겪는 일반적인 경험이 아니다. 공동체의 진정한 사랑 표현에 굶주려 있는 세상에서 교회가 존재할 수 있는 다른 대안적 방식은 무엇일까? 앞에서 언급했듯이 좋은 이웃이 되는 일은 훌륭한 첫 단계다. 그러나 이것만으로는 세상이 바뀌지 않을 것이다. 우리가 하나님께서 살도록 허락하신 이 세상을 바꾸는 일에 진지하다면, 우리는 대본에서 살짝 벗어나는 방법들을 찾을 필요가 있다. 이는 동기, 바라는 결과, 보다 심층적인 목적에 관해 우리가 질문해야 함을 의미한다. 우리가 정원을 만드는 이유는 정원이 예쁘다고 생각하거나 취미로서 정원을 가꾸는 일을 즐기기 때문이 아니다. 이런 이유들은 잘못된 것은 아니지만, 그것만으로는 완전하지 않다.

예를 들어 하나님이 만드신 지구를 돌보는 일은 우리가 상상하는 것보다 훨씬 더 전인적이며 우리의 상황에 훨씬 더 큰 영향을 미친다. 캐나다 브리티시컬럼비아 밴쿠버에 위치한 그랜드뷰 갈보리 침례교회(Grandview Calvary Baptist Church)의 몇몇 성도는 교회 소유의 한 주차장을 뜯어내고 공동체 정원을 만들었다. 그리고 이웃 주민들에게 정원의 일부를 제공하고 사회에서 소외된 여러 단체를 초청하여 그들과 함께 정원을 가꾸었다. 이 정원은 서로 만나지 않을 것 같은 이웃

---

10   위의 글.

들이 모이는 장소가 되었다. 이렇게 공동으로 정원을 가꾸는 일은 다양한 형태의 외상, 상처 또는 중독으로부터의 치유 및 회복의 일환으로서 이 일에 동참하는 사람들에게 치료의 행위이자 생명을 주는 행위가 되었다. 이런 방식으로 창조세계를 돌보는 일은 지속 가능한 식량 자원에 대한 교회의 가치를 훨씬 더 광범위하게 외적으로 표현하는 것이었다. 우리는 이런 행위들이 교회의 문화를 형성하고 지역사회의 문화 형성에 기여하는 방식을 과소평가할 수 없다.

만일 당신의 이웃이 당신과 당신의 배우자가 당신 집 지붕 위에 침대를 놓고 일주일간 "섹스 실험"(sexperiment)을 단행하는 것을 본다면, 그들은 당신의 믿음이 마음에 들지 않을 것이다. 그러나 만일 당신이 차도에서 그들에게 손을 흔들며 인사하거나, 집 앞 잔디에 허브 정원을 만들고 있거나, 지역사회 감시 위원회에 참여하는 것을 그들이 본다면, 그들은 변화를 수용하는 데 어려움을 느끼지 않을 것이다. 토마스 무어(Thomas Moore)는 『영혼의 짝』(Soul Mates)에서 다음과 같이 말한다. "나는 생각의 경미한 변화가 변화를 위한 주요 노력들보다 우리의 삶에 더 큰 영향을 미친다고 확신한다.…삶의 깊은 변화는 생각의 움직임을 따른다."[11]

우리가 추천하는 산파 역할은 자원봉사나 온화한 붙임성 그 이상을 의미한다. 이 산파 역할은 우리의 이웃에 대한 깊은 갈망과 그에 따른 적절한 반응을 수반한다. 앤서니(Anthony)와 토니 스미스

---

11   Thomas Moore, *Soul Mates* (New York: HarperCollins, 1994), viii.

(Toni Smith)는 미션 하우스(Mission House)를 섬기고 있는데, 이 미션 하우스는 선교 공동체로서 노스 캐롤라이나주 솔즈베리 도시 전체의 르네상스에 헌신된 "사랑의 군대"다. 앤서니는 "포스트모던 흑인"(Postmodern negro)으로도 잘 알려져 있는데, 이는 그가 같은 이름으로 인터넷 블로그를 운영하고 있기 때문이다. 앤서니와 토니는 미션 하우스의 DNA가 성육신, 선교, 그리고 화해라고 설명한다. 그들이 말하는 성육신은 그리스도가 세상에 보냄을 받으셨듯이 그들도 지역사회에 보냄을 받았음을 의미한다. 그들이 말하는 선교는 우리의 지역사회와 도시를 다시 새롭게 하시는 하나님의 사역에 참여하기 위해 자신들이 성령에 의해 보냄을 받았음을 의미한다. 그들이 말하는 화해는 분리와 분열의 긴 역사 가운데 그들이 평화의 대리자들이 되고자 함을 의미한다. 다시 말해서 그들은 솔즈베리 안팎에 존재하는 삶의 리듬 안으로 깊이 들어가고자 단단히 결심한 자들이다. 이는 깨어진 자들의 상처 위에 치유의 기름을 부을 뿐만 아니라 현 상황에 하나님의 신성한 분열을 가져오기 위함이다.

지난 몇 년 동안 그들은 지역사회 기반의 기도 모임과 나이트크롤러스(Nightcrawlers)라고 불리는 감시 단체에 참여해왔다. 그들은 (날씨가 허락되는 한) 매주 금요일 밤에 모여 그들의 지역 거리를 걸으며 남녀노소를 가리지 않고 이웃들과 대화를 나눈다. 그들은 기도하고, 찬양하며, 그들의 지역사회를 관찰하고, 그곳의 목소리에 귀를 기울인다.

더 최근에 앤서니와 나이트크롤러스는 도시의 필요를 알기 위해 그들의 이웃들을 조사하기 시작했다. 그들의 조사 결과가 보여주듯이, 분명한 것은 지역사회가 거리 폭력에 지쳐 있고 이 폭력과 관련하여 아무것도 할 수 없다는 체념으로 교착 상태에 빠져 있다는 점이다.

웨스트엔드(West End)의 아메리칸 리전 포스트(American Legion Post) 뒤편에서 한 사람이 총에 맞아 사망하는 사건이 발생한 후, 앤서니는 근처에 살고 있는 그의 세 살 된 손녀와 대화를 나누었다. 손녀는 총소리를 들었다. 앤서니에 따르면, 손녀는 그에게 이렇게 말했다. "할아버지, 총소리가 '빵빵' 하고 났어요."

행동으로 나서야 한다는 자극을 받은 앤서니와 다른 지역 지도자들은 지역사회 감시 단체와 다른 공동체 집단을 강화하고 활성화시키기 위해 시 전역에 걸친 공동의 노력을 지금 개발하는 중이다. 이렇게 함으로써 그들은 시 정부, 교회, 지역사회 감시 단체들의 지도자들과 협업을 이루고, 신뢰하는 긴밀한 지역사회를 유지하며, 서로를 살피는 최상의 실천적 방안을 취합하고 공유하게 된다.

다시 말해서 스미스 가족과 미션 하우스는 긴밀히 연결된 지역사회를 만들기 위한 지속적인 실천 행위와 관련된 논의를 중개하고 있다. 이렇게 만들어진 지역사회는 시 전역에 있는 특정 지역에 보다 많은 힘을 제공하여 그곳이 더 안전하고 더 친근한 도시가 되도록 돕는다.

앤서니는 다음과 같이 말한다. "가운데와 가장자리가 풀려나간 퀼트(quilt) 이미지가 떠올랐다. 우리의 지역사회라는 직물(fabric)을 다시 짜려고 노력하는 지역사회 운동이 있다고 생각해보라. 우리는 이 직물을 함께 짤 수 있다!"

최근에 앤서니는 인터넷 블로그에 신앙 공동체의 참여에 관해 자신이 배운 열두 가지 교훈을 올려놓았다. 이 교훈들은 전국의 마을과 동네 거리에서 새 창조의 탄생을 돕는 산파를 위한 안내 지침처럼 읽힌다. 이 교훈들은 무너진 세상의 지배적 담론에 신성한 분열을 가져오기로 헌신한 강인한 영혼의 기독교인들을 위한 일련의 표지판이다.

- 하나님의 얼굴을 구하라.
- 지역사회의 목소리에 적극적으로 귀 기울이라.
- 필요를 분별하라.
- 다른 이들과 함께 선교에 참여하라.
- 반대를 예상하라.
- 지속적으로 선교하라.
- 지나칠 정도로 계속 기도하라.
- 강력한 질문을 제기하라.
- 지역사회의 모든 이해 관계자들에게 연민을 품으라.
- 지역사회 내 소외된 영역에서 배우는 자/섬기는 자가 되라.
- 복음을 통해 끊임없이 순환하라.
- 뱀처럼 지혜롭고 비둘기처럼 무해하라.

앤서니의 결론처럼 "이 모든 교훈은 사랑이다."[12]

---

12   Anthony Smith, Facebook, June 16, 2016.

4장

새 창조의 탄생을
돕는 산파들

진정하고 산파를 불러라

티셔츠 슬로건

하나님이 탄생시키신 것과 탄생시키고 계시는 것은 역사를 진정한 종말로 이끄는 새 창조의 씨앗이다. 그리고 교회는 하나님이 세상을 변화시키시는 수많은 방법에 참여하라고 요청받고 있다. 예언자 이사야가 하나님을 해산하는 여인으로 언급하는 것이 도발적인 만큼, 우리도 하나님의 사람들을 묘사하기 위해 신선한 은유를 소개하고자 한다. 바로 산파다. 우리는 산파라는 은유가 그리스도를 따르는 자들이 그들이 속한 문화와 맺어야 하는 끝이 없고 정교한 협상에 새로운 빛을 비추어준다고 생각한다.

세상을 바꾸는 것과 관련하여 우리가 기독교인들로부터 듣는 언어의 상당 부분은 남성적이고 군국주의적인 이미지에서 유래한다. 분명히 당신은 좋은 의도를 지닌 (남성) 교회 지도자가 자신의 교회가 사회와 "전쟁 중"이라고 선포하거나 이와 동일한 감정을 반복함으로써 자신이 섬기는 교회를 자극하는 것을 들어보았을 것이다. 나(크리스티아나)는 예전에 다른 교회 지도자로부터 이런 권고를 받은 적이 있다. "당신의 곁에는 전우들이 있습니다. 그러므로 당신은 공격 계획을 알고 있어야 하고 명령을 내려야 하며 당신의 전우들을 앞으로 이끌어야 합니다." 군국주의 이미지는 성서에서도 발견되고 교회가 사회를 섬길 때 이를 표현하는 용도로도 사용되어왔다(구세군). 그러나 우리는 이런 종류의 은유들이 단지 그 정도로만 사용될 수 있다고 생각한다. 군국주의 이미지는 바빌로니아 유배를 묘사하는 용도로는 사용되지 않았을 것이다. 느부갓네살 정권과 전투를 벌일 군대를 일으키는 일은 무모한 짓이었을 것이다. 마찬가지로 예수는 로마 제국을 전복시키고자 하는 바라바와 열심당의 군국주의 전략에 저항했다. 실제로 초기 교회는 로마 제국을 효과적으로 "전복"시켰는데, 이는 군사적 힘을 사용한 것이 아니라 성령의 자극을 따르고 안에서부터 천천히 그러나 확실하게 문화를 재형성함으로써 이루어진 것이다.

교회사에서 어떤 은유들은 시대에 따라 다른 비유들보다 더 효과적으로 교회를 섬겼다. 조셉 캠벨(Joseph Campbell)은 다음과 같은 발언으로 주목받았다. "당신이 세상을 바꾸기 원한다면, 당신은 은유를 바꾸어야 한다." 그러나 당신은 바른 은유를 선택해야 한다. 어울리지 않는 은유에는 위험한 함의가 들어 있을 수 있다. 우리는 은유를 통해 힘을 얻을 수 있는 만큼 길을 잃어버릴 수도 있다. 우리는 오늘날 미국 교회가 시기상 정복에 대한 군국주의적 캠페인을 포용할 수 없다고 제안하고 싶다. 그렇다고 군국주의적 용어를 금지하자고 제안하는 것은 아니다. 다만 우리는 우리의 믿음이 지닌 신비와 우리가 받은 소명의 실재를 깊게 만들어주고 확장시켜줄 추가적 비유로서 산파를 제안하고 싶다. 사실 우리는 이 은유가 하나님이 우리의 눈앞에서 탄생시키고 계신 것에 대한 우리의 생각에 불을 강력하게 붙여주리라고 생각한다.

그렇다면 산파란 정확히 무엇인가? 산파는 대부분 여성으로서 산통, 분만, 산후조리 과정에 있는 어머니들을 돕도록 훈련받은 사람이다. 공인 간호사 겸 산파는 산파 관련 석사학위를 받은 등록된 간호사다. 미국에서는 산파들 중에 90퍼센트 이상이 병원에서 일하고, 몇몇 산파는 출산 센터에서 일하거나 집에서의 출산을 돕는다. 대다수 선진국에서 산파들은 대부분의 저위험 임신에 관여한다.

나(크리스티아나)는 둘째 딸을 출산한 후에 내 친구이자 산파인 재나(Janna)를 "내 아이를 낳게 해준 나의 산파"로 소개하곤 했다. 그럴 때마다 재나는 "내가 낳은 것은 아무것도 없어요. 그 일은 당신의 아이를 낳는 당신의 출산이었고, 나는 그 출산을 돕는 특권을 누렸을 뿐이에요"라고 대답하곤 했다. 이는 우리가 군사 전투의 은유보다 산파 은유를 더 선호하는 이유를 정확히 상기시켜준다. 전투에서 우리는 이기거나 지지만, 산파의 역할은 언제나 출산하는 어머니의 수고에 의존한다. 산파는 실제로 아무것도 출산하지 않는다. 산파는 단순히 돕는 역할이다. 우리는 하나님이 구원의 실재를 이 세상에서 출산하고 계시며, 우리는 새로운 생명이라는 이 기적을 돕도록 부름을 받았다고 믿는다.

산파와 산모 사이의 관계를 나타내는 은유는 하나님의 영을 생명을 운반하고 출산하며 유지시키는 존재로서 묘사한다. 우리가 이미 보았듯이, 성서는 하나님을 모든 것을 출산하고 생명을 양육하는 어머니로서 묘사한다. 민수기 11:12에서 이스라엘 백성은 광야에서 만나 외에 다른 먹을 것이 없다고 불평한다. 그때 모세는 하나님께 거의 비꼬는 투로 말한다. "이 모든 백성을 내가 배었나이까? 내가 그들을 낳았나이까? 어찌 주께서 내게 양육하는 아버지가 젖 먹는 아이를 품 듯 그들을 품에 품고 주께서 그들의 열조에게 맹세하신 땅으로 가라 하시나이까?" 모세의 어조를 통해 볼 때, 그는 하나님을 이스라엘을 낳은 존재로 인지하고 있으며, 따라서 하나님이 그들을 이집트의 속박과 광야의 삶 가운데서 양육해야 할 책임이 있다고 믿고 있다.

이사야 66:9에서 우리는 하나님이 출산하시는 분, 특히 새로운 이스라엘을 출산하시는 분이라고 묘사되고 있음을 본다. "내가 아이를 갖도록 하였은즉 해산하게 하지 아니하겠느냐?" 그리고 이사야 49:15에서 예언자 이사야는 하나님의 메시지를 이렇게 선포한다. "여인이 어찌 그 젖 먹는 자식을 잊겠으며 자기 태에서 난 아들을 긍휼히 여기지 않겠느냐? 그들은 혹시 잊을지라도 나는 너를 잊지 아니할 것이라." 또다시 하나님은 생명을 출산하고 유지시키는 자와 은유적으로 연결된다.

예수는 자신을 병아리를 돌보는 암탉에 비유한다. "예루살렘아, 예루살렘아, 선지자들을 죽이고 네게 파송된 자들을 돌로 치는 자여! 암탉이 제 새끼를 날개 아래에 모음 같이 내가 너희의 자녀를 모으려 한 일이 몇 번이냐? 그러나 너희가 원하지 아니하였도다"(눅 13:34). 그리고 니고데모와의 대화에서 예수는 성령을 출산하는 존재로 언급한다. 예수는 다음과 같이 말한다. "예수께서 대답하시되 '진실로 진실로 네게 이르노니 사람이 물과 성령으로 나지 아니하면 하나님의 나라에 들어갈 수 없느니라. 육으로 난 것은 육이요, 영으로 난 것은 영이니'"(요 3:5-6).

성령 하나님은 남성과 여성의 특질 및 특성을 포괄하는, 남자도 여자도 아닌 존재다. 이 하나님은 회복시키는 구조, 변화된 공동체, 세상을 바꾸는 사랑의 순간들을 우리 주변에서 탄생시키고 계신다. 우리가 하나님의 구원 이야기에 들어설 때, 그리고 그리스도의 방식으로 오늘날 우리의 삶을 살아갈 때, 우리는 이 구원 이야기에 방관자나 단순한 청취자로서가 아니라 동반자로서 참여하게 된다. 우리가 받은 것을 나누어주면서 말이다. 마치 산파가 출산 중인 어머니와 함께하듯, 우리도 우리 주변의 세상을 위해 새로운 생명을 출산하는 기적을 행하시는 하나님과 함께하도록 요청받는다. 이 임무는 하나님께서 우리의 생각에 필요한 무엇을 하시도록 돕는 것이 아니라, 우리가 하나님의 행위에 참여하기 위해 그분이 지금 행하고 계신 것을 알아내는 것이다.

산파의 역할

산파의 기능은 오래된 기능이다. 우리가 알고 있는 한 산모들은 산파들의 돌봄을 받아왔다. 고대 유대인들은 산파를 현명한 여인이라고 불렀다. 산파를 의미하는 영어 단어 midwife는 중세 영어인 mit wif

곧 "여인과 함께"(with-woman)로부터 유래한다. 사실 산부인과 의사(obstetrician)라는 용어는 "앞에 서다"를 의미한다. 이 용어는 리더십을 발휘하는 자를 의미하지만, (여인과 함께하는) 산파는 파트너십을 의미한다. 실라 키칭거(Sheila Kitzinger)는 산파로서 자신의 역할을 다음과 같이 묘사한다.

> 모든 문화에서 산파의 위치는 삶의 문턱에 자리하는데, 이 문턱에서 강렬한 감정들—두려움, 희망, 갈망, 승리, 엄청난 육체적 힘—이 발생하고, 이 감정들로 인해 새로운 인간이 등장하게 된다. 산파의 소명은 독특하다.
>
> 산파의 기술은 출산의 심리적 과정과 생리적 과정 사이의 관계를 이해하는 것이다.…산파의 기술들은 정서적인 부분과 생물학적인 부분이 접하고 상호작용하는 바로 그 지점에 놓여 있다. 산파는 산통과 출산을 관리하는 매니저가 아니다. 오히려 산파는 문을 열어주는 자, 해방시키는 자, 양육하는 자다. 산파는 두려움과 고통이 있을 때 튼튼한 닻이 된다. 그리고 산파는 출산의 리듬, 산 꼭대기와 틈, 노력 및 승리와 조화를 이루는 숙련된 친구다.[1]

산파의 이런 속성들은 아이의 출산뿐만 아니라 이 세상을 위해 우리가 꿈꾸는 것들의 출산, 출발, 개척, 시작, 생성에도 적용된다. 우리 중

---

1   Sheila Kitzinger, *Rediscovering Birth* (London: Pinter & Martin, 2011), 164.

많은 사람이 그동안 소명의 길을 걸어오면서 우리가 개척해온 것들을 되돌아본다. 그리고 우리는 우리와 함께해온 "산파들"의 이름을 부를 수 있다. 이 산파들은 우리의 두려움을 잠재우고, 우리의 소망을 일깨우며, 우리의 갈망을 끌어내고, 우리의 승리를 축하해주며, 우리 안의 가장 깊은 고통과 슬픔을 통해 우리를 안내한다. 우리 중 대부분은 세상에 새로운 것들이 탄생하는 것을 볼 때 은유적인 산파가 제공하는 부수적 안정성의 축복을 알고 있다.

창세기 35장에서 산파들은 라헬이 베냐민을 출산하면서 죽어갈 때 옆에서 그녀를 돕는다. 이와 동등하게 비극적으로 산파들은 출애굽기의 시작 부분에서 언급되는데, 여기서 이집트의 파라오는 히브리인의 남자 신생아들을 모조리 살해하라는 명령을 내린다. "너희는 히브리 여인을 위하여 해산을 도울 때에 그 자리를 살펴서 아들이거든 그를 죽이고 딸이거든 살려두라"(출 1:16). 히브리 산파들인 십브라와 부아는 이렇게 끔찍한 일을 감당할 수 없어서 남자아이들을 살려주고 바로에게 거짓말을 함으로써 그들의 반역을 가린다. "히브리 여인은 애굽 여인과 같지 아니하고 건장하여 산파가 그들에게 이르기 전에 해산하였더이다"(출 1:19). 이집트에서 노예의 삶을 살고 있던 히브리 공동체는 엄청난 규모로 계속 번성했는데, 이런 번성의 배후에는 이 공동체를 돌보는 영웅적인 여성들 곧 산파들이 있었다.

그러나 중세 시대까지 사람들은 산파를 많은 의심과 두려움의 눈으로 바라보았다. 물론 중세 시대는 전반적으로 미신의 시기였다. 그러나 출산과 무관한 남성들의 세계에서 한 여성이 신비에 싸여 있는 특정 기술과 능력을 소유하고 있다는 것은 이 여성의 기술이 어떤 영적인 힘, 좀 더 자세히 말해 어떤 사악한 힘으로부터 나온 것이라고 쉽게 설명되었다. 어떤 이들은 산파가 지닌 능력의 원천이 악마와의 동맹이 틀림없다고 주장했다. 이로 인해 많은 산파가 마녀로 오인되어 화형당했다.

오늘날 전문 산파들은 여성들이 임신한 기간 동안 그리고 산통을 겪고 출산할 때 그들을 돌보는 책임을 맡는다. 실제로 2013년에 발표된 한 의학 리뷰에 의하면 최고의 임신 결과를 보이는 나라들에서는 산파들이 임산부들에게 주요한 돌봄을 제공하는 사람들이었다. 산파가 주도하는 돌봄은 출산 중에 일어날 수 있는 여러 개입 요소를 줄여주고 임신 24주 이전에 태아를 잃거나 조산하는 위험을 낮추어준다. 이 리뷰는 다음과 같이 마무리된다. "대부분의 여성은 산파 주도의 연속성 있는 돌봄을 제공받아야 하고, 여성들은 이런 산파 주도의 돌봄을 요구하도록 권장되어야 한다."[2]

하나님이 새 창조를 탄생시키실 때 함께한다는 의미의 산파 은유를 선호한다고 해서, 우리가 사람들에게 그들의 아이를 위한 구체적인 출산 계획을 선택하라고 설득하려는 것도 아니고 이 산파 은유가 단 한 번도 출산 경험이 없는 사람들을 배척하는 것도 아니다. 앞서 언급했듯이 산파의 역할은 세상에서 의미 있는 것을 탄생시키는 모든

2   Catherine Pearson, "Midwifery Benefits? Improved Outcomes for Moms Who See Midwives, Review Finds," *Huffington Post*, August 21, 2013, www.huffingtonpost. com/2013/08/20/midwifery-benefits_n_3787058.html.

것과 아름답게 상호작용하는 것이다. 게다가 우리는 하나님의 사역이 신생아처럼 연약하다거나, 출산 중인 어머니가 산파에 의존하듯 하나님의 사역이 우리에게 의존한다고 말하는 것도 아니다. 하나님의 목적은 좌절될 수 없다. 그럼에도 불구하고 하나님을 따르는 자들은 세상에 새롭고 구속적인 실재를 탄생시키는 과정에 참여하도록 은혜롭게 요청받는다. 하나님이 출산 중이시라는 사실은 변론이 필요 없다. 시편 139:13-15은 하나님께서 심지어 자궁 안에도 계신다고 암시한다. "주께서 내 내장을 지으시며 나의 모태에서 나를 만드셨나이다.… 내가 은밀한 데서 지음을 받고 땅의 깊은 곳에서 기이하게 지음을 받은 때에 나의 형체가 주의 앞에 숨겨지지 못하였나이다." 예언자 예레미야도 동일한 생각을 반영한다. "내가 너를 모태에 짓기 전에 너를 알았고 네가 배에서 나오기 전에 너를 성별하였고"(렘 1:5). 그리고 시편 저자는 우리를 분만하시는 하나님을 다음과 같이 묘사한다. "오직 주께서 나를 모태에서 나오게 하시고 내 어머니의 젖을 먹을 때에 의지하게 하셨나이다"(시 22:9).

그렇다면 산파 은유는 문화를 바꾸는 사람들로서 우리의 역할을 이해하는 데 어떻게 도움이 되는가? 우리는 특히 산파술의 실례를 살핀 후 이를 오늘의 교회 공동체에 적용함으로써 이 은유로부터 많은 함의를 얻을 수 있다고 생각한다. 뿌리 없는 교회와 식민화하는 교회 개척 방법론에 대한 우리의 우려를 고려하면서 우리는 산파술로부터 도출된 몇몇 실례를 제공하여 새 창조를 탄생시키시는 하나님의 사역에 동참하기 위한 대안적 비전을 제시하고자 한다.

산파술 #1: 의제 내려놓기

다른 사람들에게 우리의 의제를 억지로 떠맡기는 것은 결코 효과가 없다. 표면 아래의 진짜 의도를 진정으로 경청하기 위해 시간을 들이지 않으면서 사람이나 장소를 바꾸려고 드는 것은 절대로 좋은 생각이 아니다. 아무리 좋은 의도라도 근시안적 의제들은 기껏해야 상처와 혼란을 일으킬 뿐이다.

산파는 자신의 의제, 편견, 이상이 그녀가 출산 경험에 진입하는 방식에 영향을 미칠 수 있으며 또 영향을 미칠 것이라는 사실을 정확히 알고 있다. 출산 중인 어머니에게 이것을 해야 한다거나 그것을 느껴야 한다거나 꼭 이런 방식으로 해야 한다고 말하는 것은 자신의 출산을 경험하고 있는 그 여성을 무기력하게 만들면서 종종 혼란이나 분노를 야기할 것이다. 출산 중인 어머니의 몸 안에는 강력한 힘이 작용하고 있다. 산파가 이 힘을 통제하려고 한다면, 그녀는 자신이 촉진시켜야 하는 실제적인 것을 억압하는 실질적 위험에 처하게 된다. 산파들은 의도적으로 자신들의 의제를 내려놓고 출산의 힘을 존중함으로써 새 생명의 탄생을 촉진시킨다.

산파는 출산 이야기의 핵심 부분을 차지한다. 그녀는 자신의 경계 및 한계를 인지하면서 중요한 역할로 들어간다. 그녀는 자신의 역할이 무엇인지와 하지 말아야 할 것이 무엇인지를 알고 있다. 그녀는 출산 중인 어머니에게, 그 환경에, 함께 있는 다른 이들에게, 그리고 그 장소와 시간을 둘러싸고 있는 더 큰 환경에 언제나 귀를 기울여야 한다. 이런 핵심 요소들은 산파가 출산 양식(patterns)을 지원할 때 그녀를 앞으로 이끌어주는 지침이 된다.

지난 20년간의 기독교 운동에서 우리가 목격한 공통의 비극은 듣고자 하는 마음가짐을 가지고 상황 속으로 들어가지 않은 채로 사람들을 사랑하거나 교회를 성장시키려고 하는 프로그램적인 접근이다. 산파들은 좋은 경청자들이다. 그들은 겉으로 보이는 것이나 눈에 띄는 빙산의 일각을 보고 판단하지 않는다. 그들은 반짝이는 수면 아래에 있는 것에 신중히 귀를 기울인다. 교회는 지역사회의 상황을 통제하기 위해 그곳으로 보냄을 받은 것이 아니다. 오히려 하나님이 지역사회 안에서 움직이고 계신다는 확신 가운데 교회는 새 창조의 탄생에서 산파 역할을 감당한다. 이런 산파의 역할에는 더 주의 깊고 덜 오만한 자세가 요구된다.

모든 신앙 공동체는 그 지역사회에 긍정적인 영향을 미치기를 희망한다. 대부분의 교회는 사람들을 자신들의 공동체와 대의에 참여하도록 끌어들이는 매력적이고 설득력 있는 존재가 되길 원한다. 우리 모두는 교회 간판을 세우고 교회 행사에 사람들을 초대하며 청소의 날을 실시하거나 지역 학교에 배낭을 기부하는 것과 같은 교회의 전략에 익숙하다. 이런 전략은 모두 훌륭한 생각과 표현이다. 그러나 하나님의 초대는 확실히 이보다 훨씬 더 도발적이고 혁명적이다. 그리고 하나님의 초대는 주의 깊은 경청과 우리의 의제 내려놓기로 시작한다.

솔직히 말해서 우리 대부분은 우리가 살고 일하며 노는 곳에서 예수를 따르는 것이 정확하게 어떤 모습인지를 모른다. 우리가 실제로 예수를 따르는 일을 시작하기 전까지는 말이다. 우리는 교회의 모습에 관해 이미 만들어진 프로그램과 고착된 가정(assumptions)을 가진 채로 앞으로 나아갈 수 없다. 우리는 우리의 의제를 보류하고 하나님을 더욱 신뢰해야 한다. 예수는 하나님의 복음의 메시지가 단지 말로만 선포되는 것이 아니라 성령의 권능에 의존하여 하나님의 성품을 드러내는 일상의 행위를 통해 선포되는 일에 관심을 갖고 있었다. 하나님의 사랑은 실제 장소에 살고 있는 실제 사람들의 지극히 평범한 일상의 구현을 통해 표현된다. 이렇게 구현된 모습이 정확하게 어떤 것인지는 우리가 우리의 의제가 아닌 하나님의 의제를 수행하며 하나님과 함께 이런 장소에 참여하기 전까지는 미리 결정될 수 없다. 우리는 문화를 형성하는 자들로 부름을 받았지, 단순히 사랑과 평화에 관한 캠페인 연설을 하거나, 행사를 주최하고 하나님의 본성을 멀리 선포하기 위해 우편물을 발송하라고 부름을 받은 것이 아니다. 우리는 삶의 핵심에서도 사랑과 평화에 대한 복음을 확실하게 구현해야 한다. 이것이 바로 그리스도의 영의 성육신이다. 이것이 바로 우리가 처리해야 하는 하나님의 의제다.

산파술 #2: 환경 형성하기

문화 형성의 천적은 문화 통제다. 자신이 통제하는 사람이라고 주장하길 원하는 사람은 아무도 없다. 그러나 우리 모두는 우리가 지니고 있다고 생각하는 모든 권력을 동원해서 어떤 식으로든 무엇 혹은 누군가를 통제하려고 끊임없이 시도한다. 실제로 우리는 통제 괴물들이다. 우리는 우리의 겉모습, 우리의 평판, 우리의 음식 선택, 우리의 오락 환경, 우리의 우정, 우리의 스케줄, 우리의 돈, 우리의 아이들…그 외의 많은 것을 통제하려고 애쓴다.

아무리 노력하더라도 우리는 우리 주변의 환경을 통제함으로써 그 환경을 형성하는 데 성공하지는 못할 것이다. 우리는 우리의 의제를 내려놓음으로써 우리가 모르는 것을 인정하기 시작한다. 우리는 통제하기 위해서가 아니라 경청하고 배우기 위해 문화에 접근한다. 이는 출산에 도움이 되는 환경 형성의 시작이다. 산파들은 이를 훌륭하게 해낸다. 그들은 새로운 생명이 탄생하기 위한 길을 준비하는 안전한 환경을 형성하면서 깊이 있게 경청한다.

바로 예수가 자신이 진입한 환경을 형성시키는 방식에서 이 산파적 특징을 몸소 보여주었다. 다른 여러 이야기 가운데 요한복음 4장에서 예수가 우물가의 사마리아 여인에게 다가간 방식은 그가 실제로 어떻게 환경을 형성시켰는지에 관한 통찰을 제공해준다. 그는 기존의 환경 가운데 존재하면서 사마리아를 거쳐 이동하는 중이었다. 그런데 사마리아는 다른 유대인들이 부당한 신분제도와 민족중심주의적 편견으로 인해 기피하는 장소였다. 예수는 허기와 갈증으로 피곤한 상태였다. 그래서 그는 우물가에 앉아 있었고, 누군가(아마도 여성)의 도움이 있어야 우물로부터 마실 물을 길을 수 있음을 알고 있었다. 여성이 남성보다 열등한 존재라고 간주되었던 때에 예수는 홀로 있는 여인에게 말을 걸고 자신의 갈증 해소를 그녀에게 의존함으로써 그 자신을 비난받기 쉬운 상황에 처하게 한다. 예수는 다른 사람들이 보여주었을 모습과 달리 명령하거나 그녀의 품위를 손상시키지 않고 그녀에게 말을 걸었다. 그는 그녀의 심정을 공감해주고 그녀의 문화적 지위와 아픈 삶의 이야기를 파고들면서 하나님이 그녀를 위해 의도하신 풍성한 삶의 유형을 그녀에게 제공했다. 예수는 그녀를 신뢰했고, 그의 존재와 의도된 말과 행위는 실제적 변화를 야기하는 촉매로 작용했다.

환경 형성은 뚜렷한 의도를 요구한다. 의도성은 우리 주변에 있는 모든 것에 신실하게 존재하는 것을 의미한다. 이것은 성령의 인도를 따르는 것을 뜻하는데, 마치 분만실의 산파와 같이 보다 민감한 광경에 우리의 시선을 집중하고, 모든 속삭임과 신음에 주의 깊게 귀를 기울이며, 평범한 관찰자가 완전히 놓쳐버릴 수 있는 것을 보기 위해 표면적 행위 그 이면을 보는 것이다.

지역사회의 문화에 접근할 때 우리는 성령이 행하시는 일에 주목하고 적극적으로 경청할 기회를 얻게 된다. 왜냐하면 우리는 지역사회의 문화가 그 핵심 기조를 발견하는 세계관을 보다 잘 이해하기 위해 표면 아래로 침잠해 들어가기 때문이다. 이런 의도성을 갖고서 우리는 매 순간 예수가 하신 것처럼 하나님 나라의 세계관을 통해 살아가는 법을 배우게 된다.

우리는 어떻게 예수의 방식을 따르면서 하나님 나라의 가치를 통해 우리가 진입해 들어가는 환경을 형성시킬 수 있을까? 해외 선교사를 파송할 때 교회는 선교사의 처음 몇 년이 현지 언어를 습득하고, 현지 문화의 풍습과 습속을 이해하며, 예의를 존중하는 사회에서 바르게 처신하는 법과 문화적 암시 및 신호를 이해하는 방법을 배우는 일로 채워진다는 것을 안다. 우리는 교차 문화적 선교사들이 해당 문화를 배우고 선교지의 신뢰를 얻기 위해 진실된 관계를 기꺼이 끈기 있게 구축하기를 기대한다. 만일 이런 기대가 교차 문화적 선교에 적용된다면, 왜 우리는 성육신적 선교에서 이처럼 중요한 요소를 우리 자신의 상황에서는 그토록 쉽게 망각해버리는 걸까?

우리가 의도적으로 우리 주변의 문화에 우리의 삶을 담그면, 행동하기 전에 잠시 멈추고 경청할 기회를 주는 선택에 직면하게 된다. 잠시의 멈춤도 없이 우리가 위험한 영역 안으로 들어간다면, 그 영역에서 우리의 이상은 그 환경에서 자라고 있는 선(goodness)의 가장 작은 씨앗조차도 집어삼키고 파괴해버릴 수 있다. 두 이야기를 공유함으로써 예수를 따르는 자들이 하나님의 사랑이라는 복음을 갖고 어떻게 우리의 환경을 형성시켜야 하는지에 관한 몇몇 대조적 접근을 설명하고자 한다. 이 이야기들은 우리가 제시한 처음의 두 산파술을 예증해줄 것이다. 이와 관련하여 더 많은 내용은 이어지는 장들에서 살펴볼 것이다.

샌디에고에 있는 어느 교회의 담임목사와 그의 아내는 그들의 교회가 위치한 마을에서 지역사회 발전 단체(community development corporation, CDC)에 선출되기 위해 필요한 모든 과정에 참여하기로 결심했다. 지역 시민 참여는 복음으로 그들의 도시에 영향을 미치려는 그 교회의 목표 중 하나다. 담임목사와 그의 가족을 포함하여 교회 성도들 대다수는 그들이 매주 다니는 교회와 상당히 떨어져 있는 다른 지역에 살고 있다. 교회 시설, 주차장, 혹은 친교 공간에서 일 년에 몇 차례 벌이는 행사들을 제외하면, 이 교회의 성도들은 한 주 내내 그곳 지역의 복지와 거의 관련이 없거나 그것에 거의 투자하지 않는다. 우리는 앞 장에서 이를 뿌리 없는 교회라고 불렀다. 비록 그들이 그곳에 자산을 소유하고 있고 그 지역에서 규칙적으로 만남을 갖고 있다는 점에서 그 지역사회의 일반 경제와 관련된 이해 당사자들일지라도, 그들은 아직 그들의 이웃들과 공유하는 지리적 정체성으로부터 발생하는 개인적·관계적 투자를 실행하지 못하고 있다.

이런 배경을 염두에 두고, 우리는 이 담임목사와 그의 아내가 수개월간 CDC에 참석하여 결정된 사안에 대해 거리낌 없이 발언하고, 의견을 나누고, 필요한 임무와 역할을 수행하고, 자신들의 교회 건물을 지역사회 행사나 모임을 위해 제공했다고 보고할 수 있다. 그들은 자신들의 시간과 자원을 나누어주는 데 열심이 있었다. 그들은 지역사회의 모임과 행사를 자신들의 교회에서 개최하는 일이 하나님의 사랑을 가시적으로 드러내는 최고의 기회라고 믿었다. 그들은 자신들의 교회 시설이 무상으로 제공되므로, 이를 통해 CDC의 돈을 절약할 수 있으리라고 생각했을 것이다. 교회 성도들도 음식을 요리하고 자발적으로 자신들의 시간을 할애하여 보다 큰 지역 공동체를 섬길 수 있었다. 그러나 이것이 너그러운 제안이었음에도 불구하고 이 목사와 그의 아내는 CDC의 나머지 회원들의 반대에 부딪혔다. 다른 회원들은 지역사회 행사가 교회에서 개최될 경우 지역 공동체의 고유 영역들을 배척할 수 있는 종교적 제휴가 시도될 위험이 있고 지역 공동체 구축을 위한 포괄적 초대를 창출하고자 하는 그들의 시도가 축소될 소지가 있다고 느꼈다.

이 담임목사 부부는 자신들의 친절한 제안이 이런 반대에 부딪힌 것을 이해할 수 없었다. 그들은 외교적 자세를 취했지만 그 교회 시설이 완벽한 자산이라고 주장하면서 자신들의 주장을 굽히지 않았다. 이윽고 예의 바른 논쟁은 혼란과 분열의 말싸움으로 변해버렸다. 이런 긴장으로 인해 적잖은 사람들이 CDC에서 탈퇴하며 주요 결정을 목사 부부의 손에 일임해버렸을 때 모든 상황이 절정에 달했다. 그러나 이 부부는 이 사건을 그들이 이전에 전혀 갖지 못했던 기회, 즉 예수의 복음으로 지역사회에 마지막으로 영향을 미칠 수 있는 기회로 간주했다. 반대가 사라지고 진정으로 포괄적인 행사를 운영해야 하는 책임으로부터 자유로워진 이 부부는 연례 지역 축제를 이끄는 임무를 맡게 되었다. 그 결과는 경악스러웠다.

CDC는 이 축제에 지출할 상당한 액수의 보조금을 받았는데, 이 목사 부부는 이 보조금을 적절히 할당하여 행사의 오락적인 부분에 많은 부분을 소비했다. 지난 몇 년간 이 행사의 오락 프로그램은 지역의 음악 밴드들과, 다양한 민족 배경, 영적 관점 및 음악 장르를 대변하는 샌디에고 전역의 예술가 및 음악가들로 가득 채워졌었다. 그러나 올해의 무대는 완전히 다른 특색을 띠었는데, 지역사회 혹은 샌디에고와 맞닿아 있는 주변 지역의 문화가 전혀 반영되지 않은 것이었다. 모든 공연—음악가, 가수, 마임, 연설, 춤—이 노골적으로 그들의 주님이자 구원자인 예수 그리스도께 영광을 돌렸다. 하지만 그중에서 지역사회 자체로부터 탄생한 것은 아무것도 없었다.

목사 부부는 이 축제를 위대한 복음주의적 성공으로 간주했다. 그러나 나머지 지역사회는 혼란스러워하며 실망했다. 우리의 관점에서 볼 때, 이 목사 부부가 CDC에 제시한 미리 결정된 의제들과 그들의 행위가 지역사회 및 사람들에게 미친 영향은 하나님이 그곳에 탄생시키고 계셨던 바로 그 생명을 실제로 방해했다고 말할 수 있다. 이 목사 부부는 최상의 의도를 지니고 있었지만(지역 시민 참여 및 복음주의는 가치 있는 대의이므로), 그들이 속한 곳에서 자신들이 차지하고 있는 위치를 이해하는 데는 매우 무지했다. 그들이 결국 다른 소리에 귀 기울이는 것을 거부하거나, 판단을 보류하고 자신의 의제를 표출함으로써 산파의 사고방식을 선택하지 않은 것은 그들이 지폈던 삶의 불꽃이 차츰 사라져감을 의미했다. 예수의 메시지를 의미 있고 잠재적으로 영향력 있게 나눌 수 있는 참된 기회는 이 목사 부부가 CDC에 참여했을 때 더 천천히, 더 관계 중심적으로, 더 협력적인 접근을 취했다면 훨씬 효과적으로 촉진될 수 있었을 것이다.

축제 기간과 그 이후에 인터넷 온라인의 지역사회 토론 게시판은 CDC가 허용한 지역사회 행사와 관련하여 넘쳐나는 불만, 혼란, 분노로 마비되었다. 그중 하나는 다음과 같다. "나는 이해할 수 없다. 이 행사는 사기와 다름없는데, 그것은 마치 우리에게 속한 것처럼 행세

하지만 지역사회로서 우리의 참된 정체성을 전혀 반영하지 않았다." 그다음에 열린 CDC 모임에서 다른 회원들은 이 목사 부부에게 맞서서 이번 축제가 자신들의 정체성을 잘못 표현했다고 분명히 말했다. 물론 비슷한 상황에서 기독교인들은 이런 반대를 종종 종교적 박해로 이해한다. 우리가 예수의 제자이기 때문에 "세상"이 자신들을 공격한다고 말이다. 심지어 예수도 이런 박해가 발생한다고 약속하지 않았는가? 그러나 문화를 변화시키기 위해 우리가 교회에 요구하는 자세는 참된 경청이다. 참된 경청은 실제로 우리가 우리의 이웃을 불쾌하게 하는 것을 허용한다. 하지만 이는 우리가 나쁜 이웃이 되거나 우리의 지역사회 발전 위원회의 고집 센 회원이 되려는 이유 때문이 아니라 합당한 성서적 이유가 있기 때문이다. 예수는 우리가 불쾌함 때문이 아니라 의를 위해 핍박을 받을 것이라고 말했다.

이는 좀 극단적인 시나리오처럼 보일 수 있지만, 불행하게도 이와 같은 이야기들은 우리 주변에 너무 흔하게 존재한다. 교회는 단지 소외와 반발만을 야기하는 자신의 메시지를 수단으로 삼고서 자기가 알지 못하는 환경 안으로 우연히 들어가는 습관이 있다. 이는 예수의 모습과 전혀 상관이 없어 보인다. 정직하게 말해서 우리 모두가 정도의 차이는 있지만 이렇게 행동해왔다. 이제 우리는 문화를 통제하려는 강력한 중독을 회개하고 우리 자신을 종으로 낮춰야 한다. 그리고 사랑을 위해 우리의 삶을 풀어주라고 우리를 재촉하는 그리스도의 십자가의 도를 포용해야 한다. 다시 말해 지금은 산파의 자세를 가져야 할 때다.

우리가 나누고 싶은 두 번째 이야기는 "침략과 통제" 모델, 즉 우리의 복음주의적 사고의 상당 부분을 지배하고 있는 것처럼 보이는 모델에 대안이 되는 자세를 예증해준다. 에릭(Eric)과 리사 퍼셀(Lisa Purcell) 부부와 그들의 어린 두 자녀는 의도적으로 네브라스카주 오마하에 있는 기포드 파크(Gifford Park)로 이사했다. 이는 지역사회에 거하시는 하나님을 사랑하고, 그리스도 중심의 다분히 목적 지향적인 공동체를 형성하며, 회복시키고 갱신시키는 하나님의 행위에 참여함으로써 그들이 사는 곳에 그들의 삶을 바치고자 하는 열망에서 이루어진 것이다.

에릭과 리사는 공동체 사역을 설립하여 전 세계의 여러 지역사회를 토대로 그리스도 중심의 공동체들을 만들고 성장시킬 지도자들을 양성하기 위해 일하고 있다. 기포드 파크에서의 처음 몇 년 동안 이 가족은 그 지역사회에서 이미 벌어지고 있었던 여러 행사에 자발적으로 참여했다. 그들은 지역사회가 주관하는 정원 가꾸는 날, 청소하는 날, 중고 물품 판매 행사, 여름 테니스 프로그램, 난민들을 돕기 위한 영어공부 프로그램, 그 외에도 기포드 파크에서 이미 행해지고 있는 많은 행사에 참여했다. 관계가 형성되면서 에릭은 지역 조합 위원회에 초청되었고, 일 년 동안 봉사한 후 회장으로 선출되었다. 에릭은 이 경험을 압도적인 영광으로 표현하면서, 공익을 위해 지역사회를 섬겨야 하는 막중한 책임이 자신이 맡은 역할에 부여되었음을 인정했다.

위원장으로서 에릭은 의사 결정에 큰 영향력을 미칠 수 있었고,

그들의 지역과 친구들 그리고 가족의 번영에 직접적인 영향을 미치는 공공사업들도 감독할 수 있었다. 지역 영어공부 프로그램과 연계하여 문화 축하연을 개최하는 일에서부터 지역사회에서 소득세 면제 지역을 제정함으로써 보다 박애주의적 노력을 기하는 일에 이르기까지, 에릭과 지역사회 지도층은 중요한 변화들에 착수하여 그들이 공유하는 환경 개선에 이바지했다.

우리에게 특별히 고무적인 것은 에릭과 리사의 믿음이 자신들의 행위를 조절하여 기포드 파크의 이웃들에게 기여한 방식이다. 자신들이 살고 있는 곳에 대한 하나님의 목적을 발견하기 위해 그들은 다음과 같은 여러 가지 명상 행위를 시행했다. 즉 침묵과 묵상 가운데 하나님의 인도하심 경청하기, 지역사회에서 가장 깊은 차원의 하나님의 변화를 찾는 가운데 기도하며 길거리 걷기, 친구가 필요한 자들의 말에 귀 기울이기 등이다. 한 가지 특별한 예를 들면, 기도하며 걷는 중에 에릭과 리사는 시 당국과 협력하여 버려진 부지를 지역사회가 사용할 수 있는 땅으로 창조적으로 바꾸는 것이 어떤 모습일지를 꿈꾸기 시작했다. 그들은 콘크리트와 진흙 더미로 덮여 있어서 눈에 거슬리고 제대로 활용되지 않는 그 부지를 위해 2년 동안 기도했다. 지역 조합과 협력하여 많은 노력을 한 후에 그들은 마침내 그 부지를 지역 주민을 위한 공영 축구장으로 변경해도 좋다는, 시 당국의 허가를 받아냈다.

퍼셀 부부와 예수를 따르는 자들로 이루어진 그들의 성장하는 교회 공동체는 수년간 감지된 필요를 돌보고 영혼들을 보살피면서 수많은 사람의 영적인 친구가 되어주었다. 이 부부가 그들의 집을 구매한 후에, 한 이웃이 자기 집 열쇠를 들고 문을 두드리고는 이렇게 말했다. "당신들이 이곳에 집을 샀으니 우리는 당신들이 이 지역에 정말로 관심이 있다는 것을 알게 되었습니다. 우리는 당신들을 신뢰할 수 있습니다." 그 이웃이 자신의 삶을 예수에게 맞추고 있을 때, 퍼셀 부부는 그 옆에서 걷고 있다.

에릭과 리사는 그들의 주변 문화에 개입하기 위해 의도적인 조치들을 취해야 했다. 그들은 그들의 환경을 형성시키기 위한 첫 번째 단계이자 지속적인 단계로서 자신들의 의제를 내려놓기로 선택하고 잠시 멈추어 경청하기로 결정하는 산파술을 포용했다. 이런 결정은 대개 자연스럽게 나오지 않는다. 사실 우리가 의도하지 않는다면, 우리는 지금 우리가 무엇을 하고 있는지조차 모른 채 출산 과정을 방해하는 위험에 빠진다.

이 두 이야기는 오늘날 교회가 직면하는 문제들(선교에 대한 주일 중심의 접근, 뿌리 없는 접근, 통제적 접근)과 이런 문제들을 극복하기 위해 필요한 조치들(통제하려는 욕구 버리기, 의제 내려놓기, 환경 형성하기) 사이의 차이점을 예시한다. 우리가 처음의 두 산파술에 대해 말할 때 언급했듯이, 우리의 의제를 내려놓는 일은 우리의 선입견, 의견, 편견을 인정하는 주의 깊은 과정과, 우리 주변의 세상을 이해할 수 있는 안목을 요구한다. 우리의 환경을 형성하고 출생에 도움이 되도록 만드는 법을 배우는 것은 기존 문화에 대한 신중한 주의와 하나님의 가치의 신중한 융합을 요구한다. 이어지는 두 장에서 우리는 새 창조를 탄생시키는 일에서 하나님을 섬기기 위한 더 많은 산파술에 대해 탐구할 것이다.

5장

탄생을 위한 공간 만들기

아주 간단히 말해서 선교란 기독교인들이
예수의 해방시키는 사역에 참여하는 것이다.
입증 가능한 경험의 관점에서 볼 때
거짓처럼 보이는 미래에 모든 것을 걸면서 말이다.
선교는 공동체의 증언 속에서 성육신하신,
세상을 향한 하나님의 사랑에 대한 복음이다.

데이비드 보쉬(David Bosch)

그리스의 고전 철학자 소크라테스(기원전 470-399년)는 질문을 던지는 것으로 유명했다. 오늘날 그의 교수법은 소크라테스식 문답법이라고 불리는데, 이는 일련의 질문을 제기하여 학생들이 자신들의 숨은 신념을 파악하고 궁극적으로 그릇된 가설의 제거를 통해 보다 나은 가설을 찾을 수 있도록 돕는 방법을 의미한다. 소크라테스는 아테네 사회에 대한 자신의 기여를 설명하기 위해 두 가지 은유를 자주 사용했다. 그중 하나는 "쇠파리, 즉 말에 기생하는 파리 비유로, 이 파리들은 나태한 아테네 시민들을 지적으로 그리고 도덕적으로 쏘아붙인다. 이때 파리들이 쏘는 침은 소크라테스가 던지는 질문이다. '왜냐하면 아테네 사람들은 훌륭하고 고귀하지만, 움직임이 굼뜬 말이기 때문이다.'"[1]

소크라테스가 자신의 업적을 묘사하기 위해 사용했던 다른 비유

---

1   Tom Kerns, "Socrates as Midwife," Philosophy 101, North Seattle Community College, http://philosophycourse.info/lecsite/lec-socmidwife.html.

는 다른 사람들이 지혜를 낳도록 돕는 산파의 은유다. 그는 모든 사람 안에 이런 지혜가 있다고 믿었다. 그는 이를 「테아이테토스」(*Theaetetus*, 기원전 150년)에서 다음과 같이 설명했다. "나의 산파술은 일반적으로 실제 산파술과 같다. 유일한 차이는 내가 돌보는 환자들이 여자가 아니라 남자라는 점이다. 그리고 내 관심사는 몸에 있지 않고 출산의 진통 가운데 있는 영혼에 있다. 내 기술의 정점은 온갖 시험을 통해 한 젊은이의 사고의 결과가 그릇된 허깨비인지 아니면 생명과 진리를 지닌 본능인지를 입증할 수 있는 능력이다."[2]

그는 진리를 발견할 수 있는 능력이 모든 사람(물론 그의 문화권 내에 있는 사람을 의미한다)에게 있다고 가정했다. 그리고 그의 질문들은 이 진리가 완전히 무르익어 결국 사회로 스며들기를 촉구했다. 흥미롭게도 소크라테스는 그가 학생들에게 지혜를 직접 가르치는 것과 완전히 형태를 갖춘 철학적 진리를 제시하는 것을 "하늘"이 금지했다고 생각했다. 오히려 그의 책무는 학생들 옆에 나란히 서서 그들이 지혜를 낳을 수 있는 공간을 마련해주는 것이었다.

나와 종종 대화를 나누는 사람들 중 몇몇은 처음에는 매우 우둔해 보인다. 그러나 토론을 진행할수록 하늘의 혜택을 입은 모든 사람은 자신은 물론이요 타인도 놀라게 만들 만큼의 빠른 속도로 진전을 보인다. 비록 그들이 내게서 아무것도 배우지 않았다는 것이 분명하지만 말이다. 그

---

2   위의 자료.

들이 탄생시키는 감탄할 만한 많은 진리는 그들 안에서 스스로 발견된다. 그러나 이런 진리들의 분만을 돕는 것은 하늘과 나의 몫이다.[3]

산파 은유가 자신에게 적용되는 것이 아닐지도 모른다고 염려하는 남성 독자들은 문화를 형성해가는 소크라테스의 임무를 생각해보길 바란다. 산파 은유는 새 창조를 출산하시는 하나님과 협력하기 위해 교회가 반드시 수행해야 하는 일에 대한 아름다운 상징이다. 우리는 우리 스스로 아무것도 출산할 수 없다. 왜냐하면 출산은 하나님의 일이기 때문이다. 그러나 출산을 돕는 보조자로서 교회가 포용해야 할 여러 다른 중요한 기능들이 있다. 이전 장에서 우리는 교회가 어떻게 기존의 사역 모델을 멈추어야 하는지, 그리고 교회가 자신이 서 있는 특정 장소에서 성령의 충동에 어떻게 반응해야 하는지에 관해 살펴보았다. 그러나 그 이상으로 우리는 교회가 소크라테스처럼 행하면서 출산 장소를 만들어가야 한다고 생각한다. 소크라테스는 질문을 통해 이 일을 수행했다. 교회는 조금 다른 방식으로 그것을 수행할 것이다.

산파술 #3: 출산 공간 확보하기

나(크리스티아나)는 둘째 아이가 태어나기 전 마지막 시간에 숙련된 산

---

3   같은 자료.

파와 함께하는 안정감을 직접 경험했다. 출산 센터의 계단을 올라가서 코너를 돌자 나는 두 팔을 벌린 채 나를 향해 자신 있게 걸어오고 있는 나의 산파 재나(Janna)를 보았는데, 그때 나는 온전히 환영받는다는 느낌을 받았다. 그녀는 나에게 따뜻함과 안도감이 배어 있는 포옹을 해주고는 분만 과정을 가장 잘 이어갈 수 있는 곳으로 나를 친절하게 안내했다. "당신의 아기가 나오고 있어요"라고 재나가 속삭였다. 때는 한밤중이었고 나는 녹초가 되어 불편한 상태였다. 그녀는 긴장 완화와 집중에 적합한 차분하고 친화적인 공간을 만들기 위해 전등의 밝기를 희미하게 낮추고 방 안의 온도를 따뜻하게 설정했다. 나를 무방비 상태로 사로잡아버린 평안함이 감돌았다. 나의 산파는 출산을 위한 공간을 확보해주었다. 2010년 2월 23일, 출산 센터에 도착한 지 45분 만에 내 둘째 아이 아니카 매(Anika Mae)가 세상에 태어났다.

산파들은 다음의 말을 공식처럼 사용한다. "우리는 출산 장소를 확보해야 한다." 출산에 도움이 되는 환경 조성은 산파의 핵심 역할이다. 그녀는 출산 공간을 둘러보며 그것의 장점 및 단점을 파악한다. 그녀는 환영과 육성의 호의적인 환경을 생성하고, 그런 공간을 보호하며, 최선을 다해 잠재적인 방해 요소들을 제거한다. 이 잠재적 방해 요소들이 물리적인 것이든, 체계적인 것이든, 영적인 것이든, 관계적인 것이든 상관없이 말이다. 산파는 출산 과정에 방해가 될 수 있는 모든 것으로부터 산모를 보호한다. 그녀는 존재만으로 분만실의 기운을 바꾸고, 가장 힘든 상황 가운데서도 최적의 건강한 출산 경험을 가능케 한다. 그녀는 출산의 수호자다.

산파가 새 생명을 위한 공간을 확보하듯이, 교회는 성령이 새 창조를 출산할 수 있도록 우리의 지역사회, 마을과 도시 내에 공간을 확보하도록 부름을 받았다. 우리의 상황은 출산에 유리한 동시에 생명을 앗아가는 것들에 취약한 모습을 보인다. 우리는 우리가 있는 곳에서 하나님이 형성하고 계신 생명을 육성하고 보호하도록 부름을 받았다. 산파가 출산에 도움이 되는 공간을 정돈하듯이, 그리스도를 따르는 자들은 장소를 "이해"하는 기술과 이 장소가 하나님이 출산 중이신 새 생명을 맞아들이는 데 있어서 얼마나 적절한지를 평가하는 기술을 발전시킬 수 있다.

몇 년 전에 나(마이클)는 가난한 자들을 위한 기독교 단체인 InnerCHANGE의 설립자인 존 헤이즈(John Hayes)와 잠시 시간을 보낸 적이 있다. 존과 디앤나(Deanna)는 당시 샌프란시스코의 한 가난한 지역에 살고 있었는데, 나는 그들을 찾아가 성육신적 선교의 윤곽을 탐구하는 데 도움을 달라고 부탁했다. 존의 저술은 보다 부유한 근교로부터 제공되는 도움을 전달하기 위해 가난한 자들을 방문하는 것—이는 빈곤한 지역 공동체에 다음과 같은 메시지, 즉 그들의 환경이 "'좋은' 기독교인들이 살기에는 매우 유해하다"라는 메시지를 전달할 수 있다—보다 그들이 사는 곳으로 이사해 들어가는 것이 중요하다고 강조한다.[4] 그러나 가난한 자들이 사는 곳으로 이사하는 일은

---

4   John B. Hayes, *Sub-merge: Living Deep in a Shallow World: Service, Justice and Contemplation Among the World's Poor* (Ventura, CA: Regal Books, 2006), 117.

어려운 일이다. 왜냐하면 새로운 장소로의 이주는 자녀들의 교육과 관련된 여러 선택을 야기하고, 취업 선택의 폭을 대폭 제한해버리기 때문이다. 물론 이는 위험할 수 있는 지역사회들을 거쳐 가며 삶의 방식을 협상하는 것을 의미한다. 나는 존의 이웃들을 만나고 그의 일상을 상세히 살피는 데 많은 시간을 보내리라고 기대했다. 하지만 그는 나를 자신의 차에 태우고 샌프란시스코 전역을 돌아다녔다.

존이 나를 데려간 곳은 차이나 해변(China Beach)이었는데, 그곳은 시클리프(Sea Cliff) 지역의 저택들 아래에 위치해 있었다. 그의 설명에 의하면, 골드러시 기간에 홍수처럼 샌프란시스코로 몰려든 중국인 노동자들은 "아웃사이드랜즈"(Outside Lands)라고 불렸던 기준 이하의 임시 야영장에서 강제로 살아야 했는데, 이는 1902년 시행된 중국인 제외 법(Chinese Exclusion Act)에 근거한 것이었다. 이 법은 "미국 역사상 가장 인종 차별적인 이민법"으로 언급된다.[5]

그곳에서 존은 나를 시민 회관(Civic Center)으로 데려가 논란이 되고 있는 개척자 기념비(Pioneer Monument)를 보여주었다. 이 기념비는 원주민들을 비하하는 그림으로 유명한데, 이 그림에는 삼인조의 멕시코 가축상인, 프란체스코회 소속 사제, 그리고 복종적으로 앉아 있는 인디언이 등장한다. 미국에서 가장 정치적으로 잘못된 조각상이라고 불리는 바로 그 조각상의 그늘에 서서 존은 억압의 역사적 순환,

---

5   "Summary," *American Jerusalem: Jews and the Making of San Francisco*, www. americanjerusalem.com/story-summary.

즉 미국 원주민들로부터 시작하여 멕시코 사람들과 선교사들을 거쳐 근대 샌프란시스코의 개발에 이르는 순환에 대해 설명했다.

그다음에 우리는 미션 디스트릭트(Mission District)와 텐더로인(Tenderloin)을 방문했는데, 그곳에서 존은 프란체스코회의 선교 구제 사역과 현재 활동 중인 가톨릭 노동자(Catholic Worker) 공동체들의 구제 사업을 지적했다. 그는 마켓 스트리트(Market Street)가 권력을 지닌 시민 회관에서 도시의 생명선인 선착장까지 어떻게 도시를 이등분해 놓았는지를 보여주었다. 다음으로 존이 나를 데려간 곳은 트윈픽스(Twin Peaks)였는데, 거기서 나는 도시의 풍경 속에 스며든 다음과 같은 오래된 패턴을 생각해볼 수 있었다. 아웃사이드랜즈에서 서쪽으로 들이닥치는 중국인들, 마켓(Market)의 남쪽 지역으로 몰려드는 가난한 사람들, 그리고 놉힐(Nob Hill)과 러시안힐(Russian Hill) 북쪽 지역으로 들어오는 부유한 사람들을 말이다.

솔직히 말해, 이 모든 것이 내가 받아들이기에는 너무 버거웠다. 존은 도시의 역사적·지리적 풍경을 내 눈앞에 펼쳐 보이는 데 긴 시간을 할애했다. 처음에 나는 그의 이런 행위에 절망을 느꼈다. 마치 관광객을 대하듯이 그가 나에게 역사 수업을 한 이유가 무엇일까? 그러나 나중에 우리가 함께 그의 지역사회를 거닐 때 모든 것이 명확해지기 시작했다. 그는 그 장소를 하나님이 가난한 자들 사이에서 일하시는 공간으로, 스스로를 그 공간을 관리하는 자로 보았던 것이다. 도시가 지닌 억압 및 주변화(marginalization)의 역사를 알고 이런 역사가 건설된 환경에 미친 영향을 이해함으로써 존은 하나님이 하고자 하시는 일을 위한 "공간을 확보"할 수 있는 최선의 방법을 알게 되었다.

공간 연구하기

로스앤젤레스에 있는 아주사퍼시픽 대학교(Azusa Pacific University)에서 변혁적 도시 리더십을 가르치는 마이클 마타(Michael Mata) 교수의 영향을 받은 InnerCHANGE 회원들은 마타 교수가 말하는 다섯 개의 S를 활용하여 공간을 연구했다. 다섯 개의 S란 구조물(Structures), 표지(Signs), 공간 역학(Spatial dynamics), 사회적 상호작용(Social interaction), 그리고 영성(Spirituality)이다. InnerCHANGE 회원들은 이 다섯 가지 덕목을 아주 진지하게 받아들이고 있다. 이런 것들을 고려하지 않은 채 당신은 어떻게 산파처럼 하나님께서 새로운 구원의 가능성을 탄생시키실 장소를 확보할 수 있는가? 마타 교수와 InnerCHANGE로부터 우리가 배운 것을 확장시키면서, 지금까지 우리가 이해한 대로 다섯 S의 몇몇 구성요소에 대해 간단히 설명하고자 한다. 아울러 당신의 공간에 존재하는 요소들 간의 역학에 개입할 때 당신이 제기할 수 있는 질문들도 제시하고자 한다.

1. 구조물(Structures). 공간에 대한 이야기를 배울 때, 우리는 구조물 혹은 건물이 어떻게 생겼는지에 주목한다. 이는 존 헤이즈가 샌프란시스코에서 내게 했던 것과 정확히 일치한다. 그는 건설된 환경이 그

도시에서의 선교에 관해 그에게 말하고 있는 것을 내게 보여준 것이다. 건설된 환경은 특정 환경 요소들을 조장하는데, 이 요소들은 지역 사회를 세우고 강화하거나 파괴할 수 있는 잠재력을 지닌다. 당신이 살고 있는 도시의 지구 혹은 지역사회를 염두에 두라. 지구(districts)는 내적 동일성이 감지되는 지역으로, 지역사회, 공공 주택 구역 등이 이에 속한다. 그리고 공간의 구조적 경계를 찾아라. 이 구조적 경계는 지구 사이를 구분하는 경계선을 의미한다. 구조적 경계는 관찰자가 통로(paths)로서 사용하거나 고려하지 않은 직선적인 요소이지만, 지구를 분리한다. 구조적 경계는 고속도로, 강, 철도 등과 같이 한 지구의 경계를 구분하는 모든 것이 될 수 있다. 그리고 중요한 역사적 표지물들에 대해서도 알아두라. 샌프란시스코에 정기적으로 방문하는 사람으로서 나(Michael)는 개척자 기념비 옆을 걸어가거나 운전해서 지나갔지만, 이 기념비에 함축되어 있는 인종 차별주의와 억압의 메시지는 전혀 눈치채지 못했다. 이 지역에 사는 사람이 이를 지적해주기 전까지는 말이다. 유명하거나 사람들이 좋아하는 건물, 표지판, 상점, 산, 강과 같은 다른 표지물도 참조 포인트가 될 수 있다.

당신의 지역사회나 도시의 구조물을 연구할 때, 아래와 같은 질문들을 던져보라.

- 이 지역에 있는 실제 구조물들은 무엇인가? 그리고 그 구조물들은 어떤 부류의 사람들을 위해 세워졌는가?
- 이 구조물들의 목적은 무엇인가?

- 이 구조물들은 언제 세워졌고, 그것들을 건설하는 데 필요한 자금은 어디서 조달되었는가?
- 구조물들은 옛것인가, 새것인가? 잘 유지되고 있는가, 황폐해져 있는가? 대여한 것인가, 소유하는 것인가? 영리를 목적으로 운용되는 사업체인가, 비영리 목적의 건물인가? 무료로 개방되는가?
- 이 구조물에는 울타리, 벽 혹은 담이 있는가?

2. 표지(Signs). 지역사회에 있는 글이나 그림은 우리가 종종 의식하는 것보다 더 많은 이야기를 우리에게 들려준다. 일부러 시간을 들여 이런 표지판들을 살펴본다면 우리의 눈이 뜨여서 우리가 종종 간과했던 것을 보게 될 것이다. 게시판, 광고판, 낙서, 범퍼 스티커, 정치적 표시들은 모두 각 장소의 고유한 것이다. 적혀 있는 글 이면의 내용을 읽음으로써 우리는 그 장소의 실태적 인구 통계, 다양성, 목소리, 그리고 가치를 보다 잘 이해할 수 있게 된다. 어떤 표지들은 긍정적 변화를 위해 필요한 자원, 지침, 혹은 공인된 가치를 제공한다. 어떤 표지들은 폭력, 절망, 지루함, 고립 혹은 자기 방어를 표현한다. 또 다른 표지들은 당신의 지역사회로 들어가는 출입구를 제공한다. 몇 해 전에 나(마이클)는 내 학생 중 한 명이 사역하고 있는 지역을 방문했다. 우리가 동네 카페에서 커피를 마시고 있을 때, 나는 길 건너 2층 건물 위에 있는 표지판을 보았다. 거기에는 다음과 같은 글귀가 적혀 있었다. "시드니 전역에서 가장 오래된 체육관!" 그곳은 도심에 있는 동네가

아니었다. 그 동네는 역사적으로 중요한 체육관이 위치할 것 같지 않은 교외에 있었다. 내가 내 학생에게 그 표지판을 가리키자, 그는 눈을 깜빡였다. 그는 전에 한 번도 이 표지판을 본 적이 없었던 것이다. 그럼에도 그는 그 표지판의 주인에게 가서 대화를 해보자는 내 제안을 따랐다. 나이가 지긋한 체육관 주인 토니(Tony)는 50년 이상 이 교외에서 체육관을 운영해오고 있었다. 그는 그 지역에 살고 있는 모든 사람을 알았고, 그 지역사회의 역사를 누구보다 잘 이해하고 있었다. 결국 토니는 지금 그 지역의 목사가 된 내 학생이 이웃과 관계를 맺는 데 있어 훌륭한 연결고리가 되어주었다. 이 모든 것이 우리가 실제로 그 표지판을 읽었기에 가능했다.

우리는 우리가 살고 있는 주변의 이미지들로부터 전달받는 메시지들을 인지함으로써 그리고 어떻게 이런 이미지들이 우리의 정치적·사회적 관점을 형성하는지를 평가함으로써 "보다 예리한 광경에 주목하라"[6]는 토마스 트로거(Thomas Troeger)의 경고를 따라야 한다. 우리가 이것을 제대로 이해한다면, 이런 이미지들이 제기하는 도전과 기회에 대한 적절한 대응을 보다 훌륭하게 발전시킬 수 있을 것이다. 표지들을 연구할 때, 다음과 같은 질문들을 고려하라.

- 당신이 지역사회에서 보는 표지들에는 어떤 주제들이 있는가?
- 그 표지들의 주된 대상은 누구이고 그 목적은 무엇인가?

---

6   Thomas Troeger, *Imagining a Sermon* (Nashville: Abingdon Press, 1990).

- 표지들의 문구, 표시, 광고에는 비용이 들어갔는가?
- 표지에 사용되는 주요 언어와 전달되는 가치는 무엇이며 지역사회의 이런 표지들을 통해 대표되는 관련 단체들은 무엇인가?

3. 공간 역학(Spatial dynamics). 모든 환경의 공간 배치는 관계적 상호작용을 촉진시키거나 제거할 수 있다. 같은 방향을 향해 일렬로 좌석이 모두 고정되어 있는 공항 게이트 라운지를 생각해보라. 여기서 우리는 단체를 위한 공간이나 탁자는 부족하고 비행기 정보를 알려주는 스크린은 넘쳐나는 것을 본다. 공항 게이트 라운지의 공간 배치는 상호작용을 저해한다. 왜냐하면 공항 라운지는 당신이 그곳에 머무는 것이 아니라 거쳐 지나가는 승객임을 고려하여 설계되었기 때문이다. 마찬가지로 대부분의 지역에서 사람들이 살고 일하며 즐길 수 있는 환경을 조성하는 일에 일정 수준의 구상이 가미된다. 물론 어떤 장소들은 다른 장소보다 더 많은 자산과 기반시설을 확보하고 있다. 어떤 장소들은 특정한 비전을 염두에 두고 지어졌으며, 또 다른 장소들은 수십 년의 어려움과 경제적인 변화 후에 함께 만들어지기도 했다. 공간은 중요하다. 왜냐하면 공간은 사람들을 끌어모으거나 독립을 강화시키는 능력이 있기 때문이다. 공간은 자연을 찬양하거나 훼손할 수 있다. 공간은 사회적·경제적 다양성을 촉진시키거나 사람들이 서로를 밀어내도록 만들 수 있다.

공간을 연구할 때, 당신은 당신의 지역사회에서 많이 사용되는 모든 통로를 인지하고 있어야 한다. 통로(paths)는 일종의 경로 (channels)로, 사람들이 빈번하게 혹은 가끔 이동하거나 향후에도 잠재 적으로 이동할 가능성이 있는 경로를 의미한다. (이런 통로에는 길거리, 보도, 대중교통 노선, 강, 철도 등이 있다). 우리가 택하는 통로는 도시에 대 한 우리의 관점을 형성하거나 왜곡시킨다. 교점(nodes)도 찾아보라. 교 점은 여러 통로가 교차하는 장소로, 여기에는 주요 교차로, 시장, 광 장, 버스 정류장, 지하철 역 등이 포함된다. 공간을 연구할 때 아래의 질문들을 던져보라.

- 해당 공간은 밀집과 환대를 위한 공간인가 또는 사생활과 자 기보호를 중시하는 공간인가?
- 개방된 넓은 공간이 있는가? 있다면 이 공간은 이 특정한 지 역사회의 가치들을 어떻게 표현하고 있는가?
- 오락이나 자연 감상을 위한 공간이 있는가?
- 해당 공간에서 도보가 가능한가? 아니면 자전거 친화적인가?
- 해당 장소의 대중교통은 어떤가? 그리고 이 장소는 사람들이 주로 찾는 일차적 공간인가? 아니면 사회 주변부에 위치한 소 외된 공간인가?
- 길거리는 넓은가? 좁은가? 그리고 복도, 뜰, 공터가 있는가?
- 지역사회의 거주자로서, 관계적 연결성에 대한 당신의 감각은 어떤 방식으로 당신이 거주하는 장소의 공간 역학에 의존하고 있는가?

4. 사회적 상호작용(Social interaction). 그리스도를 따르는 자들이 새 창조의 탄생이 발생하는 공간을 확보하기 위해 애쓰면서 그들의 지역사회에서 어떻게 사회적 상호작용이 일어나는지를 인지하는 일은 일종의 의무다. 분명하게 말해서 건설된 환경은 자연환경이 그렇듯이 사회적 상호작용을 촉진하거나 저해한다. 환경의 특정 역학과 실재를 고려할 때, 어떤 사회적 상호작용은 본능적이다. 다른 상호작용들은 단순히 문화적 규범과 특정 상황에서 이웃이 되는 것의 의미에 대한 기대로 인해 발생한다. 사회적 상호작용을 연구하는 일은 이 장소가 어느 정도의 독립성을 가치 있게 여기는지와 이런 상호작용이 일상의 삶에 어떻게 영향을 미치는지를 모두 말해준다. 그러나 이런 연구에는 시간이 걸린다. 이 연구를 위해 당신은 많은 교점을 드나들고, 상호작용을 관찰하며, 서로 다른 부류의 사람들 간의 대화를 관찰하고, 언제, 어떻게, 왜 그들이 상호작용하는지를 살펴보는 데 상당히 많은 시간을 쏟아야 한다. 종종 이런 질문들은 걸으면서 당신이 속한 장소의 속도를 관찰할 때 숙고될 수 있다. 사람들이 보이는 장소에서 함께 어울리든지 여가를 즐기든지 상관없이 말이다. 창문과 커튼이 열려 있는지 아니면 닫혀 있는지를 확인해보라. 사람들은 방해받는 것을 반기는 것처럼 보이는가? 아니면 프라이버시를 중시하는가? 일부 지역에서 이런 질문들은 가정이나 거리에 따라 다른 대답이 나올 것이다. 어떤 이들은 자동차를 가지고 있지 않을 수 있고, 밖에서 살고 있을 수도 있으며, 쓰레기 재활용을 위해 그 지역사회를 정기적으로 방문할 수도 있다. 한 지역사회에서 여러 가지 다른 표현과 경험이 존

재할 수 있다. 우리의 결론 중 어떤 것도 지나치게 일반화하지 않고 우리의 장소를 지속적으로 연구하는 일에 전념하는 것이 중요하다.

최근에 내(마이클) 학생 중 한 명이 그녀의 교구에서 발생하는 사회적 상호작용을 집중 조사함으로써 자신의 교회를 이끌었다. "네 이웃을 사랑하라"로 명명된 프로젝트에 따라 교인들은 지역 거리를 활보하며 다음과 같은 내용들을 보다 잘 이해할 수 있게 되었다. (a) 자기 교구에 있는 다양한 지역사회의 특징, (b) 하루 중에 그리고 주중의 다른 시간대에 발생하는 지역 사람들의 이동, (c) 사람들이 모이고 지역 공동체를 발견하는 잠재적 연결 지점들. 그들은 자기 교구를 지도로 만들고, 사진을 찍으며, 지역 공동체 리더들을 인터뷰하고, 지역 주민들의 말에 귀를 기울였다.[7] 다음은 사회적 상호작용을 연구할 때 제기해야 할 질문들이다.

- 보행자들이 있는가? 해당 지역에 걷는 문화가 있다면, 그 지역 사람들은 여가활동으로 걷고, 애완동물들을 산책시키는가? 아니면 이웃집, 공원, 상점, 지역 센터 같은 곳을 걸어서 가는가? 아니면 걷는 것이 그 지역사회를 벗어나는 일종의 교통수단인가? 걷는 사람들이 서로 지나가면서 인사를 나누는가? 아

---

7   그들의 노력이 맺은 결실은 다음 자료에서 볼 수 있다. 그들의 보도는 당신의 지역 사회에서 유사한 행위가 발생하도록 영감을 부여할지도 모른다. "Barneys Love Your Neighbour," www.barneys.org.au/wp-content/uploads/2014/12/LYNP-Booklet-for-web.pdf.

니면 아무 말도 없이 무시하며 지나치는가?

- 사람들은 차를 운전하여 다른 목적지로 이동하는가?
- 거리의 사람들은 지역 주민들인가, 방문자들인가? 그들이 방문자들이라면, 그들이 이 지역사회에 온 이유는 주로 무엇인가?
- 사람들은 어디서 어울리는가?
- 상호작용을 촉진시키고 독립된 개별 활동을 허용하는 야외 공간과 실내 공간이 존재하는가?
- 어떤 부류의 사람들이 당신의 지역사회에 분포되어 있는가? 노인, 아이, 십 대, 젊은이, 중년이 어떻게 분포되어 있는가? 명백한 사회경제적·인종적 다양성이 존재하는가? 자기표현의 다양성이 존재하는가? 아니면 대부분의 사람들이 비슷해 보이는가?
- 해당 지역이 적대적 환경인가? 아니면 우호적 환경인가? 사회적 갈등이나 지역사회의 정체성과 일치를 나타내는 표지들이 존재하는가? 사람들은 이웃을 알고 있는 것처럼 보이는가? 그리고 그들은 이웃을 알고 싶어 하는가?

5. 영성(Spirituality). 영성은 사회의 모든 영역에서 실천된다. 때로는 영적인 것과 영적이지 않다고 간주되는 것을 분석하기가 어렵다. 그러나 이 과정을 위해 우리는 "영성"이라는 용어를 사용하여 인간이 보이지 않는 세계, 내적 삶, 하나님, 영(spirit), 사후의 삶에 대한 개념

과 상호작용하는 방법을 언급할 것이다. 사람들이 숭배하는 대상, 사람들이 숭배하는 방법, 사람들이 숭배하는 장소, 숭배가 그들의 일상에 영향을 미치는 방법을 자세히 살피는 일은 우리의 장소를 보다 잘 이해하는 데 있어서뿐만 아니라 선 혹은 악을 위한 일종의 "힘"(force) 또는 "기운"(energy) 또는 "영"(spirit)으로서 우리의 장소에 영향을 미치는 것에 대한 통찰을 얻는 데 있어서도 필수적이다. 우리의 장소에 영향을 미치는 것들을 더 깊이 이해하게 될 때, 우리는 우리의 거주지에 작용하고 있는 보이지 않는 분노를 발견하게 될 것이다. 어떤 이들은 이를 "나쁜 혹은 좋은 기운"이라고 부르고, 다른 이들은 "영토의 영"(territorial spirits) 혹은 "선악의 힘"(forces of good and evil)이라고 부를지도 모른다. 이것을 어떻게 표현하든지 간에, 우리 대부분은 장소마다 보이지 않는 요소들이 존재하고 있다는 점에 동의할 수 있다. 그렇다면 우리는 환경에 영향을 미쳐서 보다 많은 관용, 정의, 구원이 탄생할 수 있도록 필요한 공간을 확보해주는 이런 요소들을 어떻게 알 수 있을까?

다음은 당신이 지역의 영성을 연구할 때 제기해야 하는 몇 가지 질문들이다.

- 해당 지역의 공식 예배처소는 어디인가? 언제 그리고 어떻게 예배처소들이 건축 혹은 시작되었는가? 관리는 잘 되고 있는가? 예배에 참석하는 이들은 지역 주민들인가 아니면 다른 지역에 살고 있는 사람들인가?

- 해당 지역에 다른 영적 모임이 존재하는가? 이 영적 모임의 장소는 어디인가?
- 공원, 커피숍, 가정, 혹은 대여한 방에서 모이는 영적 모임이 있는가? 당신은 그곳에서 영적 모임이 있다는 것을 어떻게 아는가?
- 당신이 지역 공동체의 게시판, 카페, 식당, 전봇대에서 보는 것은 어떤 종류의 영적 게시물인가? 당신의 지역사회에서는 영성 추구, 명상, 가난한 자들을 위한 봉사, 행동주의 혹은 도움을 베푸는 단체 등과 관련하여 어떤 섬김이 제공되고 있는가?
- 사람들은 노방 전도를 하는가? 아니면 집집마다 방문하는가?
- 신앙에 관한 토론, 논쟁, 혹은 갈등이 존재하는가?
- 침묵, 고독, 명상을 위해 사람들이 방문하는 위로의 장소가 해당 지역에 존재하는가? 기도, 영적 독서, 복술, 혹은 종교 수업을 위해 사람들이 갈 수 있는 장소는 어디인가?

당신이 환경을 평가하고 공간의 모든 측면에 주의를 기울이면서 마치 산파처럼 이 일을 다루고 있다는 사실을 기억하라. 이것은 교회가 선교사들이 새로운 문화에서 행하기를 기대하는 일이다. 하지만 교회는 현재 교회가 처한 상황에서 자신의 관심을 변경하여 이런 일을 시작할 수 있다. 당신이 살고 있는 공간에 대해 무지하다면, 하나님께서 하고 계시는 일을 이해하거나 하나님이 그 환경에서 하시고자 하는 일을 결정하는 당신의 능력은 떨어질 수밖에 없다.

그러나 우리는 여섯 번째 S를 마타의 다섯 S에 추가하길 원한다. 이 추가를 통해 우리는 우리의 장소에 대해 보다 나은 지식을 갖게 될 것이다. 마타의 다섯 S중에 하나는 아니지만, 이 추가적 S는 존 헤이즈가 그날 샌프란시스코에서 나(마이클)에게 해준 일의 상당 부분과 일치한다. 여섯 번째 S는 바로 이야기(Story)다. 우리의 현재를 이해하기 위해 우리는 자신의 과거를 조사해야 한다. 지역사회의 상황에 대해 지난날의 긴 이야기를 아는 것은 오늘날 존재하는 역학에 대한 통찰을 제공해준다.

6. 이야기(Story). 한 장소의 거시적 이야기는 그 장소의 개성, 일반 문화, 힘과 책임에 지속적인 영향을 미친다. 이 이야기를 모르면, 우리는 장소를 오판할 가능성에 빠지게 된다. 장소의 힘은 그 장소가 지닌 끈질긴 과거로부터 유래하는데, 이 장소는 큰 투쟁과 적개심을 이겨냄으로써 오늘날에 이른 것이다. 장소의 책임은 억압적 현실이 그 장소를 지금까지 심하게 밀쳐내어 결국에는 그 장소의 다리를 절게 만든 괴로운 과거로부터 유래할 수 있다. 일상의 현실 배후에 있는 이런 이야기들은 발굴되고 다시 전해질 필요가 있다. 표지를 해석하고 영성을 연구하며 구조물을 조사하는 일이 까다로울 수 있지만, 당신의 도시에 대한 이야기를 배우는 것은 그처럼 어려운 일이 절대 아니다. 시청을 방문하라. 그곳에 사학자 혹은 고문서 보관자가 있는지 확인해보라. 공공 사서에게 이야기하라. 그 지역에서 오래 살고 있는 주민들을 만나보라. 관련 역사책을 읽어보라. 온라인 자료를 조사해보라. 당

신의 지역사회의 실제 역사를 열심히 알아보라. 아래의 질문들을 던져보라.

- 지역에 오래 살고 있는 주민들과 사업주들은 어떤 이야기들을 말하는가?
- 그들은 과거에 그들의 지역에 대해 어떤 이야기들을 들었는가?
- 그들은 그 지역에서 무엇을 목격했고 앞으로 그 지역이 어떻게 될 것으로 내다보고 있는가?
- 입수할 수 있는 가장 오래된 역사적 문헌이나 뉴스 자료를 연구할 때, 어떤 이야기들이 중요하게 부각되는가?
- 이 장소는 어떻게 지금의 이름을 갖게 되었는가? 당신은 많은 사람이 이를 모르고 있다는 사실에 놀랄 것이다.
- 해당 장소가 지닌 지속적이며 변화하는 가치를 추적하면서 당신은 어떤 경향에 주목하게 되는가?
- 어떤 순환고리가 해당 장소에 대한 생각을 지배하며 방해하고 있는가?
- 무엇이 열망, 두려움, 활력 및 낙담을 부추기는가? 그리고 해당 장소에 남아 있는 희망에 대한 일반적인 이야기들은 무엇인가?

장소 연구는 우리가 이웃을 위해 기도하는 방법, 사랑을 확장하는 방

일주일 내내 교회로 살아가기

법, 하나님 나라가 하늘에서와 같이 땅에서도 임할 것이라고 주장할 수 있는 방법을 알려준다. 그렇다고 우리가 이런 과정에서 발견되는 것을 통해 어떤 급진적인 보장을 직접적으로 받게 된다고 제안하는 것은 아니다. 그러나 이는 마치 사랑에 빠지는 것과 같다. 이런 배움의 과정을 통해 우리는 우리가 아직 모르는 것을 받아들일 수 있고, 이런 수용을 통해 우리가 이미 발견한 것들이 지닌 일상의 단순성에서 사랑을 선택할 수 있다. 물론 신실함의 길 위에서 더 많은 것을 발견할 수 있는 기회는 언제나 있다. 우리의 장소에 대해 우리가 완전한 이해에 도달했다고 추정하는 것은 절대로 안 된다. 우리의 장소에 대한 이야기는 계속 기록되어야 하고, 우리의 장소의 역사는 지속적으로 발견되어야 한다. 우리가 신중하지 않을 경우, 우리는 자신의 지역사회를 이미 다 파악했고 그 지역을 살리기 위해 필요한 것이 무엇인지를 정확히 알고 있다고 착각하는 덫에 빠질 수 있다. 여기서 분명히 하자. 우리는 절대로 우리의 장소에 관한 내용을 모두 알 수는 없다. 그러나 우리가 더 많이 발견할수록, 우리는 솔직하고 지혜롭게 더 많이 사랑할 수 있다.

존 헤이즈는 지난 30년 동안 가난한 자들 가운데 살면서 그들을 섬겼고, 전 세계의 고통스러운 상황 속에서 예수의 복음을 성육신하기 위해 지도자들을 양성하는 데 전념했다. 헤이즈는 자신의 『아래로부터의 연합』(Sub-merge)에서 신중한 보정(adjustments)의 과정으로서 성육신적 사역의 중요한 측면을 기술하는데, 이를 통해 우리는 우리의 상황을 더 잘 이해하게 되고, 보다 깊은 관계를 탐구하게 되며, 우리 이웃들의 더 큰 필요를 채우는 데 도움을 주게 된다. 그는 다음과 같이 기술한다. "우리가 신중한 보정의 과정인 성육신적 사역을 놓칠 때, 우리는 우리의 존속 가능성, 모험의 기쁨, 이웃들과의 관계, 이 모두를 위협하게 된다."[8] 그러므로 이런 성육신적 사역은 우리가 보냄을 받은 대상이 되는 사람들과 우리 사이에 존재하는 단선적 사역이 아니다. 이 사역은 우리가 함께 살고 있는 사람들로부터 받는 기쁨과 관계적 축복의 가능성을 제공하는 일종의 상호 관계망이다.

우리의 장소에 대해 더 알아갈수록, 우리는 선함과 은혜의 통로가 되고, 하나님의 성령이 구원의 실재를 탄생시키고 희망을 세우는 공간을 확보하게 된다. 우리는 어려움에 처한 사람들을 그들에게 가장 큰 도움이 될 수 있는 자원들과 연결시킨다. 우리는 사람들에게 예수에 관해 이야기한다. 우리는 예수의 방식으로 사람들을 대한다. 우리는 위엄과 가치를 모든 부류의 이웃들에게 제공한다. 우리는 아직 전해지지 않은 이야기들을 전달할 수 있는 방법들을 찾아내고, 약하고 소외된 자들을 억압하는 부당한 체계에 맞서 일어서며, 선하고 신실한 친구가 된다는 것의 의미를 배운다. 매 순간 평화를 선포하면서 말이다.

---

8   Hayes, *Sub-merge*, 132.

맨리의 넓은 바다 위에 떠 있는 작은 배

내(마이클)가 섬기는 공동체인 넓은 바다 위에 떠 있는 작은 배(Small Boat Big Sea, SBBS)가 우리의 지역사회를 지도로 표시하고 그곳의 이야기를 알아가는 일에 관여하면서 흥미로운 관계가 만들어졌다. SBBS는 시드니 북쪽 해안의 맨리(Manly)에 있다. 맨리라는 동네 이름은 특이한 방식으로 붙여졌다. 시드니의 초대 영국 주지사인 아서 필립(Arthur Phillip)은 새 식민지의 항로를 개척하기 위해 1788년 항구를 가로질러 노를 저어나갔다.[9] 북쪽 해안에 상륙했을 때 그는 그 지역 원주민들의 저항을 받았다. 그는 자신의 일기에 다음과 같이 기록했다. "그들의 담대함과 씩씩한(manly) 행동으로 인해 나는 이 지역에 씩씩한 만(Manly Cove)이라는 이름을 붙여주었다." 일 년 후, 주지사 필립이 씩씩한 자들로 명명한 구린가이(Guringai) 부족은 영국 식민지 개척자들이 호주로 들여온 천연두로 인해 거의 몰살당했다. 1830년대까지 소수의 구린가이 부족민만이 그 지역에 거주했다. 씩씩한 구린가이 부족에서 유래한 이름을 지닌 이 동네에서 산다는 것은 쓰라린 아이러니가 아닐 수 없다. 왜냐하면 이 부족민들의 체질은 식민지 개척자들이 들여온 세균들의 상대조차 되지 못했기 때문이다.

그러나 맨리라는 동네의 진짜 역사는 훨씬 후인 1853년, 곧 헨리

---

9 "Manly Heritage and History," Northern Beach Council: Manly, www.manly.nsw. gov.au/council/about-manly/manly-heritage-history.

길버트 스미스(Henry Gilbert Smith)라는 진취적 기상의 젊은 사업가가 도착한 해에 시작된다. 그 당시 맨리에는 수가 점점 줄어들고 있는 구린가이 부족민들과 아주 소규모의 영국 식민지 개척자들이 살고 있었는데, 그들은 물고기를 잡거나 진흙 같은 토양에서 농사를 지어 근근이 목숨을 유지하고 있었다. 스미스는 P. T. 바넘(P. T. Barnum)과 같은 성격을 가진 인물이었다. 이야기꾼이자 흥행가였던 그는 시드니의 스모그와 분주함으로부터 물을 건너 7마일이나 떨어져 있어 격리된 이 한적한 해변이 식민지의 완벽한 오락 중심지가 되리라고 생각했다. 그는 맨리가 "식민지 개척자들이 가장 선호하는 휴양지"가 되는 것을 마음에 그리며 큰 땅을 구입하기 시작했다. 그는 항구를 연결하는 여객선 수송 서비스를 시작했고, 호텔들을 건설했으며, 학교와 교회 건축을 위한 부지를 기부했다. 그는 또 암상자(camera obscura), 미로, 거대한 캥거루 석상을 만들어 방문객들을 끌어들였다(당시에는 관광객들을 만족시키는 일이 지금보다 훨씬 수월했다). 1855년 6월, 스미스는 영국에 있는 그의 남동생에게 다음과 같은 편지를 보냈다. "내가 맨리를 개선함으로써 만들어내고 있는 재미는 의심의 여지 없이 내 큰 기쁨의 이유란다. 사실 이곳 맨리에서 나는 단 하루도 지겹지가 않단다.…나는 시드니 주민들을 위한 관광 마을이나 물놀이 장소를 건설하면서 내가 훌륭한 일을 하는 중이라고 생각하고 있단다."

맨리는 19세기 시드니의 라스베이거스가 되었다. 스미스는 댄스홀, 놀이 공간, 워터 슬라이드 및 심지어 뉴질랜드 마오리 문화 공연의 개발까지도 감독했다(마오리 부족은 씩씩한 구린가이 부족을 재현할 수 있는 최적의 사람들이다). 그는 방문객을 맞이하기 위해 여객선 터미널에 다음과 같은 글귀가 적힌 큰 간판을 설치했다. "맨리─시드니로부터는 7마일, 근심이나 걱정으로부터는 1000마일 떨어져 있는 곳." 이 간판은 라스베이거스 공항에 있는 간판을 기억나게 하는데, 그 간판에는 다음과 같은 글이 적혀 있다. "베이거스에서 일어나는 일은 베이거스에 남는다." 구린가이 부족은 질병으로 전멸했고, 대대로 내려오던 그들의 땅은 관광객들과 술 취한 시드니 거주자들을 위한 유흥 지역으로 개조되었다.

2008년, 맨리는 호주 전역에서 술로 인한 폭력 사건의 비율이 가장 높은 지역으로 발표되었다. 현지 경찰서장은 토요일 밤의 맨리가 끝이 없는 봄방학 같다고 말했다. 그는 맨리를 "전쟁 지역"으로 묘사했다. 맨리의 이야기는 자업자득의 길을 걷고 있었다. 그러나 맨리의 역사 이상으로, 맨리의 구조 역시 문제에 기여했다. 1970년대에 맨리 중심가의 도로가 포장되었고 길 양옆으로 술집들이 줄지어 있는 보행자 쇼핑센터가 들어섰다. 술 취한 십 대들과 젊은이들이 술집에서 쏟아져나와서는, 서로 밀치락달치락하게 만들어져 붐비는 포장된 공간 속으로 들어갔다. 게다가 유일한 대중교통 중심지가 이 거리의 서쪽 끝에 위치해 있었는데, 이는 지치고 술에 취한 젊은이들이 택시, 버스, 여객선을 타기 위해 같은 방향으로 깔때기처럼 모여드는 것을 의미했다. 이렇게 만들어진 환경은 폭력을 조장하기 위해 설계된 것처럼 보였다.

맨리 시장은 이를 재난으로 선포했고 중심가에서 발생하는 심야

폭력을 억제하기 위한 캠페인을 시작했다. 그녀는 경찰 병력을 늘리고, CCTV 카메라를 설치했으며, 술집 경영자들이 책임 있는 술 강좌를 수강하도록 강요했다. 그러나 아무 소용이 없었다. 그녀는 현지 고등학교에 과도한 음주와 관련된 위험을 가르치는 수업을 개설하라고 요구했지만, 이 역시 아무런 효과가 없었다. 과도한 음주, 흥청거림, 싸움 문화를 없애기 위해 그녀는 심지어 토요일마다 중심가에서 가족 위주 활동과 콘서트를 열어 아이들과 가족들을 끌어들이려고 했다. 하지만 아무도 오지 않았다. 그녀는 이 문제를 해결하기 위해 백만 달러 이상을 소비했지만 아무런 성과도 없었다. 놀랍지 않은가? 맨리의 역사를 다루는 어떤 피상적인 연구라도 술과 방탕의 뿌리가 맨리라고 하는 동네의 설립으로 거슬러 올라간다는 것을 드러낼 것이다. 해변에 위치한 이 지역사회의 모래는 피와 술로 흠뻑 젖어 있었다. 이런 상황을 변화시키는 데 몇 대의 CCTV 카메라를 설치하고 경찰 병력을 증원하는 것만으로는 턱없이 부족했다.

내(마이클)가 이 문제에 개입하게 된 것은 현지 목사 중 한 명이 "술 없는, 최고 수준의 기독교 콘서트"를 매주 토요일 밤 중심가에서 개최하려고 시장에게 가서 관련 기금을 얻으려 한다는 이야기를 들은 것이 결정적 계기가 되었다. 이 현지 목사의 논리는 다음과 같았다. 즉 기독교 공동체가 술 없이 훌륭한 음악과 함께 재미있고 즐거운 밤을 보내는 것을 우리의 이웃들이 볼 때, 그들이 우리의 삶의 방식에 매료된다는 것이었다. 명백한 실천적 문제들을 제외하더라도(콘서트는 저녁 8시로 계획되어 있는 반면, 술과 관련된 실질적인 문제들은 자정 이후에나

일주일 내내 교회로 살아가기

발생했다), 이 제안은 맨리의 역사를 전혀 고려하지 않았다. 그들은 비폭력적이고 술 취하지 않은 사람들을 동원하여 폭력적이고 술에 취한 사람들과 맞서 싸우려고 했다. 어쨌든 이런 콘서트는 흥청거림의 문화를 진지하게 다루지 않을 것이다. 나는 이런 제안에 무게를 실어줄 수 없다고 느꼈고 현지의 몇몇 목사도 우려를 표했다.

결국 적은 무리의 현지 교회 지도자들이 주간 기독교 콘서트 계획의 발기자들을 설득하여 다른 것을 시도하도록 했다. 우리는 지역 사회를 한데 모아 그들의 역사를 재발견하고 맨리의 새로운 미래를 꿈꾸기 시작했다. 우리는 시장, 경찰서장, 상공회의소장, 지역 술집 운영자들에게 우리의 선택지들을 살펴보도록 요청했다. 이는 길고 복잡한 과정이었다. 그러나 시너지 효과와 협업 과정들이 서서히 나타나기 시작했다. 긴 이야기지만, 이들 중 아무도 최고 수준의 기독교 콘서트에 관심을 보이지 않았다고 말하는 것으로 충분하다. 대신에 우리는 몇몇 술집 운영자를 설득하여 그들의 사업 모델을 바꿀 수 있었다(가장 폭력적인 술집은 한밤중에 젖은 티셔츠 경연 대회를 열고 있었다). 그리고 우리는 폭력이 실제로는 그들의 수입을 늘리는 것이 아니라 제한하고 있음을 그들이 알도록 도와주었다. 우리는 승객들의 공격성을 진압하는 데 도움이 되는 버스 및 택시 "감독관들"(monitors)의 고용을 포함하여 다양한 대중교통 수단의 개발에 힘썼다.

그러나 우리가 시작한 가장 훌륭하고 효과적인 기획은 수백 명의 현지 사람들을 모집하여 그들이 "거리의 목사들"로서 행동하게 한 것이었다. "거리의 목사들"이라는 글자가 선명히 새겨진 파란색 유니폼을 입은 이 건장한 자원봉사자들은 둘씩 짝을 이루거나 네 명이 한 조를 이루어 자정부터 오전 4시까지 중심가와 유흥지역을 순찰한다. 순찰을 돌면서 그들은 "경청하고, 돕고, 돌보라"라는 수칙을 준수하며 맨리의 난봉꾼들을 대한다. 그들은 싸움을 말리지 않는다. 그들은 체포하지 않는다. 그들은 사람들에게 자리를 뜨라고 요구하지 않는다. 그들은 시궁창에 앉아 남자 친구가 다른 여자아이와 춤을 추고 있다며 술에 취해 울고 있는 십 대들의 말에 귀를 기울인다. 그들은 술에 취한 난봉꾼들이 택시 정류장까지 걸어가도록 돕는다. 그들은 구토물을 치우고 깨진 유리 조각을 줍는다. 그들은 그저 경청하고, 돕고, 돌본다. 그리고 일 년 안에 술과 관련된 폭력 사건 비율이 삼분의 일로 떨어졌고, 그 이후로도 계속 떨어지고 있는 추세다.

하나님은 맨리의 거리에 평화를 탄생시키길 원하셨다. 하나님은 이 어두운 곳에 사랑, 은혜, 친절을 전달하길 원하셨다. 우리가 행한 모든 일은 공간을 관리하는 것이었다. 여느 산파와 마찬가지로 우리가 행한 모든 일은 상황을 재조정하여 하나님의 출산 사역을 수월하게 만드는 것이었다. 우리는 공간을 평가했다. 우리는 역사를 배웠다. 우리는 신중히 경청했다.

우리의 장소를 아는 것은 또 다른 미래를 향한 우리의 상상력을 유발한다. 하나님이 의도하시는 미래는 과거의 고통을 보상하고 영속적인 아름다움을 불러일으키는 능력이 있다. 모든 장소와 그 장소의 이야기는 세상에 제공할 목적과 선물을 지니고 있다. 우리는 하나님이 우리의 장소에 쓰고 계신 이야기의 일부다. 이 이야기는 우리와 함께 시작하지도 않으며 끝나지도 않는다. 데이비드 와이트(David Whyte)는 그의 시적 탁월함으로 다음과 같이 말한다. "우리는 어떤 이야기들의 마지막이고, 다른 이야기들의 중간이며, 종종 우리가 끝낼 수 없는 많은 이야기의 시작에 불과하다."[10]

---

10   David Whyte, *Crossing the Unknown Sea: Work as a Pilgrimage of Identity* (New York: Riverhead Books, 2001), 109.

TO ALTER YOUR WORLD

6장

적응력과 대담성

당신은 기존 현실과의 싸움을 통해서는 결코
상황을 바꿀 수 없다. 무엇을 변화시키려면,
기존의 모델을 구식으로 만드는 새로운 모델을 세우라.

벅민스터 풀러(Buckminster Fuller)

세상을 바꾸는 것은 하나님이 우리 주변에 탄생시키고 계신 구원의 가능성들과 협력하는 것을 의미한다. 우리가 지적했듯이, 세상을 바꾸는 일에는 사역이 어떠해야 한다는 선입견을 버리는 것과 하나님이 우리에게 허락하신 상황 속으로 온전히 들어가는 것이 포함된다. 우리의 존재는 파문을 일으킬 것이다. 우리가 진정으로 우리의 상황 안으로 들어간다면, 우리는 현 상황에 분열을 야기할 것이다. 이렇게 불안하게 만드는 부정적 영향들이 발생할 때 우리에게 다가오는 유혹은 이미 시도된 선교 모델들(이벤트 개최, 문화 통제)로 회귀하는 것이다. 우리의 의제를 내려놓고, 문화를 형성하는 자들이 되며, 새 창조를 탄생시키고 계신 하나님을 신뢰하는 공간을 확보하는 방법을 배우는 일은 어렵다. 이를 위해서는 집중, 믿음, 의도가 필요하다. 이 일은 민첩한 적응력과 대담한 용기가 필요한데, 우리는 이런 특징을 구약성서의 유배자들이었던 요셉, 에스더, 다니엘에게서 발견한다.

유배자들은 "어머니를 여읜 아이", 즉 버려지고, 뿌리가 없으며, 연약한 고아와도 같은 기분을 느낀다. 바빌로니아로 끌려간 이스라엘 유배자들은 조국의 상실과 그들의 하나님이 당하는 치욕으로 인해 매우 슬퍼했다. 이런 슬픔을 표현하는 일은 유익하고 건강한 것이다(이를 잘 보여주는 책이 예레미야애가다). 그러나 유배 생활에 따르는 유혹은 당신이 외국 땅에서 당신 고유의 정체성을 가지고 살 수 있다고 생각하지 않는 협소한 사고방식을 포용하는 것이다. 유배자들이 이 유혹에 무너질 때, 그들은 주눅이 든 채 지배적인 문화에 저항하면서 고착된 사고에 갇혀 있는 자신을 발견하게 된다. 유배자들이 염원하는 것은 월터 브루그만의 표현처럼 "믿음이 뜻대로 작동하지 못하는 그런 세상에서 자유롭게, 위험하게, 그리고 끈질기게"[1] 살아가라는 요청이다. 여기에 오늘날 교회가 지닌 문제의 발단이 놓여 있다. 향수로 괴롭힘을 당하며 공포에 시달리는 교회는 단지 지금 차지하고 있는 아주 작은 영역을 유지하는 것에만 집중한 나머지, 활기찬 미래를 자신 있게 다시 그리지 못하고 있다. 그 결과 우리는 "끝없이 이어지는 교묘하고 위험한 협상 과정"[2]이 아닌 우리 대 그들(us-versus-them)이라는 근본주의적 모델로 후퇴하게 된다.

하나님이 새로운 것을 일으키기 시작하실 때, 우리는 신속하고 용기 있게 반응할 필요가 있다. 교회의 적응력과 담대함이 요구될 때, 교회는 융통성이 결여된 채 두려움으로 후퇴하는 정반대의 경향을 보여왔다. 많은 교회가 그들의 상황을 정복하고 통제해야 할 필요성과

---

1   Walter Brueggemann, *Cadences of Home* (Louisville, KY: Westminster John Knox, 1997), 10.
2   위의 책, 11.

그들의 상황에서 완전히 물러나야 할 필요성, 이 둘 사이에서 오락가락했다. 앞 장에서 우리가 맨리에 있는 길거리 목사들의 사역에 대해 나눈 이야기는 이 두 필요성의 중간 지점을 나타내는 하나의 예다. 맨리에 사는 우리 중 아무도 길거리 목사 사역을 그때까지 생각하지 못했다. 길거리 목사 사역이 등장할 수 있었던 이유는 우리의 민감한 융통성 때문이었다. 우리는 우리가 사랑해 마지않는 이벤트 개최의 전통을 버려야 했고, 깨어진 우리의 지역사회 안으로 소금과 빛처럼 들어가는 데 동의해야 했다. 이는 우리가 추천하는 네 번째 산파술로 우리를 이끈다.

산파술 #4: 융통성과 대담성

산파의 정교한 작업은 상황을 지배하지 않으면서 그 안으로 완전히 들어가는 개방성을 요구한다. 그런데 이는 쉽지 않다. 당신은 성육신적 개입이 높은 가치를 지니는 해외 선교 공동체에서도 관련 상황으로부터 퇴각하는 모습을 볼 수 있다. 나(마이클)는 한때 나이로비 외곽에 위치한 어느 선교단(당시에 이 단체는 그냥 이렇게 불렸다)에서 얼마간 시간을 보낸 적이 있다. 그곳의 선교사들은 이전에 케냐의 영국 식민 통치자들에게 휴양지였던 브라켄리지(Brackenridge) 컨트리 클럽을 인수하여, 거대한 튜더(Tudor) 양식의 연회장을 포함한 본관을 회의장으로 개조하여 선교단 숙소와 예배당 그리고 훈련원을 지었다. 브라켄리지는 푸른 언덕 위에 위엄 있게 우뚝 자리 잡고 있고, 그 주변을 푸른 잎의 차 농장이 감싸고 있으며, 높은 울타리가 있어서 근처 마을들과 분리되어 있다. 손질된 잔디밭과 정원들 그리고 장식으로 잘 꾸며진 미국 선교사들의 집들은 중앙아프리카 한복판에 텍사스 교외 지역의 한 부분을 옮겨놓은 듯한 인상을 주었다. 그러나 그 선교단에 거주하는 모든 미국 선교사가 하나님이 자신들을 보내신 그곳 사람들과 함께 살아가고자 하는 강한 염원으로 아프리카를 여행했다는 것에는 의심의 여지가 없었다.

나(크리스티아나) 역시 이런 충동에 내재되어 있는 미묘함과 복잡함을 매우 잘 알고 있다. 나는 일본 도쿄에 있는 기독교 선교 공동체에서 자랐다. 그곳에서 나는 내 부모님과 그들의 동료 선교사들이 일본인들을 사랑하고 그들에게 예수를 소개하는 데 자신의 삶을 드리는 것을 목격했다. 내 관점에서 볼 때, 그들의 복음주의적 전략은 진실하고 진심 어린 것들이었다. 나는 그들이 일상에서 발하는 선함과 친절함의 열매가 실제 삶에서의 변화로 귀결되는 것을 두 눈으로 똑똑히 보았다. 그러나 우리가 생각할 수 있듯이, 우리와 우리의 이웃인 일본인들 사이에는 관습, 언어, 믿음 체계, 가치의 차이와 같은 문화적 거리가 여러 층으로 존재하고 있었다. 내 부모님과 선교사들이 일본인 이웃들을 섬김의 대상으로서뿐만 아니라 삶과 우정을 나누는 존재들로서 적극적으로 대하는 일은 중대한 도전이었다.

이런 상황에서 "우리 대 그들"(us-and-them)이라는 패러다임을 발전시키는 것은 흔한 일이다. 외국인인 우리 대 일본인들인 그들. 임시 이민 비자를 가지고 살아가는 우리 대 일본 땅에서 태어난 일본 토박이들. 기독교인이자 구원받은 우리 대 하나님이 필요한 사람들인 그들.

이런 양극화 패러다임은 보편적인 현상이다. 우리는 자연스럽게 차별하고 분리하며 때로 계층을 만든다. 해외에서 살아본 사람이라면 누구나 문화 충격과 방향 상실로 인해 찌르는 듯한 아픔을 직접 겪어 봤을 것이다. 그러나 대부분의 경우 해외에서의 삶을 준비할 때 융화를 가장 용이하게 하고 적응으로 인한 긴장을 최소화하도록 도와주기 위해 문화 적응(encultuation)을 위한 기술을 개발하는 작업을 어느 정도 시행한다.

그러나 우리 대 그들이라는 사고방식은 서로 다른 문화 간의 만남뿐만 아니라 우리의 문화 내에서 살아가는 방식에도 영향을 미친다. 예수를 따르는 자들로서 우리는 문화 적응 기술을 개발하는 것이 당연한데, 이 기술은 우리가 사회 안으로 통합되는 데 도움을 줄 뿐만 아니라 인간 경험의 보편적 실재에도 눈을 뜨게 해준다. 우리는 이 인간 경험의 뗄 수 없는 한 부분이다.

믿음 체계 혹은 종교에 관해 말하자면, 이런 방식의 이원론적 사고는 확실히 위험하다. 우리가 믿는 것을 믿지 않는 자들과 우리를 구별하는 것은 이해할 만하다. 어떤 면에서 이런 구별을 통한 명확함은 유용하고 건전하다. 우리의 가치와 믿음을 공유하는 다른 사람들과 연결되는 것은 중요한 소속감을 제공하거나 강화시킨다. 그러나 믿음의 신조가 다른 사람들을 기독교인인 우리와 분리시키는 근원적 이유는 우리의 자아로, 이 자아는 관계된 모든 사람에게 분명 유익하지도 않고 건전하지도 않다. 우리는 인간이라는 동질성을 더 이상 인지하지 못할 정도로 "기독교인"과 "비기독교인"을 구별하는 것은 인류를 향한 하나님의 마음에 반하는 일이라고 믿는다. 우리가 행하는 구별은 예수가 시작한 방식으로 진실하게 사랑하고 사랑받을 수 있는 우리의 능력을 약화시킨다. 그리고 이와 같은 구별은 거의 언제나 두려움으로 인해 발생한다. 하나님을 따르는 선교 사역은 "우리 대 그들"이라는 사고방식으로 이어질 수 없다. 우리는 하나님이 우리에게 허락하신 사회 속으로 온전히 들어가야 하고 가능한 한 적응력 있고 대담하려고 노력해야 한다.

산파만큼 적응력을 요구하는 직업도 드물다. 모든 탄생은 다 다르다. 출산 중인 어머니들은 저마다 자신의 상황에 조금씩 다르게 반응할 것이다. 똑같은 분만실은 없다. 그래서 산파들은 각 출산의 차이에 반응하는 법을 신속히 배운다. 산파의 역할은 예민함과 결단력이 깃든 그들의 경험을 통해 산모와 아기를 안내하는 것이다. 이 안내의 과정은 매 순간 융통성을 필요로 한다. 상황이 결코 계획된 대로 전개되지는 않기 때문이다. 산파는 돌발 상황을 그녀의 눈앞에 펼쳐지는 신비로운 미지의 일부로 바라보는 법을 배운다. 마찬가지로 우리는 성령의 자극을 따라야 한다. 예기치 못한 상황을 포용하고 평범치 않은 상황을 예상하면서 말이다.

소수 공동체들의 지도자들은 지역사회, 특히 가용할 자산이 부족하거나 거의 다 소진된 지역에 필요한 것을 제공하는 일이 어떤 것인지를 잘 보여준다. 이 지도자들은 공동체를 활성화시키는 자들로, 그들의 토대는 다음과 같다. 즉 오랜 전통에 입각한 대중적 조직, 공동체 형성, 근본에서부터 비롯된 교회의 표현들, 신실함 및 회복력을 동원하여 사회적 이슈에 개입하기 등이다. 그들은 융통성 있고 담대하게 대처하는 법을 알고 있다.

리쉬다 그레이엄-워싱턴(Reesheda Graham-Washington)은 이런 지도자 중 한 명이다. 대학원 공부를 위해 집을 떠났던 그녀는 모교에서 가르치기 위해 살던 곳으로 다시 돌아왔다. 이는 시카고 지역의 도시 공동체인 버윈(Berwyn)의 교육을 개선하는 데 기여하고자 하는 그녀의 소명에 따른 결정이었다. 그녀는 밑에서부터 시작하여 교장이 되었고, 그다음에는 지역 행정관이 되었다. 오늘날 그레이엄-워싱턴은 지역사회 제일 협회(Communities First Association)의 전무다. 이 협회는 믿음에 기초한 조직으로, 자산 기반의 공동체 개발에 정통한 지도자들을 양성함으로써 공동체를 변화시키는 일에 헌신하고 있다. 그녀의 최근 사업은 L!VE Cafe로, 이 카페는 영리를 추구하는 커피 전문점으로서 사회적 혁신과 사업의 불꽃을 부채질하고 사람들에게 용감하고 참되며 풍요로운 삶을 북돋으면서 지역사회에 기여한다는 분명한 비전을 갖고 있다. 그레이엄-워싱턴은 복음 언약 교회(Evangelical Covenant Church)의 인가받은 목사로, 도시 상황에 있는 지역사회의 교회들을 향한 관대하고 활기찬 비전을 가지고 있다. 그녀의 인생 사역은 일종의 영감이며 새 창조를 탄생시키시는 하나님을 창조적으로 보조하는 본보기다.

앞서 언급했듯이, 예수는 성령을 영적인 생명을 탄생시키는 존재로서 분명히 묘사한다. "영"(spirit)에 해당하는 그리스어는 "바람"을 나타내는 그리스어와 상호 교환이 가능하다. 이 단어는 항상 존재하며 가두어놓을 수 없는 움직임을 함축한다. 성령을 생명을 탄생시키는 존재로서 선언한 직후에 예수는 다음과 같이 말한다. "내가 네게 '거듭나야 하겠다' 하는 말을 놀랍게 여기지 말라. 바람이 임의로 불매 네가 그 소리는 들어도 어디서 와서 어디로 가는지 알지 못하나니 성령으로 난 사람도 다 그러하니라"(요 3:7-8).

새로운 공동체, 교회, 변화된 구조를 탄생시키는 과정에서 성령은 마치 바람과도 같이 우리가 예상할 수 없는 방향으로 움직일 것이다. 우리는 성령이 우리 주변에 탄생시키고 있는 것과 보조를 맞추어야 한다. 이것은 경영 이론에서 때때로 적응형 리더십(adaptive leadership)이라고 불린다. 이 적응형 리더십은 하버드 대학교의 로널드 하이페츠(Ronald Heifetz) 교수와 마티 린스키(Marty Linsky) 교수가 30년 이상의 연구를 통해 얻은 결과물이다. 본질적으로 적응형 리더십은 "개인과 조직이 현 상황에 대해 점진적이지만 의미 있는 변화의 과정을 취할 수 있도록 어려운 환경에 적응하는 데 도움이 되는 하나의 접근법"[3]으로서 정의된다.

하이페츠와 린스키의 모델에서 핵심적인 측면 중 하나는 지도자

---

3   Cambridge Leadership Associates, "What Is Adaptive Leadership?" www.cambridge-leadership.com/adaptive-leadership.

들이 실천 사항 중에서 어느 것이 귀중하고 어느 것이 소모 가능한 것인지를 결정해야 한다는 것이다. 하이페츠와 린스키의 주장에 따르면, 우리가 소모 가능한 실천 사항을 포기하고 새로운 접근법들을 통해 혁신시킬 만큼 충분히 적응할 수 있게 되는 것은 우리가 속한 조직의 핵심 염원을 인지할 때라야 가능하다. 적응형 지도자들은 귀중한 것이 무엇인지에 대해 진단을 내리고, 소모 가능한 것을 차단하며, 보다 나은 것을 통해 혁신을 이루는 데 노련하다.

적응형 리더십이 기업과 관련된 것으로 들릴 수 있지만, 우리는 이 리더십이 유용한 틀이라고 생각한다. 많은 교회 지도자가 적응하려고 애를 쓴다. 스스로 적응력이 있다고 생각하는 사람들조차도 전통이라는 범주에 꼼짝없이 사로잡힐 수 있다. 적응형 리더십 이론의 핵심은 귀중한 것과 소모 가능한 것을 파악하는 것이다. 이는 우리가 우리의 환경에 무비판적으로 적응하는 것을 의미하지 않는다. 절대로 그래서는 안 된다. 우리는 하나님의 통치 및 그 안에서의 우리의 위치와 관련하여 무엇이 귀중하고 타협이 불가능한 것인지를 살피는 일에 깊이 개입해야 한다. 교회 지도자들은 그들의 회중이 현재 교회의 모습과 교회가 되어야 하는 올바른 모습 사이의 단절을 보도록 도와야 한다. 그다음에 교회의 가치 및 역사를 존중하는 방식으로 적절히 배우고 적응하도록 도와야 한다.

앞서 지적했듯이, 선교 및 사역에 관한 조립식 모델로 시작하는 것은 도움이 안 된다. 회중에게 그들이 어디로 가야 하는지를 명료하게 말해주고, 그들이 그곳에 가도록 그들에게 동기를 부여하기 위해 애쓰는 것은 어려운 일이다. 그러나 회중을 불러모으는 일과, 그들이 이웃의 말에 귀 기울이고 그들의 의제를 내려놓으며 그들의 환경을 형성하고 공간을 확보하며 하나님을 신뢰하도록 준비시키는 일은 촉매제가 될 수 있다. 다시 말해 지도자들은 "우리가 해야 할 일이 여기 있습니다"라고 말하는 대신에 "우리는 이런 사람이 되어야 합니다"라고 표현해야 한다. 소모 가능한 것을 주장하는 대신 귀중한 것을 주장하고, 회중이 이 귀중한 것에 대해 토론하고 기도하도록 허락해야 한다. 당신은 이때 발생하는 두 가지 현상으로 인해 놀라게 될 것이다. 첫째, 훨씬 더 좋은 아이디어들이 떠오를 것이다. 둘째, 이 아이디어들을 실행하는 데 훨씬 더 많은 책임이 따르게 될 것이다. 적응형 지도자들은 그들의 책임을 촉매제로 간주하며, "올바른" 전략을 제공하는 것보다 올바른 질문을 제기하는 데 더 많은 관심을 보인다.

적응형 선교 지도자들은 하나님의 선교와 관련하여 성서에 의해 형성된 확신을 갖고 있다. 그리고 그들은 교회의 사역을 그 확신과 일치하는 방향으로 유지시킨다. 그러나 이런 목적을 달성하기 위한 소모 가능하고 임시적이며 즉각적인 모델들은 언제나 협상의 대상이다. 융통성 있는 산파처럼 우리는 안정적이고 차분한 자세를 유지해야 한다. 그러면서 상황을 판단하고 올바른 질문을 던지며 과정을 신뢰하면서 하나님이 행하고 계신 것들에 참여해야 한다.

그러나 적응형 선교 리더십은 상황이 예상했던 대로 흐르지 않을 때 융통성 있게 대처하는 것도 포함한다. 우리의 가장 큰 좌절이나 실패가 심오하게 신비롭고 치유력이 있는 무엇이 탄생하는 데 핵심 요소가 될 수 있다. 우리 모두는 다음과 같은 시간을 경험한 적이 있다. 즉 우리가 바라고 꿈꿔왔던 것이 우리의 눈앞에서 무너져내리는 것 같은 그런 시간 말이다. 때때로 우리가 원하거나 필요하다고 생각했던 것이 우리에게 최선의 것이 아니었던 적도 있었다. 패배라는 겸손의 길이 우리의 가장 큰 성장으로 연결되는 등용문이 될 수 있다. 인생이란 성공보다는 성장에 관한 것이다. 성공은 멀고 사라져버리는 기억이지만, 성장은 우리의 미래로 이어지는 지속적인 과정이기 때문이다.

실패의 경험은 우리의 삶에서 하나님의 은혜의 과정을 신뢰하는 것이 어떤 것인지를 설명해주는 비유가 된다. 심지어 우리가 계획한 대로 상황이 전개되지 않고, 우리가 원하는 것을 얻지 못하거나 패배를 견뎌야 할 때조차도 말이다. 분만 과정에서 통증에 대처하고 분만을 촉진시키기 위해 사용된 방법들이 종종 우리가 바랐던 것과 정반대의 효과를 야기할 수도 있다. 분만이 지연되거나 아기의 위치가 순산에 적합하지 않을 수도 있다. 이럴 경우 산파는 겁먹는 대신, 결의를 다지거나 이런 방해 요소들을 쓸모없는 것으로 간주하면서 주어진 상황에 적응하고 문제들을 조정한다. 그리고 때로는 효과가 없어 보이는 일을 시도하는 것이 실제로 필요한 것으로 연결되는 통로가 되기도 한다.

교회와 신앙 공동체 혹은 조직을 변화로 이끌 때, 우리는 언제나 우리의 패배와 약점에 직면하게 될 것이다. 이때 우리는 우리가 원하는 만큼의 사회적 변화를 보지 못하거나, 지금까지 우리와 함께한 사람이 건강하지 못한 삶을 선택하거나 타락할 수도 있다. 혹은 우리의 훌륭한 생각들이 붕괴되거나, 우리의 최신 프로젝트에 참여할 충분한 수의 사람들을 얻지 못할 수도 있다. 때때로 이와 같은 실망의 경험이 우리의 이상을 훌쩍 넘겨 훨씬 더 많이 보시는 하나님의 지혜 및 예지의 인도함을 받는 기회가 된다. 그리고 이 모든 것을 통해 우리는 더 훌륭하고 더 강하며 더 정직하게 되고, 선하신 하나님의 주권을 더욱 의지하게 된다. 에크하르트 톨레(Eckhart Tolle)의 말처럼 "어떤 변화들은 표면상 부정적으로 보일지 모르지만, 당신은 새로운 무엇이 등장하기 위해 당신의 삶에 공간이 형성되고 있다는 사실을 곧 깨닫게 될 것이다."[4]

대런(Darren)과 팸 프린스(Pam Prince)는 영국 런던의 이스트엔드 (East End)에 있는 InnerCHANGE를 섬기고 있다. 영국으로 이주하기 전에 그들은 거의 10년 동안 샌프란시스코 한복판에 있는 미션 디스트릭트(Mission District)에서 사역하면서 노숙자들과 함께 생활했다. 그들은 이 도시에서 종종 잊히고 간과되는 사람들을 돌보면서, 하나님의 회복 역사에 참여하고자 하는 비전을 갖고 시작했다. 회복적 정의에 대한 이 비전은 그들의 일상과 핵심 사역에서 찾기가 어려웠다. 하지만 그들은 일상에서 구체적인 방식으로 예수의 복음을 구현하고자 자신들의 삶을 신실하게 바쳤다. 대런은 하나님이 우리에게 주신 비

---

4   Eckhart Tolle, *A New Earth* (New York: Penguin, 2005, 『삶으로 다시 떠오르기』[연금술사 역간]), 274.

전을 향해 나아갈 때 우리가 저지르게 되는 불가피한 실수들의 본질, 즉 때때로 절망적인 본질을 이렇게 숙고한다.

우리의 가장 큰 실수 중 일부는 우리가 사랑하는 사람들에게 행해졌는데, 우리는 그들을 위해 최선의 것을 원했지만 때로 우리가 할 수 있었던 것은 그들의 가장 깊은 문제들에 고작 단순하고 순진하거나 불완전한 반응을 제공하는 일뿐이었다. 예전에 노숙자들을 도울 당시에 우리는 실수로 그들에게 우리의 삶의 방식과 사역에 참여할 것을 조급하게 요구했다. InnerCHANGE 사역을 통해 우리는 하나님이 우리를 부르신 모든 곳에서 성육신적 선교 공동체로 살기로 헌신했다. 그러나 우리의 길거리 친구들에게 참여를 요청했지만, 그들이나 우리나 모두 아직 준비되지 않았던 때가 있었다. 오히려 이런 요청으로 인해 서로의 감정이 상하고 우정이 해를 입게 되었다. 상황은 우리가 노숙자들의 실제적인 필요들에 더 많이 귀 기울이는 법을 배우면서 변했다. 그들의 필요에는 노숙자들 자신의 꿈과 희망, 즉 취업, 지역 교회와의 연결, 과거의 중독 및 외상에 직면함으로써 술을 마시지 않는 건강한 삶의 추구 등이 포함되어 있었다.

시간이 지나면서 이런 친구들 중 어떤 이들은 우리와 한집에 살게 되었고 우리는 사회 주변부에서 함께 투쟁하는 자들로서 참된 공동체의 주고받는 법을 배웠다. 우리는 상호 구성의 유형을 만들었고 제자도를 공유했다. 즉 우리 모두가 접근 가능한 새로운 리듬이 형성되고 공유되었다. 우리는 서로에 대해 인내하는 법을 배웠는데, 이런 인내는 양측의 문화-경제적 적응에서 비롯되었다. 그리고 우리는 공익을 위해 협력하는 참된 방법들을 개발했다. 만일 우리가 우리의 실패를 받아들이지 않았다면 이렇게 중요한 깨달음에 도달할 수 있었을지 나는 잘 모르겠다.[5]

미지의 것을 포용한다는 것은 우리의 실패를 모든 사역의 비전의 핵심 부분으로서 수용함을 의미한다. 우리의 부족함은 우리의 가장 큰 성장과 가장 보람 있는 일에 중요한 자극이 될 수 있다. 성령은 우리의 실수라는 토양으로부터 무엇을 조성한다. 성령은 건강, 은혜, 그리고 온전함에 관심이 있다. 어느 이야기와도 같지 않은, 항상 독특한 탄생 이야기가 있다. 적응은 필요한 과정을 포용하기 위해 우리가 모르는 것과 우리가 할 수 없는 것을 수용함을 의미한다. 적응은 지속적인 인내와 활기찬 희망을 가지고 변화의 길을 걷지 못하는 우리의 결점과 우리의 실패를 받아들이는 것이다.

산파술 #5: 새로운 내러티브 살아내기

만일 교회가 그들의 지역사회에 온전히 파고들어 우리가 앞서 이야기한 영향력 있는 존재가 된다면 무슨 일이 벌어질까? 교회 지도자들이

---

5   개인적으로 주고받은 편지에서 허락을 받아 여기에 인용한다.

모든 판단을 유보하고 그들의 의제를 내려놓으며 그들이 파고든 공간을 진지하게 받아들일 수 있다면 어떨까? 적응형 선교 지도자들이 필수적이고 귀중한 것을 규명하고 그 외의 다른 모든 것을 완전히 재협상할 수 있다면 어떨까? 그다음에는 무슨 일이 벌어질까? 그렇게 될 때 우리는 확실히 새로운 내러티브를 살아낼 수 있게 된다. 이 새로운 내러티브는 주변 문화의 지배적 이야기의 줄거리에 대안이 되는 플롯이다. 이미 이야기했듯이, 적응형 리더십에서 당신은 교회의 선교적 열망에 부합하는 기회들을 형성하기 위해 진단하고, 중단하며, 혁신시켜야 할 필요가 있다. 일단 당신이 "다음" 실천 사항을 개발하고 시험했다면, 당신은 그 실천 사항을 삶으로 살아낼 필요가 있다.

우리는 논쟁적인 산파를 좀처럼 본 적이 없다. 산파들은 자신의 가치와 관점을 말로 논쟁하는 대신 다른 이야기를 살아내는 쪽을 택한다. 산파들은 미사여구로 자신의 관점을 변호하는 대신 종종 대안적 방식을 제시하는 길을 택한다. 산파들은 일반적으로 성공적 출산 지원의 세계적 통계를 알고 있다. 그들은 종종 다양한 형태의 산부인과 치료를 이해하도록 교육받는다. 그들은 인간 생리학과 심리학을 이해한다. 그리고 그들은 예기치 못한 사태에 도움을 주기 위해 출산 과정에 사용되는 모든 도구를 철저하게 연구한다. 산모와 그 배우자가 정신이 없거나 공황 상태에 빠질 때, 산파들은 침착하게 집중하며 그들을 필요한 치료로 안내한다. 산파들은 대안적 현실을 살아내고, 이런 대안적 현실로 그들의 환자들을 초청한다.

당신의 주변에서 분만실에 있는 사람들만큼 초조하거나 당황하는 사람들을 찾을 수는 없을 것이다. 그렇다고 당신 주변의 사람들이 자신들이 처한 상황에서 분만실에 있는 사람들보다 덜 초조하거나 덜 당황할 것이라고 가정해서는 안 된다. 앤 모리시(Ann Morisy)는 현대 생활의 병폐에 관한 그녀의 놀라운 저서에서 사회를 "괴롭고 당혹스러운 공간"으로 언급한다.[6] 작가인 리처드 매드슨(Richard Matheson)은 이보다 더 통렬한 표현을 사용하는데, 현대의 삶이 단조롭고, 오래 참아야 하며, 지루하다고 묘사한다.

> 우리는 많은 것을 잊어버렸다. 예를 들어 고군분투하는 법, 아찔한 높이까지 올라가는 법, 전례 없는 깊이로 가라앉는 법을 말이다. 우리는 더 이상 아무것도 열망하지 않는다. 심지어 더 세미한 절망의 그림자조차 우리에게서는 발견되지 않는다. 우리는 주자(runners)가 되는 것을 멈추었다. 우리는 구조에서 수송(conveyance)으로 또 고용으로 천천히 나아간다. 그리고 다시 거꾸로 구조로 되돌아간다. 우리는 과학이 정해놓은 경계 내에서 살아간다. 측정 자(measuring stick)는 짧고 달콤하다. 삶의 전 영역은 회색에서 더 진한 회색으로 흘러가는 짧고 애매한 연속체다. 무지개는 탈색되었다. 우리는 더 이상 의심하는 법을 모른다.[7]

사람들은 현대의 삶의 우울함에 대한 대안을 찾고 있다. 그들은 이 대

---

6   Ann Morisy, *Bothered and Bewildered* (London: Continuum, 2009).
7   Richard Matheson, *Collected Stories, Vol. 1* (New York: Gauntlet Press, 2003), 93.

안을 어디서 찾게 될까? 그들이 이처럼 어려운 시기에 진정한 희망을 제공하는 곳으로서 교회를 발견하게 된다면 얼마나 좋을까? 하나님의 약속된 평화와 구원의 내러티브를 가리키는 살아 숨쉬는 표시로서의 그런 교회 말이다.

역사상 가장 예언적이었고 세상을 변화시켰던 운동들 중 일부는 세상을 무력으로 휘어잡은 카리스마적 지도자들에 의해서가 아니라 사회 변두리에 위치했던 소수의 신실한 사람들에 의해 촉진되었다. 이 신실한 사람들은 그들 주변의 지배적 문화에 관한 이야기에 대안이 되는 이야기를 몸소 구현하기로 작정한 사람들이었다. 이와 관련하여 중세의 수도원 운동이 부흥했던 것처럼 7세기에 발생했던 유럽의 켈트족 부흥 운동이 떠오른다. 훨씬 후에 발생한 웨일스 부흥운동(Welsh revivals)은 웨일스의 가난하고 무식한 광부 출신의 복음 전도자들에 의해, 아주사 길거리 부흥 운동(Azusa Street revival)은 도시 빈민들에 의해 확산되었다. 이는 주목할 만한 현상이었다. 보다 최근에 세상은 여성들이 이끄는 작은 집단들에 의해 불붙듯 성장한 대한민국 교회와 남아메리카에서 일어난 평신도 주도의 교회 개척 운동을 목격했다.

우리는 적응형 선교 지도자들과 그들의 공동체가 세상의 여러 지역의 큰 교회, 작은 교회, 가정 교회에서 활동하는 것과, 소외된 자, 괴짜, 사회 부적응자, 전통주의자, 진보주의자, 자유주의자, 보수주의자로 이루어진 지역사회의 교회 공동체들이 활동하는 것을 목도하는 특권을 누려왔다. 우리는 신앙 공동체로서 살아가는 이런 각각의 접근법에 매료된다. 우리는 이런 교회를 이끌어가는 아름다운 사람들에게도 매료된다. 그들은 새로운 내러티브에 기여하고 있다.

마르크(Mark)와 나디네 라이히만(Nadine Reichman) 부부는 독일 카를스루에에 있는 독특한 신앙 공동체의 지도자들이다. 그들은 우리에게 신선함을 주고 자극을 불러일으키는 교회에 관한 표현을 개척하는 중이다. 마르크, 나디네, 그리고 그들의 두 아들은 예수를 따르는 자들로 구성된 목적 지향적인 공동체인 마테노(Mateno)의 일원이다. 이 공동체에 속한 이들은 그들 주변의 세상을 변화시키는 단순하고 지속적인 방식으로 믿음의 삶을 살아내고 있다.

그들은 독일 남서부에 위치한 카를스루에 도심 지역에 거주하며 유럽의 유명한 예술가들의 대중 콘서트를 개최하기 시작했다. 그로부터 몇 년 후 작은 무리의 사람들이 보다 큰 공동체로부터 분리되어 언덕 위의 한 건물로 이주했는데, 이 건물은 1900년대 초 발생한 쇼엔슈타트 운동(Schoenstatt Movement) 당시 수도원으로 사용된 곳이다. 이 가톨릭 운동은 하나님의 사랑에 중심을 두었는데, 그리스도의 몸의 지체를 이루는 각 사람의 독특한 소명을 개발하는 데 강조점을 두고 있었다. 마테노는 그들이 목적 지향적인 공동체로서 살아감으로써 "하나님이 쓰고 계신 이야기를 계속 이어간다"고 아름답게 표현한다. 그들은 서로를 사랑하는 법을 배우고 다른 이들이 하나님의 세상에 대한 그들의 독특한 소명과 기여를 발견하도록 도우면서 자신들이 받은 사랑을 확장시키고 있다. 그들은 급진적 환대, 농업 지속 가능성, 창조세계의 돌봄, 명상적 영성, 일상의 선택에서의 정의 및 청지기 정신의 양성을 강하게 주장한다. 그들은 그 지역의 다른 종교 지도자들, 즉 같은 유럽 정황에서 교회가 새롭고 혁신적으로 표현되는 모습을 보기 원하는 지도자들을 위한 훈련 및 집회뿐만 아니라 예술과 음악 행사도 개최한다. 마르크는 현재 Forge Europe의 지역 대표이며, 미래의 교회를 위한 지도자들과 함께하고 있다.

우리가 앞서 지적했듯이, 성령이 출산하고 있는 것에 참여하는 것은 지배적 문화의 내러티브와 대조되는 새로운 내러티브를 살아냄을 의미한다. 지배적 문화가 기독교 문화든지 보다 큰 범주의 문화든지 상관없이 말이다. 독일과 같은 포스트기독교 상황에서 라이히만 부부와 그들의 공동체가 만들어내고 있는 것은 틀에 박히지 않은 새로운 길이다. 그들은 대안적 현실을 구체화하고 하나님의 영이 그들의 세계에서 탄생시키고 있는 것의 도래를 알림으로써 새로운 토대를 구축하고 있다.

문화 내에서 새로운 내러티브를 살아내는 실천을 보여주는 또 다른 예는 팀(Tim)과 메리 딕카우(Dickau) 부부에게서 발견된다. 그들의 삶은 캐나다 브리티시컬럼비아주의 밴쿠버에 있는 그랜드뷰-우드랜즈(Grandview-Woodlands)에 하나님의 선하심을 퍼뜨리는 파급 효과를 가져왔다. 팀과 메리는 그들의 지역사회에 있는 그랜드뷰 갈보리 침례교회(Grandview Calvary Baptist Church)에서 25년 이상 목회하면서 오랜 기간 신실한 성육신적 선교에서 비롯된 지혜를 구체화했다.

교회 개척 후 처음 몇 년간 딕카우 부부는 교회 인근에 살지 않는 교회 성도들에게 권면하고 도전하여 그들이 그랜드뷰 지역으로 이주하여 함께 지역사회의 복지에 투자하는 일에 헌신할 것을 재촉했다. 그들은 이런 도전이 어떤 결과를 가져올지를 전혀 몰랐다. 교회 공동체가 이런 도전을 진지하게 받아들이기 시작하자, 교회 성도의 75퍼센트 이상이 걸어서 교회에 올 수 있는 가까운 곳에 살게 되었다. 여러 중요한 계획 중 하나로서 그들은 일련의 환대 가정(hospitality homes)을 개시하는 창조적 비전을 개발했는데, 이 환대 가정은 후에 살스베리 공동체(Salsbury Community Society)로 알려지게 되었다. 팀은 그의 『하나님 나라의 방식으로 뛰어들기』(*Plunging into the Kingdom Way*)에서 이 공동체의 형성 과정에 대해 기술한다.

> 우리가 일종의 삶의 방식, 즉 많은 사람이 매력을 느낄 만하고 다른 사람들이 본받으려고 하는 삶의 방식을 만들기 시작하면서, 이런 환대 가정의 설립은 그랜드뷰-우드랜즈 지역에 더욱 깊이 뿌리를 내리도록 우리를 밀어붙였다. 환대 가정을 통해 사람들은 경제적 필요, 외로움, 중독 극복을 위한 지원, 정신 질환에 대한 도움, (특별히 난민들과 관련된) 새로운 나라 정착에 대한 지원과 같은 다양한 이유로 함께 살기로 결정했다.[8]

자신들이 있는 곳에서 평화와 정의를 옹호하며 사회적·경제적·정치

---

8   Tim Dickau, *Plunging into the Kingdom Way: Practicing the Shared Strokes of Community, Hospitality, Justice, and Confession* (Eugene, OR: Cascade Books, 2011), 19.

적 문제에 참여하면서 그랜드뷰 갈보리 침례교회는 체계적 수준에서의 변화를 지속적으로 자극하고 있다. 이 교회 공동체가 이웃들의 필요를 점점 더 인지하게 되면서, 교회 구성원들은 결국 이웃들의 번영을 지원하기 위한 일련의 계획들을 시작했다. 예를 들면 아이들 교육, 십 대들을 위한 리더십 개발, 미혼모 지원, 노숙자들을 위한 쉼터, 취업 장벽에 막힌 사람들을 위한 사회사업, 저렴한 공동주택 사업 등이다. 그리고 그들의 이런 개입은 주목을 받게 되었다. 지역 공동체 보건 전문가는 그랜드뷰 갈보리 침례교회가 지역사회의 복지에서 도시의 주요 파트너 중 하나라고 말했다. 이와 같이 인정받은 것은 이 교회가 함께 개척해나가고 있는 하나님의 구원에 관한 새로운 내러티브를 이야기해준다.

교회가 후원하는 행사의 구조를 초월하여 우리의 상황에서 새로운 내러티브에 기여하는 것이 과연 어떤 모습일지를 개념화할 때, 또 다른 이야기가 특별히 떠오른다. 이 이야기는 레베카 체이스(Rebecca Chase)와 젠 비아드(Jen Byard), 그리고 메이커스 아케이드(Makers Arcade)의 설립에 관한 것이다.

2014년에 레베카와 젠은 메이커스 아케이드를 공동 설립했는데, 이는 샌디에고 도심에서 개최되는 창조적인 지역 예술 전시회다.[9] 예수를 따르는 자들과 지역 예술가들 모두가 지역 공예와 창조적 기업정신을 강조함으로써 그들의 도시에 공동체를 세우는 일에 열정적이

---

9 Makers Arcades에 대한 좀 더 많은 정보는 makersarcade.com을 보라.

었다. 제1회 메이커스 아케이드에 참석한 사람들의 수는 충격적이었다. 이 행사는 샌디에고 도심과 주변 지역을 중심으로 자치주 전역에 살고 있는 광범위한 부류의 사람들의 흥미를 끌었다. 사람들은 지역 발명품과 창작품을 구입하기 위해서뿐만 아니라 이 행사의 전체적인 분위기를 경험하기 위해 찾아왔다.

메이커스 아케이드는 제품 전시회, 실내 장식, 특별히 고안된 라운지 공간에서부터 칵테일 만들기, 지역 밴드들의 라이브 음악에 이르기까지 환상적인 파티 분위기를 연출했다. 모든 것이 하나도 빠짐없이 현지인들의 참여로 운영되고 추진되었다. 2년마다 개최되는 이 행사는 올해로 네 번째를 맞이했는데, 4천 명으로 추정되는 샌디에고 주민들이 이번 행사에 참여했다.

나(크리스티아나)는 언젠가 이 행사에서 한 젊은 여성을 만났는데, 그녀는 이렇게 말했다. "이 행사는 단순히 샌디에고의 창조적 힘을 표현한 것이 아니라, 우리의 창조적 문화를 실제로 만들고 있어요." 이 여성은 3년간 다른 곳에서 살다가 샌디에고로 돌아왔다. 그녀는 자신이 목격한 창조적 문화의 급속한 변화에 놀랐고, 메이커스 아케이드가 이런 변화를 촉진시킨 요소 중 하나임을 인정했다.

메이커스 아케이드의 이야기는 성령이 샌디에고의 창조적 공동체에 탄생시키고 있는 것을 아름답게 보여준다. 이 행사는 지속적으로 확대되고 깊어지고 있다. 여기서의 유대관계는 진정한 공동체를 연결해주는 실이다. 이런 공동체는 깨달음을 주는 예수의 방식으로 영적 각성과 사회적 변화를 일으키는 놀라운 잠재력을 가지고 있다.

이 행사는 샌디에고의 문화적 표현이고, 구석구석 얽혀 있으며, 예수를 따르는 자들이 함께하고 참여하여 만들어내고 있다.

좀 더 구체적으로 우리는 하나님이 이 세상에 탄생시키고 계신 것에 예수를 따르는 자들이 함께 참여할 수 있는 방법을 예시하고자 이 이야기를 공유한다. 우리 중 많은 이들은 교회 행사나 사역 프로젝트의 실행과 관련하여 하나님과 함께하는 방식에 익숙하다. 우리는 종종 행사장의 전면과 중앙의 눈에 잘 띄는 곳에 교회 로고를 부착한 채 하나님의 일에 참여한다. 교회가 후원하는 이와 같은 몇몇 행사는 급속히 시들어버린다. 다른 행사들은 성공적으로 보이지만, 주변 문화에 제한된 영향을 미칠 뿐이다. 교회 행사를 실행하는 일은 문화에 개입하는 한 방식이며 도시에 영향을 미치는 실행 가능한 방식임이 분명하다. 그러나 우리의 질문이 "우리 교회가 어떻게 알려질 수 있을까?"에서 "세상이 진정 필요로 하는 것이 무엇인가?"로 변하고, 우리가 이런 변화에 맞추어 행동할 때 문화의 흐름은 극적으로 바뀔 수 있다. 하나님은 세상에서 새로운 내러티브를 살아내라고 교회에 요청하시며, 우리의 재능과 열정을 사용하여 사람들을 불러모으라고 요청하신다. 그리고 하나님 나라의 가치를 모든 곳에 주입하면서 사회 전역에서 지구적 평등을 위해 창조적으로 싸우라고 우리에게 요청하신다.

만일 우리가 교회 전체 행사를 뒤집어서 "하나님의 선하심을 표현하기 위해 어떤 특별 행사를 실시해야 사람들을 우리 혹은 우리 교회와의 관계로 끌어들일 수 있을까?"라고 질문하는 대신에, "하나님은 사람들을 연결시키고, 필요를 채우며, 선을 표현하기 위해 세상에서 무엇을 하고 계실까? 그리고 우리는 이 일에 어떻게 참여할 수 있을까"라고 질문한다면 어떨까? 우리는 우리 주변의 필요와 요구에 적응해야 한다. 그때 우리는 우리가 속한 교회를 홍보하기 위해서가 아니라 그리스도가 알려주신 삶의 가치를 표현하기 위해 하나님과 함께한다. 우리의 사명은 더 이상 교회의 특정 브랜드에 관한 것이 아니다. 우리의 사명은 이미 역사하고 있으며, 이미 무엇을 탄생시키고 있는 하나님의 창조적 사랑의 충격에 관한 것이다. 우리의 사명은 우리의 의제를 내려놓고, 미지의 세계로 들어서며, 모든 변화에 적응하고, 공간을 확보하며, 새로운 내러티브를 제정하는 것을 의미한다. 이 일은 혁명적일 수 있다.

TO ALTER YOUR WORLD

7장

세상을 실제로
변화시키는 방법

그리스도는 당신의 몸 외에 다른 몸이 없다.
이 땅에서 그의 손과 발이라곤 당신의 손과 발뿐이다.
당신의 눈을 통해 그는 이 세상에 대한 연민을 본다.
당신의 발로 그는 선을 행하기 위해 걷는다.
당신의 손을 통해 그는 모든 세상을 축복한다.
당신의 손은 그의 손이고, 당신의 발은 그의 발이며,
당신의 눈은 그의 눈이다. 당신은 그의 몸이다.
그리스도는 당신의 몸 외에 이 땅에 다른 몸이 없다.

아빌라의 성녀 테레사(Saint Teresa of Ávila)

기독교인들이 어떻게 세상을 바꿀 수 있는지에 관한 책들이 최근 몇 년 동안 넘치게 나왔다. 그중 많은 책이 사회에 개입하라고, 우리의 힘을 동원하여 문화 전쟁에서 승리하라고 우리를 다그친다. 그러나 현실을 직시하자. 교회가 세상을 지배하려고 할 때마다 우리에게 유익이 되는 일은 절대 발생하지 않는다. 실제로 우리는 교회를 비방하는 자들이 교회를 향해 내뱉는 비판 대부분이 교회의 일시적 권력 남용과 관련이 있다고 제안할 것이다. 교회가 병든 체계를 고쳐주는 고대 치료법의 하나라고 생각하는 것은 좋은 일이다. 그러나 사람들은 교회를 약이 아니라 바이러스의 관점에서 점점 더 많이 이야기한다.

저널리스트인 크리스토퍼 히친스(Christopher Hitchens)는 비판의 수위를 낮추지 않았다. 그는 2007년에 나온 『신은 위대하지 않다: 종교가 모든 것을 독살하는 방법』(*God Is Not Great: How Religion Poisons Everything*)에서 다음과 같이 말했다. "조직화된 종교는 폭력적이고, 비합리적이며, 인종 차별주의, 부족주의, 편협한 신념과 결합되어 있고, 무지하고, 자유로운 질문에 적대적이며, 여성을 혐오하고, 아이들에게는 강압적이다. 다시 말해 조직화된 종교는 그 양심에 심각한 문제가 있다."[1] 히친스가 보기에, 기독교는 널리 퍼져 있는 불관용, 가톨릭의 종교 재판, 십자군, 노예제, 그리고 끝없는 사악함에 책임이 있다.

　이전에 기독교 목사였으나 지금은 무신론자인 존 로프터스(John Loftus)도 이와 동일한 노선을 따른다. 그는 2014년에 『기독교는 위대하지 않다』(Christianity Is Not Great)라는 문집(anthology)을 출판했는데, 이 문집에서 일군의 학자들은 역사적으로 교회가 입힌 피해라고 생각되는 것들에 집중했다. 이 책은 십자군, 스페인 가톨릭의 종교 재판, 마녀 사냥에서부터 가짜 믿음을 통한 치유에 이르기까지 모든 것을 다루고 있다. 로프터스의 결론은 다음과 같다. "기독교의 믿음은 기독교가 이제껏 이 세상에 끼친 피해와 지금도 계속해서 이 세상에 입히고 있는 피해의 양에 의해 경험적으로 확인될 수 있다. 예수는 다음과 같이 말했다. '그들의 열매로 그들을 알리라'(마 7:20). 우리가 기독교의 열매를 평가할 때, 결과는 기독교가 비참하게 실패한 종교라는 것이다."[2]

　우리는 모두 적대적 성향의 비기독교인들과 대화를 나누어본 경험이 있다. 그들은 우리에게 종교 재판, 특히 가톨릭 교회에서 발생하는 성직자의 성범죄, 여성 및 성 소수자(LGBTQ) 집단을 비하하고 비난하는 태도, 캔자스의 웨스트보로 침례교회(Westboro Baptist Church)

---

1 Christopher Hitchens, *God Is Not Great* (New York: Hachette Book Group, 2007, 『신은 위대하지 않다』[알마 역간]), 56.

2 John Loftus, ed., *Christianity Is Not Great* (New York: Prometheus Books, 2014), 35.

190　일주일 내내 교회로 살아가기

의 불쾌한 행위와 성명서를 상기시킨다.

　우리가 할 수 있는 일은 종종 이런 비난을 냉정히 받아넘기면서 우리의 형제자매들이(보통은 우리의 형제들이겠지만) 예수의 가르침을 성실히 표현하지 못했음을 인정하는 것이다. 만일 이것이 기독교가 사회에 기여한 전부라면, 기독교가 이제껏 우리를 위해 행한 일은 무엇인지를 묻는 것이 합리적일 것이다. 물론 그것은 이야기의 절반에 지나지 않는다(어쩌면 절반에도 훨씬 미치지 못할 것이다). 무신론자가 기독교의 악의적 본성을 공격하는 말을 들을 때마다 우리는 영화 〈라이프 오브 브라이언〉(Monty Python's Life of Brian)의 한 장면이 떠오른다. 이 장면에서 존 클리즈(John Cleese)는 유대 민중 해방 전선(People's Liberation Front of Judea)에 다음과 같이 묻는다. "로마인들이 우리를 위해 이제껏 한 일은 무엇이요?" 그의 청중이 위생 설비, 의료, 교육, 술, 공중 질서, 관개, 도로, 상수도망, 공중 보건, 평화와 같은 것들을 열거하기 시작할 때, 그는 무표정한 얼굴로 다음과 같이 질문한다. "위생 설비, 의료, 교육…을 제외하고 로마인들이 우리를 위해 이제껏 무슨 일을 했소?"[3] 사실 기독교는 비범한 방식으로 유럽 문화, 실제적으로 말하자면 서구 사회 전체를 보다 나은 상태로 변화시켰다.

3　Terry Jones가 감독을 맡은 *Monty Python's Life of Brian* (London: Handmade Films, 1979).

기독교인들이 이제껏 우리를 위해 한 일은 무엇인가?

영국 학자 조너선 힐(Jonathan Hill)은 이런 부정적 이야기들을 모두 반박하는 『기독교가 이제껏 우리를 위해 한 일은 무엇인가?』(*What Has Christianity Ever Done for Us?*)를 저술했다. 이 책은 믿음이 문화, 사상, 예술, 교육, 정치 및 사회에 기여한 긍정적인 요소들을 탐구한다. 이 책에는 다음과 같이 흥미로운 내용들, 즉 포도주 병을 코르크로 봉하는 이유(이는 수도사인 동 페리뇽[Dom Pérignon]의 아이디어였다), 음악 표기법의 유래(다른 수도사인 구이도 다레초[Guido dÁrezzo]가 시초였다), 대학교의 기원(교황 그레고리오 1세[Pope Gregory]에 의해 시작되었다), 글을 온전히 읽고 쓸 수 있는 세계 최초의 사회가 유럽, 아시아, 북미에 존재하지 않았던 이유(인상적인 이름을 지닌 선교사 메스롭 매쉬토츠[Mesrob Mashtots]의 진취적 연구 덕분에 우리는 이런 최초의 사회가 아르메니아에 있었음을 알게 되었다) 등이 등장한다.

힐은 기독교가 교육, 보건, 글을 읽고 쓸 줄 아는 능력, 법과 질서, 고아 돌봄 및 사회 정의에 미친 엄청난 영향을 기록해놓았는데, 이것이 더 중요한 그의 업적이다. 힐의 주장에 의하면, 기독교는 현재 우리가 알고 있는 유럽의 언어들, 우리의 달력, 우리의 도덕적 틀, 그리고 그 외의 것들을 우리에게 제공했다. 기독교인들은 예술, 문학, 음악, 건축, 정치, 과학에 막대한 기여를 했다. 힐의 연구는 기독교인들이 역사적으로 입힌 피해를 간과하지 않는다. 그는 기독교인들이 노예제에 기여했음을 인정하면서도 한편으로 윌리엄 윌버포스(William

Wilberforce)와 같은 기독교인들에 의해 노예제가 종식되었음을 상기시킨다. 그는 또 다음과 같이 언급한다. 즉 기독교인들이 인종차별정책 반대 및 인권 운동의 최전선에 있었던 반면, 남아프리카공화국의 화란 개혁교회와 남침례교회에 속한 기독교인들은 그런 운동들에 반대했다고 말이다. 힐은 알브레히트 리츨(Albrecht Ritschl), 월터 라우쉔부쉬(Walter Rauschenbusch), 마틴 루터 킹(Martin Luther King), 도로시 데이(Dorothy Day)와 같은 기독교인들을 제시하면서 광신적 기독교인, 인종차별주의적 기독교인, 위선적 기독교인들에 대해 반박한다. 결국 그는 다음과 같이 결론짓는다.

기독교는 매우 많은 방법으로 현대 세계에 영향을 미쳐왔다. 때로 기독교는 지배적 이데올로기로서 현대 세계에 영향을 미쳤다. 예를 들어 서구에서 읽고 쓸 줄 아는 능력과 교육은 유스티니아누스와 샤를마뉴 같은 사람들의 기독교 통치에 큰 빚을 지고 있다. 그러나 때로 기독교는 상대적으로 연약한 입지에서 세상에 영향을 미쳤다. 헬더 카마라(Helder Camara) 혹은 자나니 루움(Janani Luwum)…과 같은 사람들의 정치적 행동주의를 그 예로 들 수 있다. 권위 안에 존재하는 것은 선을 행할 수 있는 수단을 교회에 제공하지만, 종종 권위 밖에 존재하는 것은 보다 많은 동기를 교회에 부여한다.[4]

---

4   Jonathan Hill, *What Has Christianity Ever Done for Us?* (Oxford: Lion Hudson, 2005), 189.

여기에 요점이 있다. 교회가 일시적 권력을 행사했을 때는 언제나 복합적인 결과, 곧 선한 결과와 악한 결과가 함께 주어졌다. 그러나 교회가 이런 권력과 무관하게 작동할 때, 변화를 향한 교회의 동기 부여는 훨씬 크게 나타난다. 우리는 이것에 놀라지 말아야 한다. 예수의 말씀에 따르면, 하나님 나라는 군대와 같은 것이 아니라 씨와 같은 것이기 때문이다. 예수는 하나님이 탄생시키고 계신 나라를 겨자씨로 묘사하는데, 이 묘사는 흥미를 자아냈고 분명 탁월한 선택이었다. 겨자씨는 예수의 말처럼 아주 작은 씨앗이다. 하지만 겨자씨는 다루기 힘든 나무로 자라난다. 신약성서학자 벤 위더링턴(Ben Witherington)은 예수가 이 비유를 위해 백향목처럼 크고 곧게 자라는 다른 나무를 선택할 수도 있었을 것이라고 지적한다. 만일 예수의 요지가 단순히 크기에 관한 것이었다면 말이다. 그러나 급속히 자라면서 스스로 발아하는 식물(이런 식물은 장엄한 나무보다는 유해한 잡초에 더 가깝다)을 선택함으로써 예수는 자신의 은유를 상당히 복잡하게 만든다. 겨자나무는 그 뿌리가 깊고 넓게 퍼지는 체계를 지니고 있기 때문에 성가신 나무다. 실제로 다 자란 겨자나무를 뽑는 일은 고역이다. 위더링턴은 교회의 성장을 가리켜 다음과 같이 말한다. "하나님 나라가 예수의 사역 동안에는 씨앗처럼 작게 보였지만, 분명히 크고 견고히 뿌리박힌 무엇으로 자라날 것이다. 그래서 어떤 이들은 그 안에서 피신처를 발견하고, 다른 이들은 그것에 큰 불쾌감을 느낀 나머지 뿌리째 뽑아버리려고 할 것이다."[5] 예수를 따르는 자들은 백향목처럼 하늘에 닿고자 애쓰는 때보다 겨자 관목의 파괴적이고 수치스러운 역할을 선택하는 때에 최선을 다한다.

불쾌한 잡초처럼, 하나님의 백성은 세상을 향해 뿌리를 뻗치면서 대개 파괴적인 방식으로 역사를 형성한다. 기독교는 유럽 문화를 형성하고 그 문화에 방향을 제시해왔고, 이어서 유럽 문화로부터 등장한 (미국을 포함하는) 여러 서구 문화에도 방향을 제시해왔다. 우리의 여러 행위, 전통, 규범, 관습, 금기는 기독교에 뿌리를 두고 있다. 우리는 복수가 아닌 용서를, 극단주의가 아닌 사랑과 관용을 소중히 여긴다(비록 우리가 이렇게 소중한 가치들을 언제나 온전히 살아내는 것은 아니지만 말이다). 우리는 모든 인간이 평등하고 소중하다는 사실을 근본적으로 받아들인다. 그리고 우리는 우리 자신의 이익과 관계없을지라도 모든 생명체를 존중해야 한다는 사실도 근본적으로 받아들인다. 개신교 문화로부터 우리는 아주 강렬한 독립심과 반항심을 흡수해왔으며, 우리의 운명을 받아들이기보다는 운명에 따라 행동을 선택한다. 우리의 행동에 책임을 지고, 지배층이나 현 상황에 결코 맹목적으로 따르지 않으면서 말이다. 우리는 여성을 노예화하거나 동물을 학대하는 어떤 종교나 분파도 존중할 수 없다. 우리는 유령이나 마술을 믿지 않는다. 비록 세상과 인생이 작동하는 방식과 관련하여 우리가 이해하지

---

5   Ben Witherington III, *The Gospel of Mark: A Socio-Rhetorical Commentary* (Grand Rapids: Eerdmans, 2001), 172.

못하는 것이 많이 있지만 말이다. 우리는 세상에 대해 호기심을 가지며 세상을 향해 경외감을 느낀다. 우리는 과학, 증거, 연구를 포용하지만, 과학이 존재, 영성, 도덕성의 본질에 대해 답을 주지 못한다는 것도 알고 있다. 우리는 자연을 포용하고 자연과의 영적 결합을 느낀다. 이 모든 것에서 우리는 힌두교, 이슬람, 유대교, 불교, 정령 숭배 문화에서 자란 사람들과 다르게 행동한다. 우리는 기독교의 풀뿌리 영향으로부터 이 모든 것을 얻었다.

이런 것들은 법률로 제정되지 않았다. 그것들은 기독교의 뿌리로부터 채택되었다. 그래서 오늘날 서구 교회가 더 큰 굴욕과 신중함을 교회에 요구하는 사회로부터 은유적으로 유배되었다고 느끼는 것이 사실일 수도 있지만, 우리는 다음과 같은 우리의 소명, 즉 하나님을 예배하고, 이웃을 사랑하며, 공익을 위해 봉사하고, 삶의 전 영역에서 하나님의 회복시키는 목적을 추구하는 소명으로부터 물러설 수 없다. 이런 일들을 행할 때 우리는 기초부터 완전하게 문화를 변화시킨다.

사회 변화 이론

앞서 지적했듯이, 우리가 두려워하는 것은 교회 개척(종종 뿌리 없는 교회들이다)과 정치적 로비를 강조했음에도 불구하고 교회가 갈망하는 문화적 변화가 이루어지지 않았다는 점이다. 교회가 하는 일이 주일 아침에 예배를 드리는 것뿐이라면, 우리가 지금까지 이야기해온 사회적 반향은 불가능하다는 것이 우리의 결론이다. 그러나 그리스도를 따르는 자들로 이루어진 공동체인 교회가 마치 겨자나무처럼 자신을 사회의 기본 요소, 즉 씨줄과 날줄(warp and woof)에 삽입된 필수 요소로서 이해하게 된다면, 그 효과를 느낄 수밖에 없다.

대부분의 사람들은 기본 요소를 뜻하는 씨줄과 날줄(warp and woof)이라는 표현을 더 이상 사용하지 않는다. 이 표현은 베틀로 실을 짜내는 것에서 유래하는데, 이렇게 만들어진 직물은 날실(세로 방향으로 놓인 실)과 씨실(가로 방향으로 놓인 실)로 엮여 있다. 이를 가리키는 내용이 레위기 13장에 등장하는데, 이 장에는 전염성 피부병(점, 종기, 발진에 관한 생생한 묘사가 포함되어 있다)에 대한 히브리인의 규정과 더불어 흰 곰팡이가 핀 옷에 대한 긴 논의가 등장한다. 우리는 당신이 레위기 13장을 읽어보지 않았다고 해서 비난하고 싶지 않다. 간단히 말해서 율법의 공표에 따르면, 옷에 곰팡이가 들었을 경우─그 곰팡이가 날실과 씨실 어디에 들었든지 상관없이─그 옷을 반드시 불로 태워야 한다. 즉 일단 오염 물질이 씨실과 날실 안으로 들어가게 되면, 그 오염 물질의 제거는 불가능하다. 왜냐하면 그 오염 물질이 직물의 핵심에 자리 잡고 있기 때문이다. 사회도 직물과 같다. 왜냐하면 사회 역시 밀착된 부분들이 탄탄히 이어져 네트워크를 구성하고 있기 때문이다. 교회가 사회로 진입하기 위해서는 사회를 구성하는 모든 분야로 들어가야 한다. 모든 곳에서 선을 행하면서 말이다. 이는 아래의 표처럼 겹겹이 쌓을 수 있는 일련의 타원들로 묘사되는데, 각 타원은 다른 타원 안에 포함되어 있다.

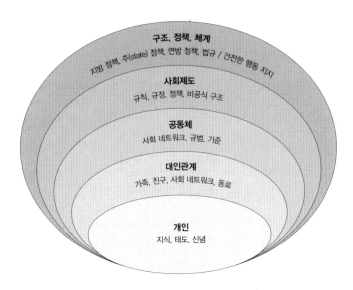

표 7.1. 사회 생태 모델의 영향력 단계[6]

앞서 언급했듯이, 교회는 가장 작은 타원과 가장 큰 타원에 관심의 초점을 집중시켜왔다. 다시 말해 교회는 개인의 변화(복음주의)와 정치적 결과에 초점을 맞추어왔다. 사회에 존재하는 다섯 단계가 지닌 중요성을 제대로 인지하지 못한 채 말이다. 만일 우리가 하나님을 대표하는 우리의 역할을 진지하게 받아들인다면, 우리는 성육신적 삶을 통해 사회에 진입하는 우리의 임무—우리의 의제를 내려놓고, 공간을

---

6   사회 생태 모델(The Social Ecological Model[SEM])은 사회사업 생태 이론에서 잘 알려져 있다. 이 표는 여러 장소에서 다양한 형태로 발견될 수 있다. 예를 들어 다음을 보라. www.esourceresearch.org/eSourceBook/SocialandBehavioralTheories/5InterventionstoChangeHealthBehavior/tabid/737/Default.aspx.

확보하며, 새로운 내러티브를 살아내는 일―가 모든 단계의 타원 내에서 작동해야 함을 주지해야 한다.

에모리 대학교는 사회의 이 다섯 단계를 모두 고려한 사회 변화 이론을 개발했다.

1. 개인의 변화. 에모리 대학교가 제시하는 모델은 다음 사항을 분명히 한다. 즉 사회의 변화가 발생하기 위해서는 개인의 변화가 있어야 하고, 각 개인의 신념과 행위가 조화를 이루어야 한다고 말이다. 이는 자아에 대한 인식과 타인에 대한 공감이라는 두 가지 중요한 방식을 통해 입증된다. 우리가 이 이론을 교회에 적용한다면, 이는 기본적으로 기독교인들이 타인의 믿음, 삶의 경험, 가치를 이해하고 분별하는 능력과 더불어 자신의 믿음, 가치, 능력에 대한 인식을 점점 더 많이 개발해야 함을 의미한다. 1960년대의 인권 운동을 예로 들어보자. 운동가들은 그들이 주장했던 비폭력의 가치와 더불어 인간의 존엄과 정치적·사회적 공평에 대한 그들의 믿음에 대해 철저하게 교육받았다. 그리고 그들은 자신들을 반대하는 자들의 심리를 이해하는 법을 배웠다. 그것은 인권 운동의 매우 중요한 부분이었다. 만일 교회가 문화를 변화시켜야 한다면, 우리는 현재 기독교인들에게 자아 인식 및 타인에 대한 공감 훈련을 제공함으로써 그들이 타인을 악마로 묘사하거나 희화화하는 것이 아니라 교회의 가치에 대한 타인의 반대를 이해하도록 만들어야 한다. 그뿐 아니라 더 많은 사람을 이런 대의(복음주의)로 모집해야 한다.

2. 대인관계의 변화. 에모리 대학교의 사회 변화 모델은 친구 간 영향력의 원칙과 실천에 관한 학습의 필요성을 높이 평가한다. 이는 변화를 일으키는 대리인들(우리의 논의에서는 교회를 말한다)이 그들의 가치와 행위(성실) 사이에 높은 수준의 조화를 진전시켰을 때에만 발생할 수 있다. 이런 일들이 정리된 이후에야 각 개인은 그런 통합된 삶을 타인들 사이에서 실행하려고 한다. 즉 사람들이 그들의 행위와 가치 간의 조화를 이루며 살아갈 때 대인관계에 중요한 영향을 미치게 된다. 그들은 자신의 가치와 태도를 인지하고, 가족, 친구, 그리고 그 외의 다른 사회적 네트워크의 상황에서 이런 가치들에 부합하는 목적을 추구하는 삶을 살아가는 데 헌신하게 된다. 그렇게 할 때 그들은 매우 영향력 있는 사람들이 된다.

3. 공동체의 변화. 에모리 대학교가 제시한 모델의 세 번째 차원은 협력과 문제 해결을 강조한다. 즉 사람들에게 힘을 주고 그들의 재능과 기여를 높이 평가하는 방식으로 타인들과 효과적으로 협력하여 일하는 능력을 배우는 데 초점을 맞춘다. 사람들은 저마다의 차이를 이해하고 자신이 상호작용하는 사람들을 공감할 수 있을 때라야 비로소 참된 협력과 문제 해결 방법을 배울 수 있다. 에모리 대학교의 접근 방식에 따르면, 공동체의 변화는 두 가지의 선행 단계 없이는 불가능하다. 왜냐하면 자아 인식, 공감 및 조화가 없이는 진정한 협력의 가능성은 희박하기 때문이다. 애석하게도 많은 기독교인 지도자들이 협력을 타협으로 간주한다. 그들은 자신들의 구성원들에게 자아 인식, 공

감 및 조화를 기쁜 마음으로 설파하지만, 자신들과 신학적으로 혹은 도덕적으로 일치하지 않는 사람들과의 필수적인 협력을 신뢰하고 지지하는 일은 저항한다.

4. 제도적 변화. 우리의 제도가 지닌 규정, 정책, 비공식 구조를 변화시키는 일은 행위에 대한 상당한 헌신을 요구한다. 이는 바리케이드를 급습하기 위해서가 아니라 수정과 변화의 고통스러운 과정에 헌신하기 위해 무장해야 함을 의미한다. 변화의 동기를 개발하고, 승인 및 지원을 촉진하며, 사회적 변화를 야기하기 위한 개인적·협력적 노력에 적극 참여하는 일은 상당한 헌신을 요구한다. 이런 과정 가운데 있는 지도자들은 자신들을 따르는 자들을 고무시키고 그들에게 동기를 부여하기 위해 그들이 가진 생각의 다양성을 반드시 이해해야 한다. 지도자들은 지속적으로 동일한 목적의 공유를 강조하면서 공유된 목표 및 가치를 갖고 협력해야 한다. 사회 혹은 공동체의 구성원들 대다수가 비전을 공유하고 이 비전의 실현을 위해 적극적으로 동참할 때, 사회적 변화는 가장 잘 성취된다.

5. 사회적 변화. 광범위한 사회적 변화는 변화의 대리인들의 윤리적 참여와 시민성을 통해서만 성취된다. 에모리 대학교의 모델에 따르면, 이런 사회적 변화를 일으키기 위해서는 교회가 "봉사 윤리와 정의에 대한 관심을 통해 긍정적인 시민 참여와 사회적 책임을 증진"시켜야

한다.[7] 에모리 대학교가 제시하는 사회 변화 모델의 핵심 가치는 시민성인데, 이는 "일종의 과정으로 이 과정 속에서 각 개인과 협력 단체는 요구되는 모든 사회적 변화를 향한 그들의 리더십을 통해 공동체 및 사회와 확실히 연결된다."[8] 다시 말해 사회의 긍정적 변화를 위해 기여하는 일은 모든 선한 시민의 목적이다. 이것이 바로 에모리 대학교가 제시하는 전체 모델의 핵심이다. 에모리 대학교의 모델에 의하면, "시민성은 이런 노력에 관여하거나 영향을 받는 모든 사람의 상호 의존성을 인정한다. 시민성은 단체의 공동 목적은 그 단체의 노력에 영향을 받을 수 있는 모든 사람의 권리 및 복지에 대한 우려감을 반드시 포함해야 함을 인지한다. 따라서 선한 시민성은 효과적인 민주주의란 개인의 권리뿐만 아니라 개인의 책임도 포함한다는 것을 인지한다. 시민성 및 변화에 대한 이런 초점은 현 상황의 개선, 보다 나은 세상의 생성, 그리고 변화 과정상의 전환 및 모호함에 대한 편안한 대처를 의미한다."[9]

에모리 대학교의 모델은 다음과 같이 (알파벳 C로 시작하는) 일련의 단어들로 요약될 수 있다. 즉 자아 인식(공감을 포함함), 조화 및 헌신, 협력, 공동 목적, 시민성이다. 이는 앞에서 나온 표와 같은 모양으

---

7   "Ideas and Examples of Early Practical Integration for CL Staff," Emory University, http://osls.emory.edu/files/leadership_emory_files/leadership_emory_staff/early_ideas_for_adoption.

8   위의 글.

9   "Social Change Model of Leadership," Emory University, osls.emory.edu/leadership_emory/our_philosphy/social_change.html.

로 아래와 같이 표현된다.

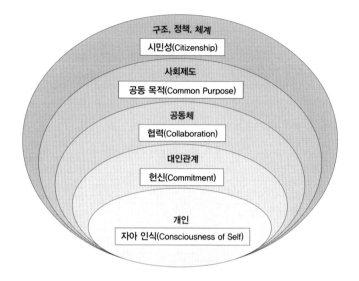

표 7.2. 에모리 대학교의 사회 변화 모델

대부분의 경우에 교회는 협력, 다른 이들과의 공통성, 선한 시민성과 같은 더 높은 단계에서보다 개인적인 자아 인식, 조화 및 헌신과 같은 낮은 단계에서 더 나은 성과를 보여왔다. 말이 나온 김에, 대인관계의 단계와 개인적 단계에 초점을 맞추어보는 것도 좋다. 개인의 건강한 자아 인식, 자기애, 직감적 취약점을 육성하는 일은 변혁적 성장의 기반이며, 참된 공동체의 기본 요소들이다. 그러나 사회적 변화를 촉진시키기 위해서는 이 표에서 보다 상위에 있는 세 단계의 차원에서 더 많은 노력이 이루어져야 한다. 그리고 이는 모든 기독교인이 협력, 공통성, 시민성을 그리스도를 믿는 그들의 믿음에 대한 정당한 표현으로서 이해하도록 준비시키는 것을 의미한다.

협력과 공통성 수용하기

우리의 자아 인식이 자라나는 바로 이런 행위를 통해 우리의 이웃을 진심으로 사랑하기 위해 필요한 공감이 우리 안에서 탄생한다. 우리가 우리의 신앙을 받아들이지 않는 자들과 동일한 인간성을 공유한다는 것을 수용하지 않으면 않을수록, 우리가 분열하고 분리하며 비난할 가능성은 점점 더 높아진다.

분리되어 각자의 길을 가고자 하는 일부 기독교인들의 성향은 이런 협력 가능성을 저해한다. 우리는 모든 사회적 접촉이 오염을 의미하고 진정한 협력이 필연적으로 타협으로 이어진다는 가정을 버려야 한다고 믿는다. 교회는 이런 분열의 충동을 계속 지닌 채로 사회적 변화의 필요성을 요구할 수 없다. 우리가 알아야 할 사실은 기독교인들이 사회의 근간에 이미 제대로 깊숙이 자리 잡고 있다는 것이다. 교회 지도자들은 사람들이 모든 단계에서 변화의 대리자들로서 세상에 개입하도록 그들을 준비시킬 필요가 있다.

예수를 따르는 자들이 제국을 박살내고 문화를 변화시키는 예수의 사역에 효과적으로 동참해야 한다면, 우리는 자신이 영향을 미치기를 원하는 사회로부터 분리되고자 하는 충동을 버려야 한다. 우리가 지금까지 설명했듯이, 문화를 바꾸는 일은 다음과 같은 헌신이 뒤

따라야 한다.

- 잠재적으로 파괴적인 존재로서 사회 속으로 들어가라.
- 사전에 계획된 의제를 멈추고 하나님이 보여주시는 의제에 맞추어 주어지는 기회를 따르라.
- 상황을 매우 진지하게 받아들임으로써 하나님이 일하고 계시는 공간을 확보하라.
- 성령의 신호를 따르며 융통성과 적응력을 유지하라.
- 실행 가능하고 매력적인 대안적 현실을 우리의 주변 세계에 삶으로 보여주라.

이제 우리는 여섯 번째 의무를 추가하고자 한다. 그것은 바로 사회의 모든 단계에서의 변화에 영향을 미치기 위해 필요한 협력을 수용하는 일이다.

그리스도를 따르는 자들로서 부름을 받은 우리의 성육신적 소명으로 인해 우리는 진실하게 사랑해야 한다. 이는 우리가 우리와 다른 이들에게 더 가까이 다가가고, 모든 인간의 영혼에 내재되어 있는 신성한 불꽃을 존중하며, 하나님의 사랑이 우리를 하나로 묶어준다는 것을 인정하는 것이다. 이런 사랑이 우리가 지금 알고 있는, 문제 많은 세상을 변화시킬 것이다. 이것이 바로 예수의 방식을 통해 가장 잘 구현되는 사랑이다. 이 사랑으로 인해 우리는 의미 있는 문화적 변화에 필요한 우리 이웃과의 협력을 수용할 수 있다.

이런 단계에 도달할 때 그리스도를 따르는 자들로서 우리가 가지고 있는 신념을 타협하지 않으면서 협력하는 것이 가능하다. 사실 우리의 믿음에 충실하면서 우리의 차이를 인정하는 일은 효과적인 협력에서 매우 중요하다. 만일 우리가 카멜레온처럼 상황에 따라 변화하는 방식이 최선이라고 생각한다면, 우리는 그 과정에서 우리 자신을 잃어버리게 될 것이다. 그것은 단순히 그렇지 않다. 우리의 신념에 충실하고 진실한 것은 참된 관계에 필수적이다. 우리가 누구인지를 알고 다른 사람들에게 동의하지 않기로 기꺼이 결심할 때, 우리는 진정한 협력의 장을 형성하게 된다. 그리고 우리는 그 과정에서 한두 가지를 실제로 배우게 될 것이다!

캘리포니아 남부의 한 교회는 다른 종교를 가진 그들의 이웃들과 의도적으로 협력을 추구하면서 이런 도전을 마음에 품었다. 그들의 교회 건물은 모스크 바로 옆에 위치해 있었는데, 그들은 자신들을 보호할 울타리를 설치하는 대신 그들이 함께 살고 있는 도시의 유익을 위해 사랑과 협력을 육성하기 위한 관계를 형성했다. 신뢰의 관계를 쌓는 데는 시간이 걸렸다. 교회 관계자들은 모스크를 방문하여 이슬람에 대해 좀 더 자세히 배웠고, 이슬람교의 성직자인 이맘과 그의 가족을 초대하여 그들의 이야기를 교회 회중과 나누었다. 그들은 함께 축구도 하고 서로의 생일 파티와 특별 행사에도 참석하기 시작했다. 이렇게 정기적인 관계 구축을 통해 그들은 자신들의 도시를 축복할 수 있는 방법을 함께 꿈꾸는 것이 어떤 모습일지를 생각해보는 의미 있는 과정에 이르게 되었다.

종교 간 대화 및 사업들이 전 세계적으로 등장하고 있다. 우리는 기독교 지도자들, 유대교 랍비들, 이슬람교 이맘들이 협력하여 이스라엘과 팔레스타인의 갈등과 같은 일촉즉발의 상황 가운데서 평화와 정의를 추구하는 예언적 계획들을 만들어내는 것을 보았다. 우리는 사업 경영자들, 교회 지도자들, 사회 기업가들이 한자리에 둘러앉아 그들의 도시 내에 있는 노숙자 공동체의 곤경에 대해 논하면서 보다 인간적인 미래를 위한 구조를 세우려고 함께 애쓰는 모습을 목격했다. 교단 대표들은 아프리카의 현지 농장 소유주들 및 공동체의 건강에 직접 영향을 미치는 오염된 물 근원의 문제를 논할 때, 체계적 변화를 자극하길 원하는 아프리카의 각 종교 지도자들을 소집했다. 예수의 협력 방식은 하나님이 계획하시는 세상의 도래를 알리는 공동의 노력으로 우리를 인도한다.

변화된 도시의 핵심 지표들

교회가 핵심 지표들과 측정 방식에 너무 몰두한 것처럼 보인다. 교회가 교인 출석과 재정 측정에만 혈안이 된다는 비판을 많이 받아왔다. 적어도 그것들은 계산하기 쉬운 것들이다. 그러나 에드 스테처는 다음과 같이 (다소 생생하게) 말한다. "우리는 세례, 출석 인원, 헌금보다 더 많은 것을 계산하기 시작해야 한다!"¹⁰ 교인 수와 헌금의 규모만을 계산하는 일은 새로운 교인의 영입과 십일조 증가에만 과도하게 집중하는 것을 의미한다. 우리는 교인 수를 세는 일에 반대하지 않는다. 이는 우리의 가족이 나들이를 마치고 집으로 돌아갈 때 모든 아이가 차에 탔는지를 확인하기 위해 아이들의 숫자를 세는 것과 마찬가지이기 때문이다. 그러나 만일 교인 수와 헌금 액수가 교회가 계산하는 것의 전부라면, 이는 주일의 초점에서 완전히 벗어나는 것이다. 우리는 바로 이 점을 우려한다. 레지 맥닐(Reggie McNeal)의 말처럼, 필요한 것은 "중요한 것과 계산되는 것의 전환"이다.¹¹

교회가 헌금 액수와 교인 숫자만을 계산하는 것은 스스로 입장을 선회하여 사회를 변화시키는 데 대한 관심을 잃어버리고 있음을 뜻한다는 지적을 받게 되자, 많은 목사가 이에 대한 대안을 놓고 고심하고 있다. 『점수 유지하기』(Keeping Score)의 저자이자 시카고의 목사인 데이브 퍼거슨(Dave Ferguson)은 다음과 같이 지적한다. "내가 관찰해 본 결과 대부분의 교회 지도자들에게 점수를 유지하는 것에 대한 생각은 무엇이 정말로 중요하고, 우리가 무엇을 계산해야 하며, 우리가 선교 게시판에 점수를 어떻게 얻어야 하는지에 관한 신비다."¹² 그렇

10　이는 Ed Stetzer가 말한 것으로, Dave Ferguson의 다음 글에 등장한다. "Explode Those Old Scoreboards," *Christian Standard*, May 10, 2015, christianstandard. com/2015/05/explode-those-old-scoreboards.

11　Reggie McNeal, *Missional Renaissance* (San Francisco: Jossey-Bass, 2009), 68.

12　Dave Ferguson, *Keeping Score: How To Know If Your Church Is Winning*, 무료 전자책 자료인 Exponential Resources는 다음의 웹사이트를 참조하라. https://exponential. org/resource-ebooks/keeping-score.

다면 사회를 변화시키는 데 헌신하는 교회들이 그들의 목적을 얼마나 잘 성취하고 있는지를 확인하려면 실제로 무엇을 중요하게 여겨야 하는 걸까?

몬트리올을 기점으로 도시 선교에 힘쓰고 있는 글렌 스미스(Glenn Smith) 선교사는 사회 변화에 참여하는 방법에 관한 사고의 틀을 개발했다. 그는 다음과 같은 정의로 시작한다. "나는 변화된 장소란 근본적인 변화와 안정적인 미래를 추구하며, 단순한 도시 정치보다 더 큰 비전에 뿌리박힌 모든 삶의 유지 및 강화를 추구하는 그런 도시라고 제안하고 싶다."[13] 이어서 그는 변화된 도시의 열두 가지 핵심 지표를 열거한다. 우리는 그의 열두 가지 핵심 지표가 전부라고 생각하지 않는다. 다만 점수판을 바꾸려는 한 목사의 시도를 하나의 예로 제시하고자 한다. 우리가 앞서 살펴본 사회 변화 모델과 비슷하게, 스미스는 도시를 변화시키는 일을 일련의 동심원들로서 바라본다. 그는 교회와 함께 출발한다. 그러나 우리는 그가 교회 이전 단계에 개인적 단계가 필요하다는 것에 동의하리라고 생각한다.

그럼에도 불구하고 그가 제시하는 네 개의 동심원은 교회, 공동체, 사회, 그리고 생성(creation)이다. 각각의 영역에서 그는 자신의 교회와 몬트리올 도심지에 있는 다른 교회들이 전념하고 있는 측정 가능한 여러 목적을 열거해놓았다. 그 목적들은 아래와 같다.

---

13 Glenn Smith, "The Challenges of Urban Mission," *Lausanne World Pulse*, September 2006, www.lausanneworldpulse.com/themedarticles.php/480/09-2006.

지역 교회 단계

- 점점 더 많은 교회들이 그들의 도시를 영적으로 변화시키는 일에 적극적으로 개입하기
- 열정적 영성으로 인해 활기가 넘치는 하나님의 사람들이 도시의 번영을 위해 화해 및 정의의 구체적인 행위에 개입하기

공동체 혹은 지역사회 단계

- 지도자들은 하나님의 사람들이 (다른 교회들과 협력하는 가운데) 그들의 재능을 사용하여 도시의 모든 측면에서 복음을 입증하는 것을 보기 원함
- 경제, 사회 정책, 기반 시설, 주택, 대중교통 및 교육의 평등
- 행복하게 잘 성장한 아이들과 청소년들이 하나님, 자기 자신 그리고 타인들과 평화롭게 살고, 그들의 삶을 풍요롭게 하고 자신의 모든 잠재력과 도시의 번영에 도달하게 해주는 선한 영적 가치들의 인도를 받는 것
- 자살률 감소
- 건강한 성인들, 훌륭한 결혼, 활기찬 가정(에이즈 및 성병 감염률 감소를 포함)

사회 혹은 도시 단계

- 가장 연약한 자들이 모든 시민을 돌보는 도시와 기쁘게 다시
  연결될 수 있는 다양한 제도적 기회
- 도시에서의 폭력 감소
- 여성과 아이를 상대로 한 성적·신체적 학대의 감소

생성 단계

- 예술적 표현과 지역 공동체의 유산이 보다 중요하게 평가되는
  아름다운 도시 및 지역
- 더 좋고 건전한 환경을 위한 오염 감소[14]

우리는 이런 목적들을 교회의 광범위한 목표들로서 선호한다. 이 목
적들은 지배를 목적으로 삼기보다는 우리의 지역사회에 갱생, 아름
다움, 생명을 가져다주는 쪽으로 우리의 마음을 향하게 하는데, 이것
이 바로 하나님의 산파들에게 주어진 임무다. 이런 목적들은 공간을
확보하고, 다른 내러티브를 제공한다. 이런 목적들은 많은 교회가 추

---

14 "Key Indicators of a Transformed City," Christian Direction Inc., Montreal, Quebec,
   http://direction.nationbuilder.com/12_indicators_of_a_transformed_city.

구하는 목표와는 거리가 먼데, 다른 많은 교회의 목적은 종종 교회 건물을 확장하고, 빚을 갚으며, 교인들의 수를 늘리는 것을 중심으로 삼는다.

이런 사역의 예는 플로리다주 탬파(Tampa)에서 찾을 수 있다. 그곳에서 당신은 언더그라운드(Uuderground)라고 불리는 놀라운 교회(혹은 소규모 교회들[microchurches]의 집합체)를 발견하게 될 것이다. 이 교회는 2006년 여름에 약 50명의 전통 교회 신자들이 가정을 근간으로 하는 일곱 개의 교회 단체를 형성하기로 결정하면서 시작되었다. 브라이언 샌더스(Brian Sanders)가 이끄는 이 교회는 역동적 활동의 선교 공동체로 성장했는데, 이 선교 공동체의 핵심 염원은 기도하며 행동함으로써 그들의 도시 안에 존재하는 모든 종류의 악을 해결하는 것이다. 언더그라운드 교회의 구성원은 새로운 선교 계획에 착수하거나 기존의 선교 계획에 참여해야 한다. 다시 말해 이 교회의 모든 회원은 그야말로 희생적 선교 봉사에 기꺼이 헌신한 사람들이다. 그들은 탬파 사회의 모든 단계에 침투 중인데, 근처 대학교들뿐만 아니라 그 지역의 여러 초등학교, 중학교, 고등학교에도 침투 중이다. 이에 더하여 언더그라운드 교회의 회원들은 가정, 술집, 주민 센터에 소규모 교회들을 설립하여 다양한 이슈, 예를 들어 인신 매매, 젊은이들의 자존감 결여, 매춘, 노인들의 외로움, 아버지 역할의 부재, 가정 폭력, 인종 차별, 정신 건강 문제, 노숙자 및 굶주림 등을 해결하고자 애쓰고 있다. 이와 관련하여 둘라 서비스(doula service, 한 여성이 임산부의 출산과 출산 이후의 삶을 도와주는 서비스—역자주), 청소년 교정 사역, 즉흥 연극 회사, 미혼모 사역, Ybor City 술집에서의 "맥주와 성경" 모임 등이 실행되고 있다. 이는 언더그라운드 교회의 사역이 얼마나 광범위하게 도시의 요구에 잘 반응하고 있는지를 나타낸다.

언더그라운드 교회는 개인적·상호적·공동체적·제도적·구조적 차원에서 탬파 전 지역에 개입하는 일에 전적으로 초점을 맞추고 있다. 이 교회는 사람들을 자유롭게 하고, 고통을 종식시키며, 사람들이 예수께 집중하도록 만드는 사회적 변화를 가져오기 위해 힘쓰고 있다. 그들은 하나님이 탄생시키고 계신 세상의 산파 역할을 담당하고 있는 중이다.

거대한 주추 위에 서 있는 작은 사람

당신이 런던 중심부에 위치한 트라팔가 광장(Trafalgar Square)에 가본 적이 있다면, 이 광장을 특징짓는 넬슨 기둥(Nelson's Column)을 기억할 것이다. 이 넬슨 기둥은 두 개의 분수 옆에 세워져 있는데, 조각된 네 마리의 사자가 이 기둥을 지키고 있다. 트라팔가 전투에서 영국 함대를 이끈 허레이쇼 넬슨(Horatio Nelson) 해군 제독은 약 56미터 상공에서 런던을 내려다보고 있다. 트라팔가 광장은 한때 유명했던 영국인들의 동상을 전시하는 네 개의 주추를 특별히 포함하고 있는데, 적어도 그중 세 개의 주추가 동상을 전시한다. 세 개의 주추 위에 각각 조지 4세, 네이피어(Napier) 장군, 해블록(Havelock) 장군의 상을 설치한 후, 네 번째 주추는 1800년대 중반 이후로 아무런 장식이 없는 채로 방치되었다.

1999년이 되어서야 일련의 임시 작품 중 첫 번째 작품이 네 번째 주추 위에 세워졌다. 이는 영국인 예술가 마크 윌링어(Mark Wallinger)의 작품으로 *Ecce Homo*(저 사람을 보라)라는 제목이 붙여졌는데, 요한복음 19장에서 예수가 본디오 빌라도에 의해 으르렁대는 군중에게 넘겨지는 모습을 묘사하고 있다. 실물 크기의 이 상은 거의 나체인 남성으로, 허리에 두른 천 조각 외에 다른 옷을 걸치지 않고, 두 손은 등 뒤로 결박되어 있으며, 삭발한 머리에 가시 면류관을 쓰고 있다. 이 예수상은 거대한 주추 위에 세워져 있으므로 마치 난쟁이처럼 보인다. 이와 대조적으로 네이피어 장군과 해블록 장군의 거대한 상들은 거인들 같다. 그리고 조지 왕의 상은 힘센 말 위에 걸터앉아 화려하게 보인다. 제국주의 영국의 힘과 위엄을 나타내는 거대하고 풍부한 상징에 둘러싸인 윌링어의 작고, 허약하며, 수수한 예수상은 그 단순성으로 인해 숨이 멎을 정도다. 조너선 힐(Jonathan Hill)은 이 예수상을 이렇게 묘사했다. "이 예수는 그의 주변 조각상들이 예증하는 권력의 장식들을 거부한 채 연약하고 무능해 보인다. 그러나 힘의 중심에 서 있는 이런 연약함의 존재는 그 자체로 일종의 능력이다. 이 예수상은 예수 자신이 선포했던 전복적 가치들에 대한 강력하고 감동적인 표현이다."[15]

---

15   Hill, *What Has Christianity Ever Done for Us?*, 29.

표 7.3. 트라팔가 광장에 설치된 마크 월링어의 *Ecce Homo* 상

거대한 주추 위에 세워진 작은 그리스도의 상을 여기서 제시하는 이유는, 우리가 생각하기로, 이 상이 오늘날 사회에서 교회가 감당해야 할 역할에 대한 심오한 은유이기 때문이다. 교회는 도심 광장으로부터 물러나면 안 된다. 우리는 교회가 우리가 속한 도시의 문화적·경제적·정치적·사회적 풍경의 일부가 되기를 원한다. 교회는 인류 역사의 방향을 하나님의 영광을 향해 바꿀 수 있는 방식으로 기여하기를 원해야 한다. 그러나 우리는 과거에 문화에 개입하는 데 있어 명암이 교차했던 역사로 인해 체제를 향해 보다 신중한 입장을 취해야 함을 알고 있다. 월링어의 상은 오늘날 우리에게 주어진 도전을 선명하게 제시한다. 교회는 주추 위로 올라가 도심 광장에서 눈에 띄기를 원한다. 하지만 교회는 체제를 전복시키길 원해야 하며, 우리의 문화를 사로잡고 있는 것으로 보이는 돈과 군사력에 대한 사랑의 대척점으로

서 나타나길 원해야 한다.

바로 이런 이유로 우리는 산파 은유와 마크 월링어의 *Ecce Homo* 상의 예시가 큰 도움이 된다고 생각한다. 이것들은 "기독교 지배주의"(Christian Dominionism)의 문제, 즉 정치적·문화적 권력을 추구하는 보수 기독교인들의 충동에 대한 대안이다. 우리는 교회가 하나님 나라의 탄생에 참여하기를 원한다. 그러나 우리는 교회가 사회를 지배하는 것을 옹호하지 않는다. 지배주의(dominionism)라는 용어는 일반적으로 어떤 이들의 신념, 즉 기독교인들이 세상의 모든 제도를 통제하고 교회의 가치로 사회를 이끌어야 한다는 신념을 묘사하는 데 사용된다. 그들은 이런 내용을 바로 성서가 가르치고 있다고 여긴다. 지배주의는 다음과 같은 두 가지 형태로 나타나는 경향이 있다. 첫째는 기독교 재구성주의(Christian Reconstructionism)인데, 이는 성서의 법이 세상의 법보다 우선한다는 신념이다. 둘째는 신사도 개혁(New Apostolic Reformation)으로, 이는 기독교인들이 문화의 일곱 분야의 정상을 차지해야 한다고 가르친다. 즉 정부, 종교, 대중 매체, 가족, 사업, 교육, 그리고 예술 및 오락 분야의 정상을 차지해야 한다는 것이다. 우리는 하나님만이 홀로 하나님 나라를 탄생시키신다는 점을 제대로 지적했기를 희망한다. 우리는 단지 하나님의 조수일 뿐이다. 그러나 우리는 하나님 나라가 백향목보다는 겨자나무에 더 가깝다는 점도 지적하려고 애썼다. 교회는 바른 방식의 영향력 행사를 원해야 한다. 그러나 통제하려고 해서는 안 된다.

말콤 글래드웰(Malcolm Gladwell)은 『다윗과 골리앗: 강자를 이기는 약자의 기술』(*David and Goliath: Underdogs, Misfits, and the Art of Battling Giants*)에서 바로 이런 생각을 탐구한다. 이 책에서 그는 작고, 제대로 지원받지 못하는 혁명가가 어떻게 힘겨운 난관을 극복할 수 있는지를 다룬다. 글래드웰은 사람들이 세상을 변화시키는 방법에 오랫동안 전념해왔다. 그는 혁신이라는 주제에 매료되었고, 모든 사람을 위해 상황을 변화시킬 수 있는 방법으로 어떻게 혁신시킬 수 있는지에 대한 질문에 답하려고 계속 애쓰고 있다. 『다윗과 골리앗』에서 그는 역경이 열쇠라고 결론짓는 것으로 보인다. 그의 책은 구약성서의 이야기, 즉 전쟁을 단 한 번도 본 적이 없는 양치기 소년 다윗의 물매에 살해되는 막강한 전투력의 거인 골리앗에 관한 이야기로 시작된다. 그러나 다윗이 지금까지 보아왔던 것은 들짐승들로 인해 공포에 떨고 있는 그의 양 떼였다. 그리고 그는 물매를 구해 그것을 사용하는 기술을 익혔다. 다른 곳에서 흡수된 학습 내용이 골리앗과 대면한 그날 다윗에게 전송되었다. 다윗은 자신의 능력에 대한 자신감이 높았고, 결국 거인 골리앗은 쓰러지고 말았다. 당시 많은 사람이 물매를 갖고 있었지만, 오직 단 한 사람만이 물매를 거인에게 겨눌 만한 배짱을 지니고 있었다. 글래드웰의 결론은 다음과 같다. 즉 인습과 전통이라는 골리앗들을 패배시킬 수 있는 오늘날 세상의 다윗들은 대개 세상을 다른 방식으로 작동하도록 만들기 위해 거절, 거부, 역행에 굴하지 않는 사람들이다.

물론 우리는 하나님이 그날 다윗에게 승리를 주셨다고, 그리고 이 승리는 다윗의 배짱 있는 능력에 의한 것이 아니었다고 말할 것이다. 실제로 성서 전반을 통해 하나님은 가능성이 없는 사람들 혹은 연약한 사람들—작은 사람들—을 택하시고 그의 위대하심을 드러내셔서, 아무도 그 승리가 전적으로 사람에 의한 것임을 믿지 않게 하신다.

글래드웰은 조지 버나드 쇼(George Bernard Shaw)의 말을 인용한다. "합리적인 사람은 자신을 세상에 적응시킨다. 불합리한 사람은 세상을 자신에게 적응시키려고 고집스럽게 애쓴다. 그러므로 모든 발전은 불합리한 사람에게 달려 있다."[16] 그리고 그는 이런 "불합리한" 사람들이 보통 역경으로 강해지고, 고난에 익숙하며, 현 상황을 용인하지 않고, 역경 속에서 연마된 특정 기술들을 소유한 자들이라고 지적한다. 이런 자들이 가장 빈번히 승리하는 사람들이다. 하나님은 이런 사람들을 통해 가장 일하고 싶어 하시는 듯하다. 그들은 거대한 주추 위로 올라가 우리 모두가 상황을 다르게 볼 수 있도록 돕는 아주 작은 사람들이다. 그들은 기대로부터 살짝 벗어나 있으며 기묘한 사람들과 지루한 사람들 사이의 공간을 차지하고 있다. 바로 그들이 거인을 죽이는 자들이다.

---

16 Malcolm Gladwell, *David and Goliath* (New York: Penguin, 2009, 『다윗과 골리앗: 강자를 이기는 약자의 기술』[21세기북스 역간]), 117.

8장

우리의 일을 통한

세상의 변화

값이 얼마 나가지 않는 일 파운드의 철로 그 가치가
막대한 천 개의 시계 스프링을 만들 수 있다.
그러므로 주님이 당신에게 주신 일 파운드를 성실히 사용하라.

로베르트 슈만(Robert Schumann)

최근에 한 저명한 목사의 트위터와 관련하여 소셜 미디어에서 5분간의 분노가 발생한 적이 있었다. 이 목사의 트위터 내용은 기독교인의 삶에서 설교의 역할에 관한 것이었다. "기독교인의 삶에서 매주 가장 중요한 순간은 지역 교회에서의 설교 사건이다."[1]

당신은 그가 진짜 목사 같은 말을 했다고 생각할지도 모른다. 교회 생활에 가장 크게 기여하는 것을 삶의 가장 중요한 일로 여기고 하나님의 말씀을 배우는 것을 하나의 "사건"으로 가정하는 것을 차치하더라도, 그의 트위터 발언은 기독교인들의 주일 경험과 그들이 그 주의 나머지 기간에 살아가는 삶 사이의 간극을 여실히 드러냈다. 공식적으로 우리는 성서 주위에 모여서 우리의 일상생활에 대한 성서의 함의를 두고 함께 분투하는 것이 모든 교회의 핵심적인 실천 사항이라고 생각한다. 그러나 핵심적인 중요성을 오직 한 사람만이 매주 할 수 있는 교회의 한 기능(대부분의 교회에서 이 기능은 설교로 이해된다)에

---

1   C. J. Mahaney, Twitter, June 21, 2015.

부여하는 것은 백번 양보해도 우려되는 일이다. 그러나 그 이상으로 위의 발언은 대다수 기독교인이 그들의 직업을 통해 하나님을 섬기면서 만들어낼 수 있는 기여를 최소화한다. 만일 교회가 이웃들 및 동일한 마음을 지닌 다른 단체들과 기꺼이 협력함으로써 그리고 공익을 지향하는 공통의 목적을 발견함으로써 사회의 모든 단계에서 새 창조를 탄생시키는 일에 산파로서 참여하는 것을 진지하게 생각한다면, 우리는 교회가 삶의 일터에서 이런 산파 기술들을 매일 실행하고 있는 사람들로 가득 차 있다는 사실을 무시할 수 없다.

교회의 "탈성직화"

교회의 산파 역할은 그리스도를 따르는 자들이 자신들이 속한 사회의 각 영역에 완전히 들어갈 때 발생한다. 설교자들은 분명히 기여하는 것이 있다. 그러나 학교 교사, 부동산업자, 변호사, 농부, 간호사 등이 기여하는 것도 분명히 있다. 사실 문화의 중대한 변화는 오직 소위 평신도들이 복음의 렌즈를 통해 그들의 직업을 숙고하도록 준비되고 고무될 때만 발생한다. 교회가 현재 장기간 유지하고 있는 두 가지 문화 개입 전략, 즉 문화 전투와 사회 변두리로의 퇴각을 확대하는 것이 우리의 유일한 희망인 것처럼 보인다. 영국의 선교학자 레슬리 뉴비긴은 교회가 현재의 이슈들에 대해 공언하는 것에 전적으로 찬성했다. 그러나 그는 이런 발언들이 자신들의 공적 삶에서 해결책을 놓고 씨름하는 기독교인들에 의해 실제로 실천되어야 한다고 말했다. 참된 문화 변화는 하나님의 사역이 시장에 뿌리박혀 있음을 교회가 볼 때 발생한다. 그는 아래와 같이 썼다.

> 이런 성직(priesthood)은 세상을 살아가는 삶 속에서 실천되어야 한다. 세상의 평범한 세속 사업을 통해 사랑과 순종의 제물이 하나님께 바쳐져야 한다. 그리스도의 역사를 통해 세상에 공개된 강력한 힘은 세속적인 일들이 일어나는 상황에서 명백히 나타나야 한다. 교회는 매 주일에 모이는데, 이날은 부활의 날, 오순절의 날이요, 교회가 그리스도의 성직에 참여함을 새롭게 하는 날이다. 그러나 이런 성직의 실천은 교회 건물 안에서가 아니라 세상의 일상 업무 속에서 이루어진다.[2]

결과적으로 뉴비긴은 교회의 "탈성직화"와 평신도 지도자들의 중요성에 대한 평등한 재발견을 요구했다. 평신도 지도자들은 회중이 "한 주간 세상의 일을 통해 겪은 실제적 경험을 서로 나누도록, 그리고 그들의 세속적인 일상 업무와 관련하여 복음으로부터 깨달음을 추구하도록" 돕는다.[3] 이 인용구는 뉴비긴에게 중요했다. 그는 모든 문화―예술, 사업, 보건, 교육, 정치―가 하나님 나라의 가치로 형성될 수 있

---

2 Paul Weston, compiler, *Lesslie Newbigin: Missionary Theologian: A Reader* (London: SPCK, 2006), 154-55.

3 Lesslie Newbigin, *Foolishness to the Greeks* (Grand Rapids: Eerdmans, 1986, 『헬라인에게는 미련한 것이요』[IVP 역간]), 140.

다고 믿었다. 만일 이 모든 분야에서 일하고 있는 평신도 기독교인들이 그들의 일이 지닌 본질에 관해 기독교인답게 생각하도록 준비될 수 있다면 말이다. 그리고 그는 성직자들이 그들의 회중을 이런 방식으로 형성함에 있어서 능력의 한계가 있다고 믿었다.

뉴비긴에 따르면 교회는 전문 코치(뉴비긴의 말이 아니라 우리의 용어다)의 개발이 필요했다. 이 전문 코치는 성서적 권위와 성직자의 가르침 아래에 위치하고, 정화된 성직 세계와 교구민의 일상 세계 사이에 존재하는 틈을 연결하는 역할을 한다. 어느 교회 지도자가 뉴비긴이 성직자를 제거하려고 한다고 비난했을 때, 노년의 선교사인 뉴비긴은 다음과 같이 지혜롭게 응수했다. "나는 성직자를 없애려는 게 아니라 평신도를 제거하려는 거라오." 이는 지혜로운 답변이다. 사실상 뉴비긴은 모든 신자에게 성직을 수여하여 하나님께서 그들을 부르신 일터로 파송하기를 원했다. 그는 아래와 같이 썼다.

그리스도 안에 현존하는 하나님의 왕권은 공적인 부분뿐만 아니라 사적인 부분에서의 인간의 삶 전체와 관련된다. 인간의 삶의 공적 측면이 제자들이 주님께 드려야 하는 순종으로부터 배제된다는 말에는 아무런 성서적 근거도 없다. 그러므로 질문은 "기독교인들이 공적 생활에 개입하는 것에 어떤 근거가 제시될 수 있는가?"가 아니라 "그리스도의 명령으로부터 인간의 삶의 공적 영역을 제외시키려고 할 때 제시될 수 있는 근거는 무엇인가?"다. 대답은 이것이다. "아무런 근거도 없다."[4]

이와 같은 뉴비긴의 발언을 고려해볼 때, 그는 반성직주의의 열렬한 지지자도 아니었다. 결국 그는 모든 사람에게 성직을 수여하길 원했다. 그는 성직자의 역할이 모든 신자의 성직자적 사역을 돕고, 양육하며, 지속시키고, 지도하는 것이라고 보았는데, 이는 바울이 교회 지도자들에게 "성도를 온전하게 하여 봉사의 일을 하게 하라"(엡 4:12)고 명령한 것과 같은 방식이다. 이런 측면에서 앞에서 언급했던 어느 목사의 트위터 내용으로 돌아가보자. 만일 그가 말한 "설교 사건"이 이 모든 일을 수행해내는 것이라면, 이 설교 사건은 그가 깨닫고 있는 것보다 훨씬 더 중요할 것이다. 그러나 대다수 기독교인의 보고에 의하면, 그들이 매주 듣는 설교는 그들이 하나님 나라의 백성으로서 어떻게 그들의 직업을 통해 일해야 하는지, 그리고 이를 위해 어떻게 복음으로부터 깨달음을 추구해야 하는지에 대한 구체적인 방안을 좀처럼 제시하지 않는다. 에이미 셔먼(Amy Sherman)은 직업과 관련된 청지기 의식에 대해 쓴 『하나님 나라 소명』(*Kingdom Calling*)에서 아래와 같이 지적한다.

> 그러나 보다 빈번하게 [기독교인 전문 직업인들은] 철저히 진실한 사람이 되고 동료들을 그리스도께 전도하기 위해 애쓰라는 그런 단순한 지

---

4 Lesslie Newbigin, *The Other Side of 1984* (Geneva: World Council of Churches, 1990), 39.

침만을 받고 있다. 윤리와 전도에 대한 이런 강조들은 필요하고 소중하지만, 그것만으로는 기독교인들이 자신들의 직업이 지닌 힘을 통해 하나님 나라를 미리 맛보도록 준비시키기에 불충분하다. 우리는 현 상황을 뛰어넘어야 할 필요가 있다.[5]

셔먼에 의하면 믿음과 일/직업의 통합에 관한 대부분의 토론은 주로 두 가지 주요 관심사, 즉 윤리와 전도를 향한다. 부요함(enrichment)과 경험에 대해서는 더 적게 숙고하면서 말이다. 노동자들이 그들의 교회에서 받고 있는 지원이나 훈련도 보통 윤리 혹은 전도에 관한 것이다. 부요함이나 경험에 관한 지원이나 훈련은 좀처럼 보기 힘들다.

셔먼의 설명에 의하면, 제일 먼저 기독교인들은 어떻게 하면 개인적으로 일터에서 윤리적일 수 있을지를 생각해보도록 강력히 촉구된다. 즉 어떻게 하면 인색하지 않을지, 어떻게 해야 상대방을 궁지에 몰아넣지 않을지, 아니면 어떻게 해야 일하면서 속이지 않을지를 생각해보라는 것이다. 둘째, 직장 동료를 전도하거나 점심 성경 공부 같은 모임을 주관하도록 권면을 받는 기독교 노동자들에 대한 강조는 상대적으로 덜하다. 셋째, 우리의 일이 어떻게 우리를 직접 부요케 하고 행복에 대한 우리의 감각에 기여하는지에 관한 기독교적 관점은 훨씬 덜 강조된다. 넷째, 우리의 일에 대한 실제적 경험과 그 일이 어

---

5   Amy L. Sherman, *Kingdom Calling* (Downers Grove, IL: InterVarsity Press, 2011), 100.

떻게 본질적 혹은 부대적 의미 및 목적을 지니고 있는지에 대한 강조는 거의 없다.

셔먼에 따르면 무엇보다 이 네 영역은 모두 매우 개인주의적인 측면에서 논의된다. 성직자들이 직업 윤리에 관해 가르칠 때, 그 가르침은 거의 언제나 개인적인 도덕성의 측면에서 이루어지며, 각자가 속한 조직을 보다 큰 기업 윤리 의식으로 이끄는 방법에 대해서는 이루어지지 않는다. 그들은 전도를 일대일로 이루어지는 개인적인 간증의 측면에서 가르친다. 그러나 우리의 일을 복음에 비추어서 어떻게 숙고해야 하는지에 대해서는 아무것도 가르치지 않는다. 우리는 어떻게 해야 우리의 일이 우리를 직접 부요케 하고 목적 및 의미에 대한 개인의 감각을 촉진할 수 있을지에 관해 생각한다. 그러나 우리는 우리의 일이 보다 큰 선의 의미에 무엇을 기여한다고 생각하지는 않는다. 셔먼은 제임스 헌터(James Hunter)의 연구를 사용하여 기독교인들과 그들의 일에 관한 논의에서 주로 빠진 부분이 정의와 평화라는 기독교 가치의 입증을 통해 이루어지는 사회의 더 큰 선을 위한 제도적 변화의 비전인지를 묻는다. 그녀는 헌터의 말을 인용하여 다음과 같이 말한다. 즉 기독교인들은 반드시 "하나님을 모욕하고 사람들의 인간성을 말살하며 창조를 등한시하거나 창조에 해를 가하는 모든 구조에 이의를 제기해야 한다."[6] 교회가 새 창조의 탄생에서 산파 역할을 해야 한다면, 여기에는 기독교인들이 그들의 일을 어떻게 간주해야 하는지에 대

---

6   위의 책, 99.

한 함의를 담아야 한다. 이 함의들은 다음 표에 요약되어 있다.

관점	개인적 렌즈	사회적 렌즈
윤리	직장에서 개인적인 도덕성을 지키는 일	회사가 윤리적으로 보다 책임 있는 조직이 될 수 있는 방법을 찾는 일
전도	직장 동료들과 복음을 나누는 일	복음의 가치들이 직장의 모든 문화에 영향을 미치도록 하는 일
부요함	직업을 통해 우리의 잠재력을 극대화하는 일	회사가 더 큰 사회의 행복을 극대화하도록 만드는 일
경험	직업을 통해 우리의 목적의식을 강화하는 방법을 찾는 일	정의 및 평화의 가치와 부합하도록 회사 관행을 개혁하는 일

표 8.1. 기독교인의 직업에 대한 관점

하나님이 당신을 부르시는 장소

당신은 프레더릭 비크너(Frederick Buechner)의 다음과 같은 격언을 분명히 들어본 적이 있을 것이다. "하나님이 당신을 부르시는 곳은 바로 당신의 심오한 기쁨과 세상의 깊은 굶주림이 만나는 곳이다." 이 격언은 당신의 직업에 대해 생각하기에 좋은 법칙이다. 그러나 이 격언은 그다지 큰 영향을 미치지 못한다.

기독교인들은 세상의 큰 필요들을 채우길 원한다(혹은 채워야 한다). 그리고 그들은 자신들이 만들어낼 수 있는 기여로 인해 기뻐하길 원한다. 그러나 여기에는 다른 요소들도 작용하고 있다. 예를 들어 누군가가 그 일을 하라고 당신에게 돈을 지불할까? 당신은 이 일을 잘 하는가? 에이미 셔먼은 나의 열정과 재능(당신의 심오한 기쁨), 세상의 필요(또는 깊은 굶주림), 세 번째 고려 대상인 하나님의 우선순위가 서로 겹치는 가장 핵심적인 부분을 발견하는 것에 관해 말한다.[7] 그러나 대다수 사람들은 노동 시장의 힘에 의존하고 있다. 만일 내 열정, 세상의 필요, 그리고 하나님의 우선순위를 충족시키기 위해 나에게 아무도 돈을 지불하지 않는다면, 나는 굶주리게 될 것이다. 따라서 또 다른 고려 대상이 추가로 필요한데, 바로 급여다. 아래 표는 이를 다른 각도에서 보여준다.

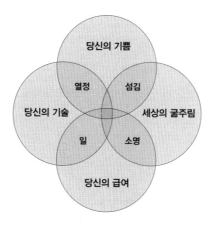

표 8.1. 하나님이 당신을 부르시는 장소

위의 도표에서 비크너가 말하는 당신의 심오한 기쁨과 세상의 깊은

---

7   같은 책, 108.

굶주림 사이에 겹치는 부분은 당신의 섬김의 영역으로서 특징지을 수 있다. 예를 들어 세상은 의도치 않게 태어난 아이들을 위한 돌봄이 필요하고, 아이를 양육하는 것은 당신에게 개인적인 부요함에 대한 탁월한 감각을 가져다준다. 고용에 관한 한, 많은 기독교인이 그들의 기술과 급여가 교차하는 지점에서 자신들을 발견한다. 이 교차 지점은 위의 도표에서 일(job)로 표현되어 있다. 마찬가지로 많은 기독교인의 열정(그들의 기술과 기쁨이 교차하는 지점) 역시 일 또는 소명과 분리되어 있다. 교회는 이에 관해 현실적일 필요가 있다. 모든 영역(기쁨, 세상의 필요, 기술, 급여)이 겹치는 지점에서 가장 핵심이 되는 부분을 노리는 것이 우리의 목적이다. 그리고 우리가 제임스 헌터의 『기독교는 어떻게 세상을 변화시키는가』(To Change the World)를 정확하게 읽었다면, 그는 다음과 같이 주장하고 있는 것이다. 즉 자신을 이 핵심 부분에서 발견하는 기독교인들이 사회에서 아주 훌륭하고 큰 영향력을 미칠 수 있다고 말이다. 그러나 교회는 많은 기독교인이 이런 핵심 부분에 이르지 못하고 있다는 사실에 무감각할 수 없다. 우리는 사람들이 하나님 나라의 가치들을 살아내도록 준비시킬 필요가 있다. 그것이 그들의 일, 섬김, 소명, 열정에서 발생하든지, 아니면 이런 것들의 일부 혹은 전부가 섞여 있는 곳에서 발생하든지 상관없이 말이다.

우리는 하나님이 우리를 부르시는 그 장소를 어떻게 발견해야 할까? 그리고 우리는 우리의 직업을 통해 문화를 변화시키는 데 어떻게 기여해야 할까? 이와 관련하여 우리는 몇 가지 방식을 제안하고자 한다.

1. 우리의 일을 지탱해주는 종말론을 조성하라. 우리가 일을 하면서 하나님 나라의 가치들에 지속적으로 충성하는 것은 용기와 인내가 필요하다. 레슬리 뉴비긴은 우리의 정치적·종교적 행위만으로는 하나님의 통치를 탄생시킬 수 없다고 지적했다. 우리는 하나님 나라의 통치를 나타내는 표지이자 맛보기일 수 있지만, 그 나라를 펼쳐내는 일은 하나님의 역사다. 여기에는 놀라울 만큼 자유롭고 무섭게도 부담이 되는 어떤 것이 있다. 우리는 하나님의 종으로 임명받았지만, 하나님의 통치를 탄생시키는 것에 대한 궁극적 책임으로부터는 자유롭다. 우리의 직업을 통해 문화에 영향을 미치고 문화를 형성해낼 때, 무엇이 우리를 지탱해줄까? 이와 관련하여 우리는 교회에 보다 나은 종말론이 필요하다고 제안한다.

신학적 논의와 관련하여 종말론은 종종 매우 어려운 주제로 치부된다. 이 책의 독자들 중 많은 이들이 "종말"에 관한 논의 및 설교가 매우 논쟁적이거나 완전히 두려운 것으로 여겨지는 기독교 가정에서 성장했을 것이다. (재림 발생 시간표와 짐승의 표를 특징으로 하는) 재림 관련 관습에서 생존한 사람들은 종종 종말론을 그들의 신학의 중심에서 격리시킴으로써 자신들의 믿음을 온전하게 유지했다. 그들은 다음과 같이 모호하게 말하곤 한다. "글쎄요. 나는 예수님이 곧 재림하시리라는 것을 알고 있어요. 이것이 내가 알아야 할 전부랍니다." 우리는 종말론과 관련하여 수줍은 기독교인들이 다음과 같이 말하는 것을 듣는다. "예수님은 다시 오실 겁니다. 나는 예수님 재림 계획 위원회가 아니라 환영 위원회에 포함되고 싶어요." 그러나 이와 같은 발언은 평안의 원천이 아니라 오랜 전장과도 같은 성서의 내용을 생각해보지 않고 피하려는 하나의 방식에 불과하다. 하지만 우리가 알아야 할 사실은 바울이 기독교인들을 가리켜 자신의 희망을 그리스도에게 두는 자들이라고 말했다는 것이다(고후 1:10). 희망으로 가득 차 있는 기독교인들에게 모든 신학은 확실히 종말론적이다. 종말론은 성서의 다른 부분과 쉽게 분리될 수 있는 자체 연구 단위가 아니다. 신학자 요하네스 밥티스트 메츠(Johannes Baptist Metz)가 말한 것처럼 "종말론은 다른 학문 분야들 옆에 자리하는 한 학문 분야가 아니라, 모든 신학적 진술, 특히 세상과 관련된 신학적 진술들을 결정하고 구성하며 형성하는 기본 학문 분야다."[8]

희망은 기독교인들을 살아가게 하는 데 있어 핵심이다. 왜냐하면 기독교는 철저히 미래 지향적인 세계관을 지니고 있기 때문이다. 기독교인들은 자신들의 미래뿐만 아니라 세상의 미래에 대해서도 희망을 갖고 있다. 그렇다고 우리가 세상의 미래에 대해 궁극적 책임을 느끼는 것은 아니다. 이것이 바로 성서적 종말론의 아름다움이다. 성서적 종말론은 자유와 책임 사이의 변증법적 삶을 살도록 우리를 초대한다.

얼마 전에 나(마이클)는 필리핀의 한 인권 운동가를 만났다. 그녀는 마닐라 거리의 지독한 가난 한가운데서 일하면서 타락과 불공평이

---

8   Johannes Baptist Metz, *Theology of the World* (London: Herder and Herder, 1968), 90.

만연한 문화를 다루고 있었다. 그녀는 정의롭고 공정한 사회를 향한 길고 긴 행진 가운데 극히 작은 승리를 맛보았다. 나는 무엇이 그녀로 하여금 가난하고 소외된 자들을 위한 분투 가운데서 살도록 만드는지를 물었다. 아마도 그녀가 맛본 작은 승리들이 그녀의 일을 지속시키기에 충분할 것이라는 점을 암시하면서 말이다. 그녀는 그것이 아니라고 강하게 대답했다. 그녀의 설명에 따르면, 그녀가 그 일을 지속할 수 있도록 만드는 요인은 하나님 나라를 마닐라에 임하게 하는 일이 그녀 자신의 일이 아님을 알고 있다는 사실이었다. 그것은 하나님의 일이었다. 그녀의 종말론적 관점은 자신의 일을 지속하기 위해 스스로 결단하는 일과 엄청난 책임감으로부터 그녀를 자유롭게 해주었다. 데이비드 보쉬는 종말론(혹은 보쉬가 말하는 바울의 묵시사상)이 어떻게 이런 일을 할 수 있는지를 아래와 같이 설명한다.

바울의 묵시사상은 윤리적 수동성으로의 초대가 아니라, 하나님의 구원 의지에 적극적으로 참여하라는 초대다. 바울의 임무는 다가오는 하나님의 세상의 영역을 이 세계에서 확대시키는 것이다.…바울은 앞으로 도래할 것이라기보다는 곧 눈앞에 닥칠 것에 관여하는 것이다. 그러므로 참된 묵시적 희망은 윤리적 진지성을 강제한다. 지금 여기서 하나님 나라를 위한 선동가가 되지 않는다면, 그리고 하나님의 창조세계를 그리스도 안에서 하나님의 약속의 실현을 향하도록 이끌기 위해 애쓰고 수

고하는 윤리가 없다면, 다가오는 하나님의 승리를 믿기란 불가능하다.[9]

올바른 성서적 종말론은 세상에서 벗어나고 싶도록 우리를 몰아붙이면 안 된다. 앞서 지적했듯이, 레슬리 뉴비긴은 복음은 구원받은 영혼이 역사에서 벗어날 수 있는 길을 제시하지 않으며, 역사의 진정한 종말을 가져오는 하나님의 역사에 참여할 것을 우리에게 요청한다고 말했다. 메츠의 표현처럼, 기독교의 소망은 세상으로부터의 탈출이 아니라 (미래를 향해) 세상과 함께 비행하는 것이다. 메츠가 요구하는 세상과의 연대는 세상이 말하거나 바라는 모든 것을 수동적으로 수용하는 그런 연대가 아니다. 그는 기독교인들에게 세상을 거부하라고, 아니면 이 세상에 순응하지 말라고 분명히 요구한다. 그러나 그의 설명처럼 "기독교인이 세상에서 도피하고 세상을 거부해야 하는 이유는 세상을 경멸하기 때문이 아니라 하나님의 약속이 선언된 곳으로서 세상의 미래에 희망을 걸고 있기 때문이다.…이런 희망이 인도하는 믿음은 주로 교리가 아니라, 하나님 나라를 향한 세상의 열정적 혁신 및 변화를 가져오는 진취적 기상이다."[10]

다시 말해 다가오는 하나님 나라에 대한 믿음은 수동성을 유발하지 않는다. 이 믿음은 믿는 자로 하여금 다가오는 하나님의 통치에 대한 표지, 맛보기, 도구가 되어야 하는 공통 임무를 수용하도록 준비

---

9   David J. Bosch, *Transforming Mission* (Maryknoll, NY: Orbis, 1991), 153.

10   Metz, *Theology of the World*, 92-93.

시킨다. 모든 기독교인은 자신의 삶과 일에서 하나님의 통치 안에 거하는 것의 의미를 구현해야 한다. 우리의 일을 우리의 사명으로 여기는 것은 단지 우리의 일터를 개인적 간증의 장으로서 사용하는 것이 아니다. 이것은 우리가 하고 있는 바로 그 일을 통해 하나님을 섬기는 우리의 소명을 부분적으로 성취할 수 있다는 깨달음을 포함한다. 우리는 이 세상의 가치에 순응하는 것에 저항해야 한다. 이런 저항은 세상에서 물러남으로써 이루어지는 것이 아니다. 이는 오히려 활기차게 세상 안으로 들어가 모두에게 다가오는 세상을 언뜻 보여줌으로써 이루어진다. 뉴비긴은 다음과 같이 말했다. "우리는 하나님의 모든 창조적·구속적 사랑의 최종 목적인 기독교 사회를 간절히 바라며 정말로 고대한다. 그러나 그날이 오기까지 우리는 우리가 고대하는 도시의 영광을 허락된 한도 내에서 최대한 반영하는 사회를 이 땅에서 추구해야 한다."[11]

노동자들은 교사, 부모, 변호사, 예술가, 사업가 등과 같은 자신의 역할이 미래 도시의 영광을 어떻게 반영하는지를 고려할 수 있도록 지지와 격려가 필요하다. 또 그들은 미래에 대한 희망의 측면에서 자신의 가치를 형성하고 자신의 일상 업무를 고안해내는 종말론적 비전이 필요하다. 우리는 이에 관해 N. T. 라이트가 『마침내 드러난 하나님 나라』(Surprised by Hope)에서 말하는 것보다 더 잘 말할 수 없다.

---

11   Weston, *Lesslie Newbigin: Missionary Theologian*, 264.

부활의 핵심은…현재 육체의 삶이 단지 죽는다는 이유만으로 가치가 없다는 것이 아니다. 현재 당신의 몸으로 당신이 무엇을 하느냐가 중요하다. 왜냐하면 하나님이 당신의 몸을 위해 위대한 미래를 준비하고 계시기 때문이다.…현재 당신이 하고 있는 일—그림, 설교, 노래, 바느질, 기도, 가르침, 병원 건설, 우물 파기, 정의를 위한 캠페인, 시를 쓰는 일, 가난한 자들을 돌보는 일, 이웃을 내 몸과 같이 사랑하는 일—이 하나님의 미래로 이어질 것이다. 이런 행위들은 (잘못 표현된 찬송가 가사와는 달리) 단순히 우리가 이 땅에서 삶을 마칠 때까지 현재의 삶을 조금 덜 불쾌하고 조금 더 견딜 만한 것으로 만드는 방법들이 아니다. 그 행위들은 소위 하나님 나라를 세우는 과정의 일부다.[12]

이런 실현은 쉽게 달성되지 않는다. 우리의 일터에서 하나님 나라의 윤리를 실천하는 일은 결코 순탄한 작업이 아니다. 사실 이 일이 순탄한 작업이 되어서는 안 된다! 세상에서 일하면서 선과 정의를 계획하는 것은 실직을 감수해야 할 만큼의 심각한 반대를 초래할 수 있다. 우리의 확신이 깊을수록, 우리는 직업과 관련하여 우리 자신의 능력이나 기술이 아니라 하나님의 인도하심에 대한 확고한 신뢰가 필요한 선택을 더 많이 하게 될 것이다.

캘리포니아 글렌데일에 사는 앤디 볼치(Andy Balch)는 수년간 직업과 관련된 질문과 씨름하며 자신이 일하는 회사에서 믿음의 가치를

---

12   N. T. Wright, *Surprised by Hope* (New York: HarperCollins, 2008), 193.

살아내려고 애쓴 후에, 이제 새로운 모험을 시작할 때라는 결론을 내렸다. 그는 직업을 바꾸고 친구가 운영하는 신생 회사에서 일하기 시작했는데, 그곳에서 무시당하거나 이용당할 수 있는 소외 계층 가정 출신의 직원들을 고용하고 훈련시키는 일을 맡았다. 그는 자신의 일에 대해 다음과 같이 썼다.

내 직업을 통해 내 믿음을 살아내는 것은 나를 위해 일하고 있는 직원들을 존중하는 것과 같은 간단한 일들로 시작한다. 그것은 겉보기에는 작고 사소한 방식으로 보일 수 있다. 내가 그들에게 말하는 방식, 그들의 말에 귀 기울이는 방식, 그들이 더 많은 것을 할 수 있다는 것을 내가 알고 있을 때 그냥 평범한 일에 만족하기를 거부하는 방식. 이 일을 하다 보면 직원들을 하나의 물건 또는 소모품으로 간주하기가 너무 쉽다. 그러나 실제로 그들은 열심히 일하는 사람들이고, 내가 존중받기를 원하는 것과 마찬가지로 그들 역시 존중받고 싶어 한다. 나는 그들을 정직하고 솔직하게 대하고, 그들에게 정당한 임금을 지불하며, 회사에 이익을 가져다주는 매일의 업무에서 성공하기 위해서뿐만 아니라 그들의 경력을 증진시키기 위해서도 필요한 교육을 제공한다. 나는 직원들에게 그들의 목적이 무엇인지, 그리고 그 목적을 향해 나아가는 데 내가 어떻게 도움을 줄 수 있을지를 종종 질문할 것이다. 내가 종사하는 산업 분야에서 이런 방식으로 사업을 진행하는 것은 종종 내가 원하는 것보다 더 많은 비용이 든다. 나는 임금을 더 적게 지불하고 직원을 더 많이 고용함으로써 더 많은 일을 할 수도 있다. 그러나 그렇게 하는 것은 하나님이

내게 요구하시는 것이 아니다. 나는 내가 현재 행하고 있는 이런 대안적 방식에 매우 만족한다.[13]

2. 사람들을 그들의 직업/섬김/소명/열정으로 임명하라. 당신은 목사 안수식에 참석해보았거나 목사 안수를 받았을지도 모른다. 목사 안수식은 대개 목사 후보자에게 몇몇 교리적 진술을 확인하기 위한 질문으로 시작된다. 그 이후에 안수식 집례자는 다음과 같이 묻는다. "이제 당신은 하나님의 백성 가운데 거룩하게 임명된 당신의 지위를 예수 그리스도의 복음의 대리자이자 표지로서 받아들이겠습니까? 그리고 하나님의 백성 위에 군림하는 것이 아니라 그들을 섬기며 겸손, 연민, 인내로 그들을 인도하겠습니까?" 목사 후보자가 이 진술을 확인하고 나면, 그녀 또는 그는 말씀을 선포하고, 성례를 집전하며, 하나님의 백성을 성실히 돌보는 일 등과 관련한 서약을 해야 한다. 그다음에 회중은 목사 후보자를 위해 쉼 없이 기도하고, 그 또는 그녀가 사역할 때 격려해주겠다고 선언해야 한다.

나(마이클)는 내 제자들의 목사 안수식에 정기적으로 초청받아 말씀을 전한다. 목사 안수식은 아름답고 감동적인 행사다. 한 사람이 있는 그대로의 모습으로 동료 신자들 앞에 서서 자신의 삶을 더 높은 대의에 바치겠다고 서약하고 다른 이들을 이타적으로 섬기며 사랑하겠다고 약속하는 광경을 목격하는 일은 흔치 않다. 실제로 사랑, 헌신,

---

13   Andy Balch, 개인적인 편지에서 허락을 받아 사용했다.

서약에 대한 공식 행사에는 등골을 오싹하게 만드는 무엇이 있다. 이런 오싹함은 결혼식과 군 입대식에서도 발생한다. 그러나 그와 같은 행사는 매주 발생하지 않는다. 하지만 왜 매주 발생하면 안 되는가? 교회가 교인들에게 새 창조의 탄생에서 산파가 되라고 요구해야 한다면, 그들에게 그것을 임명하는 것이 어떨까?

소명(vocation)이란 용어는 "부르다"를 뜻하는 라틴어 보카레(*vocare*)에서 유래한다. 우리가 선택하는 직업을 일으키는 것은 바로 우리의 영혼에서의 부르심이다. 우리는 종종 소명이란 용어를 사용하여 성직에 입문하는 사람들을 언급한다. 우리는 그렇게 하도록 만드는 부르심이 반드시 하나님으로부터 와야 한다고 가정한다. 하나님은 임명된 사역으로 사람들을 부르신다. 우리는 교회 지도자의 자리든지 선교 현장이든지 간에 기독교적 섬김으로 "부름 받은" 사람들을 일상적으로 언급한다. 그러나 이는 잘못된 생각이다. 이런 생각은 현실이 두 영역, 즉 성스러운 영역과 불경한 영역으로 나뉜다고 믿었던 시대의 산물이다. 이와 같은 사고는 이원론이라고 불리며, 기독교 운동은 실제로 모든 것을 걸고 이 이원론과 싸워왔다.

이원론은 성스러운 것과 불경한 것, 거룩한 것과 거룩하지 않은 것, 안과 밖을 분리한다. 성스러운 영역은 분명히 하나님을 포함하며, 교회 예배, 미사, 성경 공부, 신학교 등에 명확히 존재해야 한다. 불경한 영역은 삶의 나머지 부분을 의미한다. 예를 들어 성교, 정원 가꾸기, 미술 전시회 참석, 먹는 일, 집 개조, 스포츠, 운동 등은 불경한 영역에 포함된다. 이는 하나님이 이런 영역에 임재하시지 않는 것이 아니라, 우리가 그냥 하나님이 이런 영역에 특별히 임재하시지 않는다고 간주한다는 것이다. 우리는 "저기 있는 세상"에 대해 일상적으로 말한다. 이는 교회에 다니는 우리가 "여기에" 있다는 것 외에 다른 무엇을 의미할 수 있다는 말인가! 이 이원론은 1,700년 이상 내면의 믿음과 외면의 행위를 연결하지 못하는 기독교인들을 만들어왔다. 그리고 이는 기독교인들의 윤리와 생활 방식뿐만 아니라 자신의 일을 신성한 산파 행위로서 이해할 수 있는 그들의 능력에도 영향을 미친다.

만일 우리가 하나님이 교회에 가장 강렬하게 임재하신다고 간주하면, 우리는 하나님을 가장 위대한 제사장, 가장 완벽한 교구 목사, 설교자, 사역자 등등으로 가정하기 시작한다. 가장 완벽한 교구 목사인 하나님의 초점이 교회 모임에 있다면, 마치 아이가 자기 부모를 본받는 것처럼 하나님을 본받는다는 것은 우리가 선택할 수 있는 최고의 소명이 교회 지도자가 되는 것임을 의미한다. 우리가 성직 혹은 직업적 사역의 길에 들어선 사람들이 하나님의 부르심을 따라 그 일을 하고 있다고 믿는 것은 전혀 어렵지 않다. 그러나 우리는 법조계, 회계, 간호, 그 외 수많은 직업을 추구하기로 결심하는 다른 사람들에 대해서는 똑같은 것을 말할 수 없다. 왜 그들은 자신들의 삶에 주어진 하나님의 부르심에 성직자들과 비슷한 방식으로 따를 수 없는가? 여기서 우리는 이런 영적 권위를 가진 지위에 있는 사람들 대다수가 남성이라는 점에 주목해야 한다. 다시 말해 여성의 수가 극히 제한적이라는 것이다.

이를 염두에 두고, 우리는 모든 신자를 하나님이 그들을 부르신 일로 임명하는 안수식을 개발하라고 당신에게 제안한다. 이것이 반드시 성경 말씀을 선포하거나 성례식을 집전하는 일일 필요는 없다. 그러나 이는 그들이 하는 모든 일에서 하나님께 영광을 돌리는 것이어야 한다. 이런 측면에서 우리는 만인 제사장에 대한 마르틴 루터의 명확한 표현을 따른다. "그것에 관한 한 우리 모두는 세례를 통해 거룩해진 제사장들이다."[14] 루터가 이해한 유일한 차이점은 하나님이 우리에게 행하라고 주신 일의 지위(status)가 아니라 그 일의 종류(kind)에 있었다. 다시 말해 성직자의 직업 소명은 의사의 직업 소명과 다르지 않다. 루터는 계속해서 다음과 같이 말했다.

> 직업의 지위와 관련하여 평신도와 성직자, 제후와 주교, 종교적인 것과 세속적인 것 사이에 진정한 근본적 차이는 아무것도 없다. 다만 일의 역할과 종류에만 차이가 있을 뿐이다. 그들은 모두 영적 자산이다.…그러나 그들 모두가 똑같은 일을 하는 것은 아니다.[15]

하나님의 계획 안에서 각 기독교인은 이 삶에서 특별한 부르심을 받는데, 그 부르심의 목적은 다른 이들을 섬기는 것이다. 루터는 이어서 다음과 같이 말한다. "모든 사람은 각자의 일을 통해 다른 모든 사람을 섬기며 그들에게 유익을 주어야 한다. 이런 방식으로 많은 종류의

---

14 *Luther's Works* (Philadelphia: Fortress, 1955-1986; 2009-), 6:407.22-23.
15 위의 책, 6:408.26-30.

일이 공동체의 육체적·영적 복지에 기여할 수 있도록 말이다. 이는 마치 몸의 모든 지체가 서로를 섬기는 것과 같다."[16]

바로 이것이 루터가 생각하는 핵심이다. 우리의 일은 다른 이들을 섬기는 것을 지향해야 한다. 당신은 다음과 같은 루터의 가짜 인용을 읽었을지도 모른다. "기독교인 제화공은 구두 위에 작은 십자가를 새겨놓음으로써가 아니라 훌륭한 구두를 만들어냄으로써 자신의 기독교적 의무를 감당한다. 왜냐하면 하나님은 훌륭한 솜씨(craftsmanship)에 관심이 있기 때문이다." 사실 루터는 이런 말을 한 적이 없다. 하나님은 양질의 일을 좋아하시기 때문에 우리의 일을 기뻐하신다는 생각이 현대 미국에서 사실처럼 들릴 수도 있지만, 그것에 루터가 동의했을 것 같지는 않다. 우리의 일에 대한 루터의 관점은 우리의 일이 이웃과 세상을 섬기는 가운데 완성되어야 한다는 그의 주장에 의해 형성되었다. 프레더릭 가이서(Frederick Gaiser)는 일에 대한 루터의 관점에 대해 다음과 같이 기록했다. "하나님은 구두(그것도 좋은 구두!)를 좋아하시는데, 이는 하나님이 구두를 좋아하시기 때문이 아니라 이웃이 구두를 필요로 하기 때문이다."[17] 그러므로 제화공을 구두 제조를 통해 세상을 섬기는 일에 임명하는 것은 합리적이다.

우리가 아는 한 루터는 모든 신자를 성직으로 임명해야 한다고 주장하지 않았다. 그러나 모든 신자의 성직 임명은 그의 사고의 논리

---

16 같은 책, 6:409.7-10.
17 Frederick Gaiser, ed., *Word & World*, vol. 25, no. 4 (fall 2005): 360.

적 확장을 통해 도출된다. 루터는 성직 임명의 성례적 성격에 관한 성서적 근거는 없다고 생각했으며, 교회가 성직자 전체의 지위를 평신도 위로 격상시키기 위해 성직 임명의 그런 성격을 고안해냈다고 믿었다. 그러나 그는 성직 임명을 폐기하는 대신, 성직 임명의 내용을 성례적 역할로부터 가르치는 역할로 수정했다. 우리는 이런 방식으로 임명받은 교사들이 전적으로 유용하다고 생각한다. 그러나 우리는 제화공에게도 성직을 임명하길 원한다.

내(크리스티아나)가 속한 신앙 공동체에서 우리는 "삶의 나침반: 우리의 진정한 북부로서의 하나님 나라"(Life Compass: The Kingdom of God as Our True North)라고 명명된 일종의 준비 과정을 개발했다. 이 과정에서 참여자들은 그들의 인생 이야기, 독특한 배선(wiring), 접지값(grounding values) 및 깊은 욕구를 숙고한다. 8주로 이루어진 이 과정의 정점은 각 참가자가 세상에 영향을 미치기 위해 하나님 나라에 대한 그들 각자의 기여를 분명히 표현하면서 이런 관점들을 모두 이끌어내는 공동의 비전 성명서를 발표하는 순간이다. 이는 사명 선언 혹은 직업적 열망이 아니라, 그들이 선호하는 미래에 대한 짧은 경험이자 그림이다. 비전들이 공유될 때, 공동체의 나머지 일원들은 각 사람을 둘러싸서 기도로 그들을 축복하며 위임한다. 이런 비전들은 하나님 나라를 향해 더 나아가기 위한 은유적 나침반이다. 이 비전들은 삶의 크고 작은 결정을 내릴 때 우리를 안내해주는 일상의 표(grid)로서 종종 우리로 하여금 다음과 같은 질문을 제기하도록 촉구한다. "이 결정은 나로 하여금 내 비전을 향해 나아가게 하는가, 아니면 멀어지

게 하는가?" 우리는 본질적으로 이 과정 전체를 거룩한 안수식으로
간주한다.

3. 성공을 측정하기 위해 새 틀을 만들어라. 나(마이클)에게는 로스쿨에 다
니는 동안 다국적 로펌에서 인턴으로 일했던 친구가 있다. 졸업 후 데
이비드는 그 회사에서 모두가 탐내는 자리에 올랐고 소송 대리인으로
서 그의 경력은 전도유망해 보였다. 그가 곧 그 회사에서 파트너 변호
사가 될 수 있겠다는 조짐도 보였다. 그는 결혼하고 멋진 집을 구매했
으며 겉으로 보기에 성공적인 삶과 경력의 모든 특징을 갖고 있었다.
하지만 그는 한 주에 육십오에서 칠십 시간을 일했고, 갓 결혼한 아내
와 보내는 시간이 거의 없었으며, 그의 멋진 집과 정원을 돌보는 사람
들에게 돈을 지불했다. 기독교인들이었던 데이비드와 제니(Jenny)는
어느 날 하던 일을 멈추고 그들의 삶이 진정 얼마나 성공한 삶인지를
숙고해보기로 결정했다. 그들이 내린 결론은 비록 그들이 문화가 인
정하는 성공의 지표를 훌륭하게 성취했을지라도, 실상은 하나님 나라
의 가치를 살아내지 못하고 있다는 것이었다.

데이비드는 회사에서 자신이 추구하던 자리에서 물러나 교외에
있는 자기 집 바로 옆에 변호사 사무소를 개업했다. 난민들과 망명 희
망자들의 고충에 자극을 받은 그는 이민법에 집중하기로 결심했다.
오늘날 데이비드는 그의 도시에서 소수의 공인된 이민 전문가 중 한
명이다. 그는 비자 신청, 본안(merits) 심사, 사법 심사를 다루고 있으
며, 어려운 이민 사건을 성공적으로 해결해준다는 좋은 평판을 얻고

있다. 데이비드는 지난 수년간 많은 망명 희망자에게 주어진 하나님의 선물이라고 할 수 있다. 그는 복잡한 이민법 문제들과 관련하여 변호사와 이민 대리인들에게 정기적으로 조언을 제공해준다. 그는 매일 자전거로 출근하며 저녁마다 아내 및 자녀들과 함께 식사한다.

물론 그가 대도시 로펌의 파트너 변호사였다면 벌 수 있었을 만큼의 돈을 벌지 못하는 것은 사실이다. 그러나 그는 그리스도를 따르는 데 있어서 그 어느 때보다 성공적이라고 자부한다. 그리고 그는 전에는 상상할 수도 없었던 방식으로 공익에 기여하고 있다.

우리가 이런 이야기를 한다고 해서 대형 로펌에서 하나님의 일을 반영하는 일이 불가능하다고 말하는 것은 아니다. 하지만 우리가 이 이야기를 나누는 이유는 많은 기독교인 변호사가 자신들의 경력에서 성공을 구성하는 것이 무엇인지에 대해 관심을 갖고 질문하는 시간을 갖지 않는 것처럼 보이기 때문이다. 성공이 단지 청구 가능한 시간, 회사의 명성, 집의 크기, 금융 자산만을 토대로 평가되어야 할까? 기독교인 노동자들의 성공을 측정하기 위한 다른 틀이 있을까?

좋은 출발점은 우리가 시간과 돈을 어떻게 사용하고 있는지를 재검토하는 것이다. 우리가 가진 돈을 어떻게 청지기로서 관리하고, 장기간의 재정적 안정을 위해 어떻게 투자하며, 우리 전체 예산에서 어떻게 분배해야 하는지를 다룬 책이 많이 있다. 시간 선용은 확실히 청지기 의식에 관한 흔한 주제다. 하지만 우리의 문화적 신화와 사각지대는 우리로 하여금 이 주제에 관한 예수의 가르침을 포기하게 만든다. 그러나 우리는 그런 방식에 이의를 제기하는 데 관심이 있다. 우리는 이런 이의 제기가 단순히 튼튼한 투자 계획을 세우고 자기 관리를 더 열심히 하는 것보다 훨씬 더 값비싸고 통합적인 것이라고 생각한다.

이 분야에서 우리가 특히 좋아하는 교사와 실천가들 중 두 사람이 바로 마크(Mark)와 리사 스캔드렛(Lisa Scandrette) 부부다. 그들은 『자유: 가장 중요한 것에 당신의 시간과 돈을 사용하라』(Free: Spending Your Time and Money on What Matters Most)에서 우리의 자산을 다룸에 있어서 예수의 급진적 방식을 수용하고, 이런 수용 과정 가운데 회개하고 기뻐하며, 성실함과 관대함을 촉진시키고, 우리의 삶을 사랑을 향해 개방하며, 궁극적으로 자유롭게 살면서 다른 이들에게 자유를 제공하라고 설득력 있게 요청한다. 스캔드렛 부부는 공익을 위해 가장 중요한 것에 우리의 시간과 돈을 사용하는 것이 무엇을 의미하는지를 배울 수 있도록 이와 관련된 방법, 습관, 과정을 제공한다. 대부분의 경우 현대 기독교인들은 예수의 방식으로 보다 전인적인 청지기적 삶을 살기를 갈망한다. 하지만 이 부부는 만일 실천적인 현실과 능력이 해결되지 않는다면, 이런 갈망들은 비활성화 상태를 유지하게 될 것이라고 우리에게 경고한다. 그들은 이렇게 말한다.

자유롭게 아름다움을 만들어내고 관계를 육성하며 더 큰 선을 추구하는 대신, 우리 중 다수가 청구서를 지불하거나 특정 생활 기준(특히 소비)을 유지해야 할 필요에 지배당하는 삶에 갇혀 있다고 느낀다. 우리는 지배적 소비 수준, 보다 깊은 의미와 관계, 그리고 전 지구적 평등 및 지속 가능성을 지닌 삶, 이 모두를 소유할 수는 없다. 이렇게 좋은 꿈들을 실현시키기 위해 우리는 우리의 가치 및 행위를 조정하고 창조적 해결책을 추구해야 한다.[18]

마크와 리사는 우리가 청지기로서 우리의 삶을 감사, 신뢰, 만족, 관용으로 관리해야 하고, 모든 순간적인 삶의 선택이 우리 주변에 있는 사람들과 지구 반대편에 있는 사람들에게 역동적인 영향을 미치게 됨을 인지해야 한다고 제안한다. 이런 청지기 의식은 세상을 우리가 알고 있는 그런 세상으로 바꿀 것이다. 그리고 기독교인들은 하나님이 계획하고 계신 이런 새로운 경제의 도래를 알리는 최전선에 서 있어야 한다.

현재 세계 경제 및 정치는 두려움과 탐욕이라는 최악의 인간 본성의 측면에 기초하고 있다. 그러므로 우리의 사회가 불평등, 폭력, 불신으로 휩싸여 있다는 것은 놀랍지 않다. 따라서 사회 전 영역에 분포되어 있는 예수의 추종자들이 공익을 위해 위험을 감수할 준비를 하면서 신뢰의 문화를 구축하려고 애쓰는 것은 매우 중요하다. 이 일을 지속하기 위해 그들의 교회들은 반드시 후원, 육성, 격려를 제공해야 한다. 그들의 목적은 무엇을 향해야 할까? 우리는 그들의 일이 아래와 같은 내용들과 연관될 수 있다고 제안한다.

---

18 Mark Scandrette with Lisa Scandrette, *Free: Spending Your Time and Money on What Matters Most* (Downers Grove, IL: InterVarsity Press, 2013), 15.

- 인간의 소비와 지구의 필요 사이의 균형 맞추기
- 모든 사람이 자신과 자기 가족을 위한 적절하고 의미 있는 생계 수단에 접근할 수 있도록 우리의 경제 우선순위를 재편성하기
- 사람들과 공동체에 힘을 실어주기 위해 우리의 기관을 민주화하기
- 물질주의의 지배적인 문화를 협동, 돌봄, 연민, 공동체의 생명을 보장하는 가치에 기초한 문화로 대체하기
- 우리가 더 큰 선을 위한 온전한 인간이 되도록 인류의 물질적·영적 측면들을 통합하기

이 목록은 훨씬 더 길게 작성될 수 있다. 그러나 우리는 당신이 요점을 파악하길 바란다. 왜 더 많은 교회가 성도들을 위해 하나님께 영광을 돌리는 성공적 직업 생활의 핵심 지표 목록을 개발하는 데 힘쓰지 않는 걸까?

4. 업계 지도자들로부터 더 큰 것을 기대하라. 모든 노동자는 자신들의 직업 수행을 통해 그들의 세계를 변화시킬 수 있다. 그러나 업계 지도자들이 다른 이들보다 문화적 변화에 더 큰 영향을 미칠 수 있다는 것은 자명한 이치다. 그렇다고 이 자명한 이치를 통해 열심히 일하는 헌신된 기독교인 수학 교사의 문화적 기여를 최소화하려는 것은 아니다. 다만 수학 교과 과정을 개발하는 교육자들이 수학 교사 한 명보다 더

큰 영향력을 미친다는 사실을 주지하고자 함이다. 앞서 우리는 캘리포니아 학교 행정관인 에드에 대해 언급했다. 그는 학교 주변의 어려움을 겪고 있는 지역사회에 활력을 불어넣고 있을 뿐만 아니라 북부 캘리포니아의 교육 체계 형성에도 도움을 주고 있다. 모든 기독교인 건축가가 윤리적 기업 행위, 노동자들에 대한 공정한 대우, 환경 지속 가능성에 대한 약속을 통해 자신의 믿음을 표현할 수 있지만, 특정 대형 개발자들, 건축가들, 도시 계획자들은 그들의 부르심과 의미 있는 지역적 영향력을 성실하게 표현해낼 수 있는 업계 지도자들이다. 이런 측면에서 그들은 우리가 살고 있는 도시를 형성하고 계시는 하나님의 동역자들이다. 그들이 사업가, 보건 및 교육 분야의 지도자, 법률 제정자, 변호사, 도시 감독관 그 누구든지 간에, 그들은 복음의 렌즈를 통해 각자의 일을 숙고함으로써 새 창조의 탄생을 위한 조건을 생성하는 데 도움을 줄 수 있다. 우리는 지금 창조론을 학교의 과학 교과 과정에 집어넣거나 새 주택 개발에서 교회 건물을 위한 부지를 남겨두라고 말하고 있는 것이 아니다. 다만 기독교인으로서의 영향력을 발휘하여 하나님이 새로운 무엇을 탄생시키실 수 있도록 공간을 열어 놓는 것에 관해 이야기하고 있을 뿐이다.

이와 비슷하게 앞서 우리가 말했듯이 교회는 모든 사람을 기독교인으로 만들려는 시도에서 문화에 기독교를 강요하려고 애썼던 이전 시대로 되돌아갈 수 없다. 그러나 교회는 기독교적 삶의 방식을 받아들이고 환영하며 매력적인 것으로 만드는 방식으로 문화에 변화를 줄 수 있다.

2015년에 프랭클린 그레이엄(Franklin Graham)은 자신의 페이스북에 다음과 같은 글을 올렸다. "만약 기독교인들이 우리 나라에서 모든 영역의 자리―시 의회, 학교 이사회, 시장―에 출마한다면 어떤 변화가 있을지 상상이 되시나요? 우리는 더 늦기 전에 성서적 가치 및 도덕에 개입하여 이를 대변할 필요가 있습니다. 동의하신다면 이 글을 공유해주세요."[19] 이와 같은 "성서적 가치 및 도덕"과 관련하여 어떤 입장에 서야 하는지는 말할 것도 없고, 많은 기독교인이 어느 정당을 지지해야 하는지에 대해서도 의견의 일치를 보지 못하는 것이 사실이다. 그러나 이런 사실을 차치하더라도, 이렇게 결집된 정치적 노력이 사회 대부분을 소외시키는 것 외에 다른 결과를 가져올 것이라고 상상하기는 어렵다.

그러나 영향력 있는 업계 지도자들이 하나님 나라의 가치에 발맞추어 긍정적으로 문화에 영향을 미칠 수 있다고 기대하는 것은 전적으로 합리적이다. 이는 위에서 아래로 강요되는 기독교의 율법이 아니라, 사회의 전 영역에서 발생하는 아래에서 위로의 침투다. 이는 모든 사람을 위한 복음이다.

바울이 디모데에게 말하는 것처럼, 부와 영향력이 있는 자들은 그들에게 기대되는 특정한 책임이 있다.

네가 이 세대에서 부한 자들을 명하여 마음을 높이지 말고 정함이 없는

---

19   Franklin Graham, Facebook, March 31, 2015.

재물에 소망을 두지 말고 오직 우리에게 모든 것을 후히 주사 누리게 하시는 하나님께 두며 선을 행하고 선한 사업을 많이 하고 나누어 주기를 좋아하며 너그러운 자가 되게 하라. 이것이 장래에 자기를 위하여 좋은 터를 쌓아 참된 생명을 취하는 것이니라(딤전 6:17-19).

당신이 모노폴리(Monopoly)라는 게임을 해본 적이 있다면, 리딩 철도(Reading Railroad)를 매매해보았을 것이다. 더 이상 존재하지 않는 이 철도는 펜실베이니아의 도시인 리딩의 이름을 따서 지어졌는데, 예전에는 석탄을 운반하는 트럭들이 이 도시를 관통하여 덜거덕거리며 필라델피아 항구로 향하곤 했다. 애석하게도 오늘날 리딩시는 어려운 시기를 겪고 있다. 이곳은 미국에서 범죄율과 빈곤율이 가장 높은 도시 중 하나다.

　무너져내린 이 도시에 크레이그 풀(Craig Poole)이 들어왔는데, 그는 빈민 지역들과 호텔들을 되살리는 일에 50년의 경력이 있는 호텔 매니저였다. 그는 언젠가 자신의 일을 통해 더 큰 하나님 나라 효과를 발생시켜야겠다고 느낀 적이 있는데, 바로 그때 리와이어(ReWire) 단체를 만나게 되었다. 리와이어의 사역은 기독교인들이 선교적 영성이라는 렌즈를 통해 자신의 직업을 볼 수 있도록 준비시키는 일이었다.[20] 리와이어에 속한 한 직원의 지도를 받은 풀은 피츠버그에서의

20　ReWire에 대한 더 많은 정보를 보려면 다음을 보라. www.crmleaders.org/teams/rewire.

성공적인 직업을 떠나 리딩시로 이주하여 7번가와 펜 스트리트에 있는 더블트리 호텔(Doubletree Hotel)을 경영하게 되었다. 그가 많은 도시 중에 리딩시를 택한 이유는 그 도시가 무너져 있었기 때문이다. 기독교인 사업가로서 그는 기억에서 잊힌 지역사회가 변화하도록 도움을 주는 일이 자신의 역할이라고 생각한다. 실제로 그는 단순히 영리 목적의 호텔 경영을 원치 않았다. 그는 그 호텔이 속해 있는 도시를 변화시키기 원했다.

풀이 더블트리 호텔을 인수할 때 가장 중요하게 던졌던 질문은 다음과 같다. 지역사회의 이익을 위해 어떤 사업 모델을 사용할 것인가? 그는 가난한 자들을 고용하는 것부터 시작했는데, 특히 전직 수감자들이 두 번째 기회를 얻도록 도왔다. 얼마 지나지 않아 그는 열 명의 전과자를 고용했는데, 이보다 훨씬 많은 전과자들이 구직을 희망했다. 그래서 그는 지방 자치주의 범죄 정의 고용 위원회(Criminal Justice Employment Council)의 설립을 도왔는데, 이 위원회는 전직 수감자들이 사회에 재진입할 수 있는 일자리를 찾아주는 데 전념했다. 그가 도시에 미치는 영향이 점점 분명해지자, 시 의회는 그에게 메인 스트리트 보드(Main Street Board)에 참여해달라고 요청했다. 풀은 메인 스트리트 보드에 가담하여 지역 사업을 회생시키고, 허물어진 건물의 보수를 감독하며, 벼룩시장을 열고, 심지어 소규모 맥주 제조장을 설립하는 데도 도움을 주었다.

그리고 곧 한 사건이 또 다른 사건으로 이어졌다. 그는 여러 학군 및 지역사회 기관들과 협력하여 특별한 도움이 필요한 학생들이 일

자리를 찾고 직업 훈련을 받을 수 있도록 돕기 시작했다. 그는 올해의 라틴계 사업 파트너(Latino Business Partner of the Year)로 선정되는 영예를 누리기도 했다.

풀은 예전에 십 대 폭력배들을 더블트리 호텔의 훌륭한 식당으로 초대하여 저녁을 대접했던 이야기를 들려준다. 그는 그들 모두에게 스테이크와 새우 요리를 대접했다. 그들 중 몇몇은 전에 단 한 번도 천으로 된 냅킨을 사용해본 적이 없었다. 그는 다음과 같이 설명한다. "훌륭한 음식은 오직 부자들만을 위한 것이 아니랍니다. 이는 가난한 자들, 무너진 자들, 잃어버린 자들을 위한 것이기도 합니다. 왜냐하면 그것이 그들의 영혼과 몸 그리고 마음을 풍성하게 만들기 때문이지요."[21]

우리 모두가 호텔 소유주는 아니지만, 우리는 풀이 했던 것처럼 다른 이들을 존중하면서 관대함과 환대를 실천할 수 있다. 그레이그 풀은 단지 하나님의 뜻을 행하길 원한다고 말한다. 하나님은 그가 호텔 로비 문 밖으로 나와 리딩시의 어두운 거리로 나가도록 인도하신다. 새로운 세상이 태어나고 있는 것을 살짝이라도 볼 수 있도록 말이다.

---

21 "Loving a City Back to Life: A Visit with Craig Poole," www.youtube.com/watch?v=qRfae5EviHI.

9장

세상의 변화

장소 만들기를 통한

내가 지지하는 것이 바로 내가 서 있는 토대다.

웬델 베리(Wendell Berry)

하나님의 통치가 지닌 가치에 부합하는 보다 나은 세상으로 변화시키는 일에 대해 생각할 때마다, 당신은 우리의 희망이 성취된 미래가 어떤 모습일지를 상상하지 않을 수 없다. 예를 들어, 만일 우리가 우리의 도시와 마을에서 하나님의 뜻을 행하기 위한 도구로서 온전히 사용될 수 있다면, 우리의 도시와 마을은 어떤 모습이 될까? 우리는 "미래 도시"의 이미지를 인터넷 검색으로 찾아보았는데, 첫 번째 검색 이미지는 다음 페이지의 그림과 같다(표 9.1).

당신도 인터넷을 검색해보라. 우리가 검색한 모든 이미지는 다음 페이지의 이미지에서 약간 변형된 모습을 하고 있을 뿐이다. 즉 그 이미지들은 모두 완전 새것 같고, 높이 솟아 있는 금속-유리 재질의 미래 도시 모습을 공통으로 보여준다. 적어도 미래 도시의 이미지는 영화 〈블레이드 러너〉(Blade Runner)에 묘사된 2019년의 로스앤젤레스의 모습과는 다르다. 미래 도시의 이미지는 미래 관련 영화들이 묘사하고 있는 어둡고, 황량하며, 습하고, 혼잡한 도시의 디스토피아적 이미지를 벗어난 듯한 인상을 준다. 그렇다고 이런 새로운 미래 도시의 모습들이 훨씬 더 좋은 걸까?

표 9.1. 가상의 미래 도시[1]

개발자들과 도시 계획자들이 현재 건축하고 있는 금속 재질의 도시
들이 매력적으로 보일지도 모른다. 그러나 이런 모습의 도시들이 우
리가 필요로 하는 지역사회를 조성해주는 것일까? 우리는 교회가 문
화를 변화시키는 의제의 일부분으로서 도시, 마을, 교외의 형성에 기
여하는 것이 중요하다고 생각한다. 왜냐하면 구축된 환경이 인간 공
동체의 질을 형성하는 데 도움을 주기 때문이다. 우리 모두는 교외
에 위치한 잘 다듬어진 잔디밭과 깔끔한 집들에 대해 생각한다. 그런
데 이런 집에 사는 사람들은 아무도 이웃의 이름을 모른다. 이런 지역

---

1   이 이미지는 Philip Straub의 작품으로 "Future City HD Wallpapers"에 실
     려 있으며 2016년 2월 22일 다음의 인터넷 주소에서 발견한 것이다. http://
     hdwallpaperbackgrounds.net/future-city-hd-wallpapers.

사회는 평화롭게 보이지만, 끔찍한 수준의 외로움, 혼란, 그리고 어떤 경우에는 폭력이 도사리고 있다. 이런 교외 지역을 고안한 개발자들은 공동체가 아닌 이윤에 주로 관심이 있는 사람들이었다. 그러나 기독교인인 우리는 친밀함과 유쾌함을 위한 기회를 만들어내는 문화를 형성하는 일에서 우리의 임무를 분명히 보고 싶어 할 것이다. N. T. 라이트는 교회의 사명에 대한 그의 논의에서 이를 아래와 같이 다루고 있다.

> 따라서 교회는…성소의 예배로부터 의회 회의실로 직행해야 한다. 그곳에 가서 도시 계획 문제를 논하고, 건축, 녹색 공간, 도로 교통 계획, 그리고…환경 사업, 창조적이고 건강한 농업 방식, 자원의 올바른 사용 등과 같은 안건들에서 아름다움을 조화시키고 인간화하기 위한 문제를 토론해야 한다. 내가 주장한 것처럼 전 세계가 이제 하나님의 거룩한 영토라는 것이 사실이라면, 우리는 하나님의 거룩한 영토가 망쳐지고 훼손되고 있는 한 절대로 쉬어서는 안 된다. 이것은 교회의 사명에 추가되는 것이 아니다. 바로 이것이 교회의 사명에서 핵심이다.[2]

만약 온 세계가 하나님의 거룩한 영토라면, 하나님은 어떤 종류의 도시들을 원하실까? 우리는 하나님의 통치와 관련된 가치들, 곧 정의, 화해, 아름다움, 완전함 등을 촉진하고 권장하는 그런 도시들을 하나

---

2   N. T. Wright, *Surprised by Hope* (New York: HarperCollins, 2008), 265-66.

님께서 원하신다고 답할 것이다. 그러므로 문화를 형성하는 기독교인 들은 라이트가 설명하고 있는 그런 종류의 일에 적극적으로 개입해야 한다.

이와 관련하여 살펴볼 만한 사례는 도시 국가인 싱가포르다. 싱 가포르는 강력히 시행되는 악명 높은 공중 쓰레기 법과 더불어 최첨 단 기반 시설, 수상 경력에 빛나는 건축물, 안전하고 깨끗한 녹색 환 경을 지니고 있다. 싱가포르는 관광객이나 사업 여행객들에게 결점이 없는 나라로 보인다. 그러나 이 모든 깨끗한 장치와 잘 다듬어진 잔디 밭들은 그에 따른 비용이 든다. 지난 50년 동안 싱가포르는 작은 섬나 라를 급변하는 "아시아의 호랑이"로 변화시킨 놀라운 속도의 도시화 를 경험했다. 20세기의 공격적인 도시 계획 정책 이전에, 싱가포르인 들―중국인, 말레이시아인, 인도인의 혼합―은 전형적인 전통 아시아 마을인 캄풍(kampung)에 살고 있었다. 그곳에서 가족들은 빈민층과 중산층 집단이 뒤섞인 채 세대 간의 교류가 있는 삶을 살았다. 그러나 1960년대 독립 이후에 철거반들이 캄풍을 대대적으로 파괴하며 유리 와 크롬으로 된 고층의 모놀리스(monoliths)를 세우기 시작했다. 마을 주민들은 분할되어 각 가구의 재정 상태에 따라 A, B, C, D 등급이 매 겨진 아파트로 이주해 들어갔다. 사람들은 조부모에서 신생아에 이르 기까지 모두가 알고 지냈던 캄풍에서 나와서 이제는 아무도 알지 못 하는 초고층 빌딩으로 삶의 터전을 옮기게 되었다. 고층 건물의 붐은 지금도 아무런 제재 없이 지속되고 있으며, 100년 된 방갈로와 한때 산들바람과 함께 넓게 펼쳐졌던 해안 정원들은 보다 많은 고층 주택,

상업 자산, 쇼핑몰에 자리를 내주기 위해 불도저로 제거되고 있다.

나이가 지긋한 싱가포르 사람들은 캄풍에서의 삶에 대해 향수를 많이 느낄 것이다. 그들은 캄풍을 진정한 의미의 이웃과 깊은 사회적 관계를 지닌 장소로서 기억한다. 그러나 많은 수의 캄풍이 빈민가에 지나지 않았다. 리콴유(Lee Kuan Yew)의 사회적·경제적 혁명은 위생, 교육, 부의 차원에서 싱가포르 국민들에게 주목할 만한 유익을 가져다주었다. 그러나 이 혁명은 건강한 사회 개발에 필요한 **장소**의 중요성을 간과했다. 오늘날 현지 언론과 사회 평론가들은 "추한 싱가포르인"을 한탄하는데, 이는 기차 좌석에 앉기 위해 다른 사람들을 밀어제치고, 상황이 자신의 방식대로 돌아가지 않을 때 공격적으로 불평을 토로하며, 가난한 자들을 마치 그들이 존재하지 않는 듯이 무시해버리는 사람을 일컫는다. 최근에는 가사 노동자 및 노인의 학대를 근절하기 위한 캠페인이 도시 전역에서 발생했다. 몇몇 기업은 직원들이 가장 사소한 일을 두고 심하게 불평하는 싱가포르 사람들에 대처하도록 도와주는 "불평 훈련"을 제공하고 있다. 세아 치앙 니(Seah Chiang Nee)는 다음과 같이 말한다. "부유하고 학식 있는 싱가포르 사람들이 지나치게 자기중심적이고 다른 이들의 곤경에 둔감해진 것일까? 싱가포르가 이런 천박함을 지닌 채 세계 제일의 도시로 여겨질 수 있을까? 성숙하고 선진화된 국가는 단순히 부와 교육만으로 정의되지 않는다. 인간성과 타인에 대한 배려 역시 필요하다."[3]

---

3   Seah Chiang Nee, "Explaining the Ugly Singaporean." 이는 다음의 자료에서 재인

방문객에게는 훌륭하게 보일지도 모르지만, 싱가포르 사회는 사람들이 실제 공동체에서 떨어진 고립된 환경에서 살아갈 때 발생하는 긴장을 보여주고 있다. 캄풍은 주택뿐만 아니라 의미 있는 사회적 상호작용을 위한 공공장소도 제공했다. 새로운 싱가포르에서 주택 확보는 용이하다. 하지만 이는 사람들이 문화적·사회경제적 경계선을 뛰어넘어 상호작용하는 공공장소를 희생시킨 결과다. 공공장소와 관련하여 국제연합이 발표한 문서는 아래와 같은 결론을 내렸다.

공공장소는 평등을 발생시킨다. 공공장소가 부족하고, 설계가 미흡하며, 사유화되어 있는 그런 도시는 점점 더 분리된다. 사람들이 서로 만나거나 알아가지 않으므로 종교, 민족, 성, 경제적 지위를 기초로 경계선이 그어진다. 그 결과 사회적 긴장이 고조되고 사회적 이동 및 경제적 기회가 억제되는 양극화된 도시가 발생할 수 있다.[4]

앞서 언급했듯이, 이와 유사한 역학이 미국의 교외 혹은 시골 상황에 존재한다. 교외 지역에는 외부인 출입이 제한된 주택지와 높은 담장과 전방을 향한 (폐쇄된) 차고 문을 가진 규격화된 집들이 들어섬으로써 고립, 분리, 배제가 강화될 수 있다. 시골 지역의 사람들은 넓은 토

용한 것이다. Lucky Tan, *Diary of a Singaporean Mind* blog, May 19, 2008, http://singaporemind.blogspot.com.au/2008/05/explaining-ugly-singaporean.html.

4 UN Habitat issue paper, "Public Space," New York, May 2015, http://unhabitat.org/wp-content/uploads/2015/04/Habitat-III-Issue-Paper-11_Public-Space-2.0.compressed.pdf.

지와 잠겨 있는 문들로 인해 분리되어 있으며, 이웃들은 대부분의 사회적 상호작용을 위해 장거리를 왕복해야 한다. 이런 장애물들은 관계 구축을 추구할 때 확실히 극복될 수 있다. 그러나 우리가 여기서 이런 장애물을 끄집어내는 이유는 비단 도시 중심가에서만이 아니라 다양한 상황에서 환경을 통한 인간의 분리가 영속될 수 있음을 알리기 위함이다. 우리가 구축해놓은 환경은 진정한 공동체를 구축하는 우리의 능력에 영향을 미친다.

물론 아무도 싱가포르가 캄퐁으로 되돌아가야 한다고 제안하지 않는다. 다만 싱가포르 국민들은 신도시주의를 위한 의회(Congress for the New Urbanism)의 제니퍼 크로우스(Jennifer Krouse)가 이름 붙인 **장소 만들기**(placecrafting) 개념에 더 큰 관심을 기울일 필요가 있다. 장소 만들기는 사회적 편의시설의 극대화를 목적으로 지역사회의 공공장소를 형성하는 일종의 협력 과정이다. 싱가포르가 미래의 도시처럼 보일지 모르지만, 우리는 싱가포르를 보면서 한 장소를 정의하는 물리적·문화적·사회적 정체성에 특별한 관심을 기울여야 할 필요성을 많이 배우게 된다. 공공 공간 프로젝트(Project for Public Spaces)의 에단 켄트(Ethan Kent)는 아래와 같이 설명한다.

"미래 도시"에 대한 현재의 비전은 도시를 가치 있게 만들고 존속하게 하는 특징, 즉 사람, 차이, 혼돈, 길거리 생활, 상호작용이 결여되어 있다. 미래에 대한 이런 이미지들은 이동성, 아이콘, 개방된 공간과 같이 쉽사리 엇갈릴 수 있는 도시의 목적들을 묘사하면서 정작 훌륭한 도시가 생

산해낼 수 있는 요소들, 즉 접근, 사회성, 효용, 편안함, 정체성—이것들
이 장소의 중요 요소들이다—과 같은 특징들을 무시해버린다.[5]

우리는 최근의 연구들을 통해 도시에 공공 공간을 제공함으로써 상당
한 사회적 이익이 발생함을 알게 되었다. 공공 공간은 경제적 활력의
증가, 의료 및 도시 관리를 위한 공공 지출의 감소, 사업상의 신뢰 증
진을 가져온다. 그러나 그 이상으로, 좋은 공공 공간은 거주자들의 개
선된 삶의 질로 이어진다. 공공 공간을 통해 보안 및 안전 의식이 증
진되고 평등과 안정이 조장된다. 그뿐 아니라 공공 공간은 문화적 활
력과 시민의 자부심을 발생시킨다. 그러므로 공공 공간은 자연스럽게
환경에 이로움을 준다. 만일 교회가 그들의 상황을 바꾸는 일에 진지
하다면, 장소 만들기가 교회의 사고에 핵심이 되어야 한다.

공간 확보로서의 장소 만들기

지역사회에서 장소 만들기를 진행할 때 그 최전방에 서는 것은 누구
의 역할일까? 우리는 이윤 극대화와 비용 최소화에 매몰되어 있는 세
상, 곧 신자유주의적 자본주의 패러다임이 지배하는 세상에 살고 있

---

5   Ethan Kent, "A Thriving Future of Places: Placemaking as the New Urban Agenda,"
     www.pps.org/a-thriving-future-of-places-placemaking-as-the-new-urban-agenda/.

다. 싱가포르의 예는 경제 번영의 차원에서만 성공을 가늠할 때 어떤 종류의 도시가 탄생하게 되는지를 보여준다. 결과적으로 부동산 개발 업자들과 시청이 지역사회의 발전을 위한 공공장소 형성을 보장하는 일에서 늘 앞장서는 경향이 있는 것은 아니다. 그렇다면 장소 만들기에 앞장서는 역할은 특별한 세계관을 가진 사람들, 즉 변화를 가져오는 실제적 관계의 힘에 영향을 받는 세계관을 지닌 사람들의 몫이다. 그러므로 이것은 확실히 교회의 역할이다. 교회는 보다 나은 도시의 구축에 있어 거주자들이나 사업주들뿐만 아니라 도시 계획가들, 개발자들, 도시 관리자들로서 일하는 기독교인들에게도 영향을 미치는 데 도움이 될 수 있을까? 우리는 이를 사회에 의미 있는 기여를 할 수 있는 기회로 여긴다.

앞서 우리는 산파의 핵심 역할이 공간을 확보하는 것, 즉 수월한 출산을 위해 환경 요소들을 안무를 짜듯 구성해내는 것임을 규명했다. 이는 정원사나 농부의 역할과 유사하다. 정원사들은 기술적으로 아무것도 길러내지 않는다. 길러내는 일은 토양의 역할이다. 정원사들과 농부들은 계절에 맞춰 일하고, 땅을 경작하며, 물, 퇴비, 비료를 보충함으로써 환경을 솜씨 있게 다루거나 정돈하여 발아와 성장을 돕는다. 장소 만들기는 원예의 한 형태다. 왜냐하면 장소 만들기는 하나님의 새 창조가 발아하고 번성하도록 우리의 환경을 형성하는 데 기여하는 것이기 때문이다.

기독교인들은 그들의 도시 환경을 형성해온 역사를 지니고 있다. 필립 셸드레이크(Philip Sheldrake)는 『도시의 영성』(*The Spiritual City*)에

서 중세의 도시 형태를 형성하는 데 기독교가 담당한 종교적 질서의
역할에 대해 아래와 같이 지적한다.

> 중세 후반에 이탈리아의 거대한 도시 광장들의 개발은 프란체스코회,
> 도미니크회, 성모마리아 시종회, 그리고 그들에게 속한 교회들과 같은
> 새로운 종교 질서에 크게 힘입었다. 이런 건물들은 군중이 설교를 경청
> 할 수 있도록 넓게 탁 트인 공간을 향해 있었다(예를 들어, 피렌체의 유
> 명한 광장들은 산타 크로체, 산 마르코, 산타 마리아 노벨라, 산티시마
> 아눈지아타의 교회들의 외부에 존재한다). 고대 로마의 주랑이 수도원
> 회랑의 설계를 낳았듯이, 후기 중세 시대에 세속화된 도시의 새로운 영
> 성이 일어나는 가운데 수도원 회랑은 도시 안으로 진입하여 주랑 형식
> 의 광장들을 탄생시켰다. 이 공간은 도시의 비전을 은유적으로 그리고
> 실제적으로 제공했다(은유적이라 함은 이 공간이 상호 교제 및 작용을
> 위한 공공 공간의 개념을 만들었기 때문이고, 실제적이라 함은 이 공간
> 이 새로운 도시 풍경을 가능케 했기 때문이다).[6]

피렌체의 광장들이 기독교가 최고조에 달했던 기간에 설립되었다는
것과, 오늘날 교회가 구축된 도시 환경에 접근하거나 영향을 미칠 수
있는 기회가 더 이상 없다는 것은 분명한 사실이다. 하지만 이것이 교

---

6   Philip Sheldrake, *The Spiritual City* (Chichester, UK: John Wiley & Sons, 2014, 『도
     시의 영성』[IVP 역간]), 70-71.

회가 장소를 형성하는 역할에서 물러나야 함을 의미하는 것은 아니다. 사실 우리는 교회가 장소를 형성하는 것을 보기 위해 그리스 시대의 아고라, 로마 시대의 포룸, 또는 중세 시대의 피렌체로 거슬러 올라갈 필요가 없다. 뉴잉글랜드의 마을 잔디밭들과 중서부의 도시 광장들은 교회와 도시 구성 사이의 연결고리를 보여주는 최근의 예다. 오늘날 몇몇 교회는 장소 만들기에 기여하는 데 최선을 다하고 있으며, 그들이 사용하는 용어들 중 하나는 공공자산(commons)이라는 용어다. 공공자산이란 전통적으로 환경 요소들로 정의되는데, 예를 들면 숲, 강, 어장, 목초지처럼 모두가 공유하여 사용할 수 있는 곳을 의미한다. 오늘날 도시의 공공자산은 건강한 사회 기능을 돕는 모든 공적 요소들, 곧 공공장소, 광장, 학교, 시장, 의료 시설, 그리고 다른 기반 시설을 의미한다. 교외의 한 교회는 그들의 지역사회에서 공공자산을 형성하는 데 도움을 주어야 하는 그들의 임무를 진지하게 받아들였다.

미시건주 브라이튼에 소재한 2|42 공동체 교회(2|42 Community Church)는 도시에 버려져 있던 테니스/라켓볼 센터를 최근에 구입했는데, 이 센터를 예배처소로 새롭게 단장하여 주일 예배에만 사용하는 대신에 다른 것을 시도했다. 이 교회의 목사 데이비드 덤미트(David Dummitt)는 이 건물을 아래와 같이 묘사한다.

내가 처음 이 버려진 건물을 둘러보았을 때, 이 건물은 15년간 비워져 있었고 심각한 파손 상태에 있었다. 마치 좀비가 출현하는 드라마 〈워킹

데드〉(The Walking Dead)의 촬영 장소 같았다. 여전히 바닥에는 신발들이 놓여 있었고, 사물함에는 반바지와 수건들이 있었으며, 테니스 공들이 광활한 건물에 있는 코트들을 어지럽히고 있었다. 광범위한 누수로 얼룩진 벽과 떨어져 주저앉은 천장 타일을 바라보면서 나는 평소답지 않게 이 건물의 회복 가능성에 확신이 서지 않았다.[7]

그래서 그는 "개장 임박—당신이 결정하세요"라는 문구와 전화번호가 적힌 표지판을 건물 앞에 설치했다. 사실상 2|42 공동체 교회는 그들의 건물을 이웃들에게 양도했다. 오늘날 이 건물은 예술 학교(School for the Arts)와 공용 카페(Commons Café)를 주최하는 지역 문화 회관 역할을 하고 있다.

"만일 우리가 평범한 계획을 따랐다면, 땅값이 보다 저렴한 외곽지역에 건물을 세우고 지역사회가 우리에게 다가오기를 기다렸을 것이다"라고 덤미트는 말한다. "대신에 우리는 도시에 있는 가장 보기 흉한 장소를 매입했다. 그러나 그 장소는 우리가 접촉하고자 하는 사람들과 가까운 장소였다."[8]

캘리포니아주 산간 마을인 줄리안(Julian)에 살고 있는 두 가정, 즉 엘리사라스(Elisaras) 가정과 파커스(Parkers) 가정은 공동으로 집

---

7   Mel McGowan, "Designing the Church as Today's Town Square," *Outreach Magazine*, June 28, 2015, www.outreachmagazine.com/ideas/12074-designing-the-church-as-todays-town-square.html.

8   위의 글.

한 채를 구매하고 이를 환대의 장소로 개장하여 마을 행사, 훈련, 수련회를 개최하기로 결심했다. 그들은 이를 줄리안 프로젝트(Julian Project)로 명명하고, 공익을 위해 그들의 토지 및 자산을 사용할 뿐만 아니라 보다 광범위한 상황에 직접 참여하고, 도시의 결정 사항에 영향을 미치며, 줄리안에 있는 학교들에서 자원봉사자로서 참여하고, 위원회 활동을 하며, 자연보호센터를 설립하고, 삼림 경비를 하며, 건강에 보다 좋은 음식, 보다 나은 환경 보호, 줄리안 거주민들 대부분에게 유익을 줄 수 있는 보다 의도적인 도시 계획을 옹호하기 위해 애써왔다. 관광업과 농업(특히 사과 농장)이 주를 이루는 산간 마을을 위해 이 두 가정은 20년 이상 장소 만들기를 추진하면서 지역사회를 세우고 지속적인 변화를 시작하고 있다.

어떻게 장소 만들기를 실행할 것인가?

앞서 우리는 우리의 훌륭한 친구들인 폴 스파크스, 팀 소렌스, 드와이트 프리센이 공동 저술한 『새로운 교구』(*The New Parish*)에서 했던 말을 인용했다. 장소 만들기의 도전에 대한 그들의 접근은 교회들이 그들의 지역사회 안에서 그들의 이웃들과 안에서 함께하면서(in-with) 교회의 모습을 스스로 재발견할 것을 요구한다. 다시 말해 교회들은 특정 장소 내에 존재하는 것이 무엇을 의미하는가와 그 장소에서 다른 이들과 어떻게 협력해야 하는지를 탐구해야 한다. 위의 세 친구는 교회가 수용해야 하는 네 가지 중요한 도전을 아래와 같이 강조한다.

- 특정한 지역사회 내의(within) 교회
- 상호 번영을 위해 다른 전통을 가진 기독교인들 안에서 함께 하는(in-with) 교회
- 한정 가능한 장소 내의(within) 교회
- 자신이 속한 장소를 초월하여 안에서 함께하며(in-with) 협력 하는 교회[9]

그들은 다음과 같은 방식으로 설명한다.

우리가 ~내의(within)라는 단어를 통해 의미하는 것은 당신의 장소가 살기 좋은 장소가 되길 한마음으로 바라는 이웃들과의 연대다. ~내의 (within)라는 말은 당신의 상황에 정착하는 것에 관한 것이다.…안에서 함께하는(in-with)이란 말은 당신의 지역사회에 사는 사람들과 협력하 여 모두를 위한 삶의 번영을 꾀하는 것에 관한 것이다. 안에서 함께하는 (in-with)이란 말은 당신의 장소에 관심이 있는 다른 이들과의 선교적 협력의 한 형태로서 이해될 수 있다.[10]

---

9   Paul Sparks, Tim Soerens and Dwight J. Friesen, *The New Parish* (Downers Grove, IL: InterVarsity Press, 2014).

10   위의 책, 47.

이 접근법이 우리가 앞서 살펴본 에모리 대학교의 사회 변화 모델과 얼마나 유사한지에 주목하라. 진정한 사회적 변화가 일어나기 위해 사람들에게 필요한 것은 자기 인식, 진정성, 그리고 다른 이들과의 협력 및 공통의 목적을 수용할 수 있는 공감이다. 이것은 공공장소의 개발에 변화를 가져오는 데 꼭 필요하다. 지역사회, 공정함, 그리고 관계를 촉진시켜주는 안전한 공공장소를 형성할 때 필요한 것은 도시, 도시 계획자들, 건축가들, 지역사회 단체, 역사 보존 협회 사이에서의 협력이다. 안전한 공공장소 형성에는 토지 사용, 지역 음식 체계, 환경적 지속 가능성, 공중위생, 교통 등과 같은 것들이 반드시 고려되어야 한다. 교회가 매우 중요한 역할을 할 수 있다는 점에는 의심의 여지가 없다. 그러나 교회는 도시 내 다른 목소리들과의 보다 깊은 교류와 더 큰 협력이 필요함을 반드시 인지해야 한다. 실제로 이것이 하나님의 산파들이 수행해야 하는 바로 그 작업이다. 왜냐하면 이 일을 통해 하나님의 새로운 구원의 목적들이 탄생할 비옥한 공간이 생성되기 때문이다.

교회들은 장소 만들기를 일종의 선교 사업으로서 무시해버릴 수 있다. 왜냐하면 장소 만들기는 기독교 선교보다는 지역사회의 개발 작업에 더 가까워 보이기 때문이다. 우리는 장소 만들기가 기독교 선교에 필수 요소라고 제안하고자 한다. 만일 구축된 환경이 관계와 접근을 제한해버린다면 어떻게 기독교인들이 그들의 이웃을 만나거나 그들의 삶을 이웃과 나눌 수 있겠는가? 장소 만들기는 정원에 물을 주거나 밭을 가는 일과 같다. 왜냐하면 장소 만들기를 통해 발아, 탄생, 그리고 성장이 발생할 수 있는 조건들이 생성되기 때문이다.

공공 공간 프로젝트는 훌륭한 지역사회 장소를 만들기 위한 여러 원칙을 규명했다.[11] 비록 기독교 조직은 아니지만, 공공 공간 프로젝트의 핵심 요소들은 선교 행위와 완전히 일치한다. 이 핵심 요소들은 공원, 시장, 공공 광장, 거리, 보도, 그리고 그 외 공간을 활발한 지역사회 장소로 변화시키는, 환상적으로 실용적인 아이디어다. 이런 아이디어 중 일부는 아래와 같다.

1. 지역사회는 전문가다. 나(마이클)는 교회 지도자들에게 그들의 지역사회의 목소리에 귀를 기울이라고 자주 권면한다. 윌리엄 오슬러 (William Osler)는 존스 홉킨스 병원(Johns Hopkins Hospital)을 설립한 교수 중 한 명으로 다음과 같은 유명한 말을 남겼다. "당신의 환자의 말에 귀를 기울이라. 왜냐하면 그들이 당신에게 진단을 말하고 있기 때문이다." 오슬러에 따르면, 병든 몸은 무엇이 필요한지를 "알고 있다." 그래서 의사들이 충분히 오랫동안 경청한다면 병든 몸의 이야기를 듣게 될 것이다. 그는 병원에서 숙식하며 상시 대기하는 거주 제도 (residency system)를 확립했는데, 이 제도에 따라 의사들은 병원의 행정 건물에서 살았다. 의사는 7년에서 8년을 병원에서 레지던트(resident) 로 보낼 수 있는데, 이 시기의 의사는 환자 치료에 헌신하는 제한되고

---

11   Project for Public Spaces, "Eleven Principles for Creating Great Community Places," www.pps.org/reference/11steps/.

수도자 같은 삶을 살아간다. 우리는 다음과 같이 생각할 수밖에 없다. 즉 장소 만들기는 지역사회 내에 존재하는 재능 및 자산뿐만 아니라, 장기간의 헌신과 지역사회의 필요를 발견하기 위해 그 사회의 마음에 귀를 기울이는 것을 필요로 한다고 말이다. 공공 공간 프로젝트가 말하는 것처럼 "어떤 지역사회든지 그곳에는 지역의 기능 방식에 대한 역사적 관점과 값진 통찰뿐만 아니라 중대한 이슈에 대한 이해와 의미 있는 것을 사람들에게 제공할 수 있는 이들이 존재한다."[12] 이런 사람들을 무시하지 말라. 그들은 장소 만들기 과정에 반드시 필요하다.

2. 외관(design)이 아니라 장소를 만들라. 장소 만들기는 사람들이 환대와 편안함을 느끼도록 도움을 주고, 강한 공동체 의식을 조성해주는 물리적 요소들의 도입을 포함한다. 오래된 교회들이 마을과 지역사회의 한가운데에 많이 위치한다. 이런 교회들이 허브 정원, 공공좌석 또는 운동장을 마련함으로써 그들의 재산을 지역사회에 개방하는 방식을 탐구한다면 어떨까? 스코틀랜드 글래스고에 있는 클레이 공동체 교회(Clay Community Church)의 목사인 폴 이드(Paul Ede)는 지역에서 미사용 중인 공공 토지의 재건에 대한 비전을 갖고 있다. 미사용 중인 공공 토지의 상당 부분은 폐타이어와 가정에서 배출되는 쓰레기를 버리는 쓰레기장이 되어버렸다. 아이들은 그곳의 쓰레기 더미를 뒤지고, 그곳 일대는 눈에 거슬린다. 그곳은 더 작은 아이들에게는 안전

---

12   위의 글.

하지 않은 장소다. 클레이 공동체 교회는 지역사회 정원, 공공 잔디밭 및 목초지 조성을 통해 이 지역사회의 재정비를 전반적으로 돕고 있는데, 특히 이드 목사가 맡고 있는 교구의 공간이 더 큰 품위와 쾌적함 및 유용성을 되찾도록 만들고 있다.

"팝업 공원"(pop-up parks)은 우리가 지금 이야기하고 있는 것에 대한 기막히게 좋은 또 다른 예다. 이 팝업 공원은 비용 효율성이 있는 임시 공간으로 도심에 건설되어 있으며, 공동체 의식을 함양하고 지역사회의 주인의식 및 정체성을 강화하는 것을 목적으로 한다. 팝업 공원은 막대한 자본으로 설립된 환경을 초월하여 장소 만들기를 혁신하는 것, 곧 외관이 아닌 장소를 만드는 것이 어떤 모습인지를 보여주는 훌륭한 예다. 2014년에 샌디에고 시내의 이스트 빌리지(East Village)는 그들의 첫 번째 팝업 공원을 개장했는데, 이 공원의 이름은 쿼트야드: 당신의 도시 구획(Quartyard: Your City Block)이다. 이 팝업 공원의 조성은 샌디에고의 뉴 스쿨 건축디자인학과에 재학 중인 세 명의 대학원생이 학교 맞은편 거리에 있는 눈에 거슬리는 부지를 발견하면서 시작되었는데, 이 부지를 보면서 그들은 미사용 중인 토지를 유용한 곳으로 변화시키는 프로젝트 개발을 떠올리게 되었다. 그들은 이 토지를 임시로 임대하여 그곳에 재활용 자재 및 개량 자재로 만들어진 열네 개의 선적용 카트를 가져다 놓았다. 그리고 함께 만들어가는 지역사회를 꿈꾸며 여기에 매력적인 조경을 추가하고, 현지 식품 및 공산품 유통업자들에게 이곳에 상점을 세우도록 요청했다. 쿼트야드 공원은 라이브 음악, 영화 행사, 모금 행사, 농산물 시장, 예술 시장등 다양한 행사를 개최한다. 부지의 비어 있는 부분을 취하여 이를 행사 및 식사 공간으로 활성화함으로써 샌디에고 시내의 이스트 빌리지 지역에는 더 깊은 공동체 의식 및 자부심이 생성되고 있다.[13]

토지 및 건물의 혁신적 사용은 좋은 외관을 넘어서는 것으로, 자칫 냉혹하고 단절될 수 있는 도시의 상호 연결성을 촉진시킨다. 이것이 바로 장소 만들기의 핵심 요소다. 이런 종류의 새로운 중대 계획 내에서 관계가 구축되면서 지역사회는 더 큰 선을 위해 함께 고군분투하기 시작한다.

3. 동료를 찾으라. 위에 언급했듯이 스파크스, 소렌스, 프리센은 지역사회 내에서 협력해야 할 필요성을 강조한다. 이 일은 같은 마음을 품은 이웃들과의 협력을 포함한다. 미래에 장소 만들기 프로젝트가 성공하기 위해서는 같은 마음을 품은 이웃들이 매우 중요하다. 물론 교회가 혼자서 지역사회를 위한 정원을 조성하거나 지역 공원을 개조할 수 있다. 그러나 공공장소 형성의 참된 성공은 대중이 관련 시나리오 및 시행을 계획하고, 토의하며, 개발하는 데 참여할 때라야 비로소 가능하다.

우리의 이웃들 대부분이 우리가 공용하는 장소를 진심으로 걱정한다. 그들이 적극적으로 장소 만들기의 노력에 관여하고 있는지 여부와 상관없이 말이다. 그리고 많은 이들이 우리가 배울 것이 많은 훌

---

13   더 자세한 정보를 위해서는 다음의 인터넷 주소를 방문하라. www.quartyardsd.com.

류한 장소 만들기 프로젝트들을 개시하고 있다. 분명히 말해서 이와 같은 협력은 교회인 우리가 더 나은 것을 취하거나 시도하기 위해 도시 안으로 침투해 들어가는 것을 목적으로 삼는 그런 기독교 전략이 아니다. 우리는 이런 모험 가운데 함께할 우리의 이웃들이 필요하다! 진정한 협력은 우리의 장소에 이미 존재하는 기술, 재능, 비전을 인정하고 따르는 일을 포함한다. 우리의 광범위한 지역사회의 장소 제작자들을 치하하는 일은 하나님께서 우리의 장소에서 이미 행하고 계시는 일에 박차를 가하는 것을 의미한다.

나(크리스티아나)는 최근에 새로운 내러티브(New Narrative)라고 명명된 대대적인 도시 행사의 출범에 초대받았다. 이 행사를 주창한 사람은 내 지역사회에 사는 네이선(Nathan)인데, 그는 예수를 믿지 않는다. 네이선은 홍보와 마케팅 분야의 일상 업무 외에도 말하기 및 쓰기의 코치로서, 우리의 도시와 전 세계에서 중요한 변화를 일으키고 있다고 생각되는 지역 연사들과 이야기꾼들을 발굴하고 모으기를 원했다. 그리고 그는 다양한 형태의 대중적 수사학을 동원하여 정기적으로 새로운 내러티브 행사를 지역 현지에서 개최하고 있다. 네이선은 이야기꾼들이 사회를 바꿀 수 있다고 믿는다. 만약 우리가 설득력 있고 일상적이며 다루기에 민감한(vulnerable) 이야기들을 할 수 있다면, 우리는 다르게 살고, 조금 덜 미쳤다고 느끼며, 세상의 미래에 대한 새로운 내러티브가 가능할 뿐만 아니라 현실적이라고 믿도록 서로 격려할 수 있다.

네이선은 한 토론 포럼에 나를 초대했는데, 이 포럼은 지역사회에 대한 새로운 내러티브 행사를 준비하기 위해 마련된 것이었다. 네이선은 골든힐(Golden Hill)에 위치한 우리의 신앙 공동체에 대해 들었고, 예수를 믿는 목적 지향적인 공동체가 어떻게 지역사회에 선한 영향력을 미치는지를 궁금해했다. 나는 엄청난 유력인사들과 함께 둘러앉았는데, 그곳에는 공중위생 분야 종사자들, 지역의 도시 농부들, 불법 이민자들에 대한 부당한 대우를 막기 위해 일하는 사람들, 지역 라디오 방송 프로그램인 엘 데일리 저스티스(El Daily Justice)의 진행자, 도시의 인종주의 및 차별 문제에 대한 인식 형성을 위해 자신의 작품을 사용하는 시인, 현지 장소 만들기를 위해 일하는 비영리 지도자도 있었다. 이런 토론 및 공공 행사는 우리 도시에 파문을 일으키고 있으며 우리가 공유하는 장소에서 평화 및 정의를 위해 투쟁하도록 사람들을 결속시키고 있다.

교회인 우리는 이런 협력자들을 존중하고, 그들을 부각시키며, 그들로부터 배우고, 그들과 같이 일하면서 우리가 고대하고 있는 미래를 위해 함께 장소를 만들어가야 한다.

4. 당신은 관찰만 하더라도 많은 것을 볼 수 있다. 도시 표현(Urban Expression)이라는 영국 단체의 줄리엣 킬핀(Juliet Kilpin)은 다음과 같이 말한다. 우리는 옛 격언인 "그냥 그곳에 앉아 있지만 말고, 무엇을 하라"를 보다 선교적 취지의 "그냥 무엇을 하지만 말고, 그곳에 앉으라!"로 뒤집어야 한다고 말이다. 그곳에 앉으라. 당신의 지역사회에 참여하라. 무슨 일이 일어나는지를 관찰하라. 당신의 지역사회에서 중심지는 어디

인가? 사람들은 어디서 모이는가? 그들은 어떤 경로로 이동하는가? 상당히 많은 교회 지도자가 무엇을 시작하는 데 너무 필사적인 나머지 자신의 지역사회를 제대로 관찰하지도 않은 채로 새로운 프로그램과 계획을 시작한다.

포틀랜드(Portland)에 사는 션 베네쉬(Sean Benesh)와 런던에 사는 데니스 페더스(Dennis Pethers)는 우리가 살고 있는 도시의 "옥상"에 올라가보라고, 그래서 아래를 내려다보고 사람들이 어떻게 살고, 어떻게 이동하며, 어느 장소에서 어떻게 서로를 만나고 있는지를 알아보라고 은유적으로 권면한다.[14] 에릭 제이콥슨(Eric Jacobsen)은 『사이 공간』(The Space Between)에서 다음과 같이 말한다. "건물 사이의 공간에 주목하는 것은 중요하다. 왜냐하면 바로 그 공간에서 삶의 보다 흥미로운 사건들이 일어날 가능성이 있기 때문이다."[15] 혹은 공공 공간 프로젝트의 주장처럼 "사람들이 어떻게 공간을 사용하는지(또는 사용하지 않는지)를 보고 그들이 그 공간에 대해 무엇을 좋아하고 싫어하는지를 탐구함으로써 무엇이 그 공간으로 하여금 일하거나 일하지 않도록 만드는지를 평가할 수 있다."[16] 오직 이런 종류의 의미 있는 관찰을 통해서만 우리는 하나님의 통치가 우리의 지역사회에서 어떤 모습을 띠는지를 알 수 있다.

---

14 Sean Benesh, *View from the Urban Loft* (Eugene, OR: Wipf and Stock Publishers, 2001).

15 Eric O. Jacobsen, *The Space Between* (Grand Rapids: Baker Books, 2012), Kindle edition, Loc. 61.

16 Project for Public Spaces, "Eleven Principles."

골목길을 걷거나 관찰하면 아마도 추정되는 것보다 훨씬 더 많은 장소를 알 수 있을 것이다. 골목은 사람들이 혼자 있거나, 숨거나, 개를 산책시키거나, 지름길로 삼거나, 단지 느린 속도를 유지하기 위해 사용하는 곳이다. 골목은 은폐된 폭력이나 은밀한 사랑을 위한 곳이다. 골목은 우리의 장소에서 눈에 띄지 않는 현실을 표현한다. 이 숨겨진 통로 역시 장소 만들기에 대한 우리의 실천에 반영되어야 한다. 그러나 의미 있는 관찰 없이는 우리가 베니어판 뒤에서 봐야 하는 것을 실제로 전혀 보지 못할 것이다. 이런 종류의 관찰은 우리를 의도적인 행동으로 이끌 것이다.

우리(크리스티아나)의 지역사회에는 일부는 합법적이고 일부는 불법적인 온갖 종류의 길거리 예술 작품들이 있다. 특히 골목길 벽에 덕지덕지 붙어 있는 메시지들과 그림들은 우리의 지역사회와 관련하여 우리가 보통 귀로 들을 수 있는 것보다 더 많은 것을 말해준다. 우리는 게시물, 낙서, 스티커, 심지어 분필로 그린 그림처럼 단순한 것을 통한 이런 기초적인 메시지들에 우리의 표시를 추가할 수 있다. 우리의 지역사회 동료 중 한 명은 우리의 지역사회를 "친절"이란 단어와 연결하기 시작했는데, 이 단어는 갈라디아서 5장의 성령의 열매에서 도출한 기도의 표시였다.

장소 만들기는 문화에 잠재된 메시지들을 충분히 오래 관찰한 다음에 지역사회로서 우리가 들어야 하는 것, 곧 우리의 장소를 위한 하나님의 메시지에 변화를 주거나, 대응하거나, 그것을 강화시키기 위해 창조적으로 우리의 목소리로 기여하는 것을 포함한다.

5. 비전을 품으라. 공공 공간 프로젝트는 독자들에게 비전, 곧 지역사회에 편안함, 자부심, 아름다움을 제공하는 계획을 품으라고 권한다. 이는 모두 좋은 것이다. 그러나 예수를 따르는 우리의 비전은 하나님의 통치에 근거한다. 크리스토퍼 라이트(Christopher Wright)의 말처럼 "우리의 사명은 하나님과 함께 이 장엄한 이야기에 참여하는 것이다. 하나님이 이 장엄한 이야기의 보장된 절정을 가져오실 때까지 말이다."[17] 그리스도를 따르는 자들로서, 장소 만들기를 위한 우리만의 구별된 비전은 무엇인가? 어떤 장소 만들기 계획들은 재미, 음식, 친목과 같은 경험으로 끝날지도 모르지만, 우리는 복음이 현세와 내세를 위해 더 깊고, 더 풍성하며, 더 만족스러운 무엇을 의도하고 있다고 믿는다. 다가오는 하나님 나라의 궁극적인 목적은 모든 단계에서 발생하는 세상의 변화다.

예수의 방식에 따른 장소 만들기는 언제나 우리와 다른 이들 모두에게 이사야 61장에 먼저 기록되었고 누가복음에서 반복된 예수의 선교 파송을 가리켜야 한다. "주의 성령이 내게 임하셨으니, 이는 가난한 자에게 복음을 전하게 하시려고 내게 기름을 부으시고 나를 보내사 포로 된 자에게 자유를, 눈 먼 자에게 다시 보게 함을 전파하며, 눌린 자를 자유롭게 하고"(눅 4:18).

그렇다면 우리의 모든 장소 만들기는, 그것이 크건 작건 간에, 결

---

17 Christopher J. H. Wright, *The Mission of God's People: A Biblical Theology of the Church's Mission* (Grand Rapids: Zondervan, 2010, 『하나님 백성의 선교』[IVP 역간]), 44.

과적으로 어떻게 우리와 다른 사람들을 예수를 통한 하나님의 회복 사역으로 이끄는가? 예수의 방식을 통한 장소 만들기는 일상의 신실함으로 시작하고 끝난다. 큰 비전은 소소한 실천 행위들에 기반한다. 우리는 사람들이 하나님의 구속적 통치를 경험할 뿐만 아니라 그리스도와의 관계 속으로 들어갈 수 있는 기회를 제공한다. 이런 기회는 자유, 회복, 치유를 가져오고 다른 이들을 위한 하나님의 위대한 비전에도 기여하는 방식으로 제공된다.

매트(Matt)와 에이미 채프먼(Amy Chapman) 부부는 시애틀 도시 인근으로 이사한 후 얼마 지나지 않아 마을 중심부에서 거대한 공사가 진행 중인 것을 알게 되었다. 이 특별한 건축 프로젝트는 193채의 호화 아파트가 위에 들어선 최고급 식료품점을 곧 열었다. 이 임대 아파트들과 그 밑에 있는 식료품점의 물건들은 당시 지역사회의 주민들 상당수에게는 그림의 떡이었다. 이 건축 프로젝트는 생활비를 올림으로써 이 비용을 감당할 수 있는 사람들을 끌어들이고, 결국 이 지역사회의 경제 흐름을 바꾸어놓으려는 개발자들의 노골적인 시도였다. 채프먼 부부와 새로 형성된 그들의 신앙 공동체인 평범한 삶(Common Life)은 그들의 이웃들과 함께 긴장감을 느꼈다. 그들은 평화를 위해 기도하고 이 변화에 어떻게 대처해야 할지를 창조적으로 분별하기 시작했다. 고급 주택화라는 다가오는 열차를 막는 일은 거의 불가능하다. 그러나 장소의 핵심 가치를 보존하기 위해 거주민들이 서로 팔짱을 끼고 연합하는 것은 이 지역사회에 영속적인 영향력을 미칠 수 있다.

채프먼 부부는 지역 술집에서 중요한 대화(Conversations that Matter)라는 지역 모임을 개최했다. 그리고 오랫동안 이 지역에 살고 있는 특정 주민들에게 토론에 참석하여 현 상황에 대해 토론하고, 공동체로서 어떻게 최선으로 대응하고 연대할 수 있을지에 대한 광범위한 관점을 제시해달라고 부탁했다. 그들은 지역사회 계정의 페이스북에 이 행사를 게시했는데, 이 페이스북의 가입 회원은 오천 명이 넘었다. 이 페이스북의 게시물은 기독교 단체가 이런 문제에 대한 토론을 개최한다는 것에 불편함을 느낀 이웃들 사이에서 동요를 일으켰다. 페이스북을 통한 지속적인 대화 후에 비기독교인이면서 높이 존경받는 노년층 거주자들 몇몇이 목소리를 냈다. 그들은 마틴 루터 킹 주니어(Martin Luther King Jr.)를 언급하며 다음과 같이 말했다. "믿음을 가진 교회 단체들과 교인들은 역사적으로 긍정적인 방식을 통해 사회 변화를 꾀했으므로, 우리는 이런 일에서 그들을 신뢰할 수 있습니다." 지역사회는 그들의 조언을 경청했고, 다양한 부류의 거주민들은 종교 단체가 주최하는 지역사회 간담회가 모두의 의견에 열려 있다는 전제 하에 이 간담회에 대한 지지를 표현했다.

이 토론회는 지역사회 주민들을 대표하는 여러 목소리를 경청할 수 있는 하나의 장이 되었는데, 여기서 그들은 서로를 돌아보며 함께 연합해 나아갈 수 있는 사려 깊은 선택들을 결의했다. 이 한 가지 사건에서부터 시작하여 이웃들의 핵심 단체가 그들이 살아가는 공간에서의 희망 및 변화의 시작을 도모하기 위해 함께 모이고 있다.

6. 돈은 문제가 되지 않는다. 장소 만들기에 늘 값비싼 기간 시설이나 건축 설계가 필요하다고 생각하기 쉽다. 사실 당신의 도시나 마을이 완전히 새로운 모습으로 재설계되는 것을 상상하는 것은 재미있을지 모르지만, 이런 일이 발생할 가능성은 매우 희박하다. 공공 공간의 기간 시설과 조화를 이루면서, 이 기간 시설이 제 기능을 발휘하도록 추가될 수 있는 요소들(예. 상점, 카페, 꽃, 의자)은 비싸지 않을 것이다. 게다가 당신이 전체 지역사회와 다른 동료들을 움직일 수 있다면, 그 비용은 훨씬 더 낮아질 것이다. 장소 만들기는 그것의 번영을 위해 모든 사람의 참여가 요구되는 대중 차원에서 이루어질 때 훨씬 더 의미가 있다. 예를 들어 애견 공원(dog park)의 설립은 개 주인들이 밖으로 나와 서로 교제하고, 개의 분비물을 치우며, 최선을 다해 그 장소가 개들에게 친근한 곳이 되도록 유지하는 것에 달려 있다. 푸드 트럭들이 근처에 주차되어 있는 공공 분수 옆에 벤치를 설치하는 일은 밖으로 나와 시간을 보내고, 놀이를 즐기며, 점심시간에 휴식을 즐기는 이웃들에게 달려 있다. 장소 만들기는 돈이나 오락에 의존해서는 안 되고, 실제 장소에 나타나는 사람들에게 의존해야 한다.

아이들은 이런 점을 이해함에 있어 우리를 도와줄 수 있는데, 왜냐하면 아이들은 재미를 느끼고, 서로를 즐기며, 순간을 만끽하는 데 돈이 필요 없기 때문이다. 아이들은 나무들, 탁 트인 운동장, 종이와 가위, 아이스크림 콘만 있으면 그 모든 것을 즐길 수 있다! 아이들은 어떤 환경에서도 더 큰 현실을 상상할 수 있는 신비로운 능력이 있다. 소비지상주의는 장소 만들기가 조성해야 하는 것의 중심으로부터 우리를 멀어지게 만든다. 우리는 아이들처럼 단결하고, 서로를 존중하며, 순간을 즐기고, 함께 또 다른 미래를 상상하게 만드는 장소를 만드는 것에 대한 단순성을 최선을 다해 회복해야 한다.

7. 당신의 일은 결코 끝나지 않는다. 공공 공간 프로젝트는 다음과 같이 말한다. "본질적으로 지역사회의 필요, 의견, 지속적 변화에 호응하는 공공장소는 주의를 요구한다. 편의 시설은 낡아지고, 필요의 내용은 변하며, 다른 상황들이 도시 환경에서 발생한다. 변화의 필요에 열려 있고 그 변화를 시행하기 위한 경영상의 융통성을 확보함으로써 훌륭한 공공 공간과 도시 및 마을들이 세워진다."[18]

우리는 이 말에 동의한다. 왜냐하면 장소 만들기는 지속적인 사업이기 때문이다. 나(마이클)는 50년 동안 같은 지역에서 살고 있다. 이 기간 동안 나는 정기적인 변화와 개선 및 혁신이 우리 마을 전체를 휩쓸고 지나가는 것을 보았다. 마을은 공공장소 조성이 끝나는 시점에 결코 도달할 수 없다.

앞서 지적했듯이 장소 만들기는 도시에 엄청난 가치를 더한다. 장소 만들기는 도시 미화와 관련된 단순한 프로젝트 이상이다. 장소 만들기는 사회 자본을 끌어들이고, 생태학적 다양성을 높이며, 문화적·경제적 활력을 불어넣고, 일반적으로 주민들의 삶의 질을 향상시킨다. 장소 만들기는 하나님 나라의 가치를 가져오고 자신의 지역사

---

18   Project for Public Spaces, "Eleven Principles."

회에 진정한 문화적 변화를 일으키는 데 헌신된 모든 기독교인에게 매우 중요한 일로 여겨져야 한다.

TO ALTER YOUR WORLD

10장

변화를 통한 변화

모든 사람은 세상을 변화시키는 일에 대해 생각한다.
하지만 아무도 자신을 바꾸는 일에 대해서는 생각하지 않는다.

레오 톨스토이(Leo Tolstoy)

우리는 우리 자신이 선교적 대화의 주요 교의에 확실히 동의하면서도, 우리가 하나님의 구속 사역에 관여하는 것이 예수를 따르는 우리를 실제로 어떻게 바꾸는지에 대해서는 많은 관심을 기울이지 못했다는 점에 주목한다. 만일 이런 삶의 방식이 우리의 정체성을 온전히 표현하는 것이라면, 성령을 따르고, 성령을 모방하며, 성령이 우리 주변에 탄생시키고 있는 것을 돕는 법을 배울 때 우리는 분명히 변하게 될 것이다. 우리는 반드시 변화되어야 한다! 바울은 다음과 같이 말한다. "우리가 다 수건을 벗은 얼굴로 거울을 보는 것 같이 주의 영광을 보매 그와 같은 형상으로 변화하여 영광에서 영광에 이르니 곧 주의 영으로 말미암음이니라"(고후 3:18).

선교 패러다임을 타인을 위해 성취하는 무엇으로서 이해할 때, 그리고 하나님의 선교에 참여하는 일이 우리가 원래 되어야 하는 존재가 되는 주된 방식임을 망각할 때, 우리는 상당히 많은 것을 잃게 된다. 사실 스스로를 선교적 존재라고 부르는 자들이 그리스도의 주되심 아래 자신들의 삶의 전 영역을 살펴보는 것은 매우 중요한 일이다. 우리가 확실하게 선교를 구체화하면 할수록, 우리는 더 많이 변하게 될 것이다. 우리의 삶의 가장 진정한 목적은 우리가 살고 있는 장소 안에서 하나님의 사역을 일상적으로 체화하는 사람에게서만 흘러나올 수 있다. 몇 년 전 나(마이클)는 앨런 허쉬(Alan Hirsch)와 함께 『새로운 교회가 온다』(The Shaping of Things to Come, IVP 역간)라는 책을 저술했다. 일부 독자들은 이 책이 미래의 형성 혹은 선교적 에너지를 발산하는 새로운 교회 구조의 형성에 관한 것이라고 생각했을지 모른다. 하지만 우리는 이 책이 선교가 그 참여자들을 어떻게 형성하는지에 관한 것임을 알고 있었다.

이와 유사하게 로저 헬랜드(Roger Helland)와 레너드 히얼마슨(Leonard Hjalmarson)은 함께 저술한 『선교적 영성』(Missional Spirituality)에서 우리의 행위와 우리의 내적 삶의 형성, 이 둘을 모두 포함하는 선교적 삶의 전방위적 본질을 탐구한다. 그들은 이렇게 말한다. "우리는 우리에게 없는 것을 줄 수 없다. 우리가 주어야 하는 것은 우리의 정체성이다. 기독교인들은 그리스도의 말과 행위를 실제 삶에서 드러내는 본보기가 되어야 한다. 선교적 영성은 **제자도의 근본**이다. 왜냐하면 그리스도의 추종자들은 그들의 주인, 교회의 설립자이자 머리, 새 사람이신 그리스도를 더욱 닮아야 하기 때문이다(엡 2장)."[1]

이전 장에서 나누었듯이 우리는 하나님이 새 창조를 탄생시키실

---

1   Roger Helland and Leonard Hjalmarson, *Missional Spirituality: Embodying God's Love from the Inside Out* (Downers Grove, IL: InterVarsity Press, 2011), 25–26.

때 돕는 역할을 하기 위해 우리의 장소에서 예수의 방식을 배우고 실천하는 신중한 과정이 필요하다고 믿는다. 성령이 우리를 이끌 때 선교성(missionality)의 윤리와 한계가 실제로 존재한다. 이 세상에서 그리스도의 말씀과 행위를 실제 삶에서 드러내는 본보기가 되기 위해 우리는 우리의 내적 형성이 가장 중요함을 절대로 잊어서는 안 된다. 우리의 정체성은 선교적 삶의 부수적인 측면이 아니다. 우리의 정체성이 곧 선교적 삶이다. 산파의 길을 가면서 보다 신실하게 하나님의 사역에 동참할 수 있는 우리의 능력은 이 과정 가운데 하나님이 우리를 형성하실 수 있도록 우리가 허용하느냐의 여부에 달려 있다. 전세계에 퍼져 있는 라르슈(L'Arche) 공동체의 설립자인 장 바니에(Jean Vanier)는 이렇게 쓴다.

> 선교(Mission)는 우월성 혹은 지배성의 태도를 함축해서는 안 된다. 다시 말해 "우리는 알지만, 당신들은 모른다. 그러므로 잘 살길 원한다면 당신들은 우리의 말을 들어야 한다. 그렇지 않을 경우 당신들의 삶은 비참해질 것이다"와 같은 태도는 지양해야 한다. 선교는 필연적으로 가난과 내면의 상처에서 나오지만, 하나님의 사랑에 대한 확신에서도 나온다. 선교는 엘리트주의가 아니다. 선교는 생명의 원천으로 변한 우리 존재의 무덤으로부터 주어지고 흘러나오는 생명이다. 선교는 용서를 통해 우리가 자유케 되었다는 지식에서 흘러나온다. 선교는 연약함과 취약함에서 흘러나온다. 선교는 우리가 겸손, 미천함, 가난 가운데서 살 수 있다는 복음을 선언한다. 왜냐하면 하나님이 우리 마음 가운데 거하시고

우리에게 새 생명과 자유를 주시기 때문이다. 우리는 값없이 받았다. 그래서 우리는 값없이 줄 수 있다.[2]

우리의 약점 노출하기

웹스터 사전은 약점을 다음과 같이 정의한다. "공격에 취약한 부분— 어둡고 초라하며 종종 숨겨진 영역." 우리는 수많은 선교 서적을 통해 우리의 도시가 지닌 약점 안으로 들어가고, 도시의 어둡고 초라한 면에 개입하며, 상처받기 쉬운 자들과 무너진 자들을 섬기라는 부르심에 대해 읽는다. 우리는 이런 부르심을 되울린다. 우리는 우리의 삶의 터전을 알고, 그것의 약점을 노출시키며, 그것의 병리 현상 및 역사를 이해하고, 장점을 축하하며, 치유와 회복을 가져와야 할 필요를 지적했다. 이런 실제들을 규명하고 보다 잘 이해하는 법을 배우는 것은 예수의 방식으로 어떻게 신중히 사랑하고 투쟁해야 하는지를 우리에게 가르쳐줄 것이다. 선교는 우리의 상황에서 하나님이 형성하신 것에 헌신하고, 삶의 공유된 리듬 안에서 상호의존적으로 사는 법을 배우며, 우리 주변에서 하나님의 구속적 운동에 참여하는 것을 포함한다.

하나님은 완전한 회복을 갈망하신다. 실제로 현재 진행 중인 하

---

2   Jean Vanier, *Community and Growth*, 2nd rev. ed. (Mahwah, NJ: Paulist Press, 1989, 『공동체와 성장』[성바오로출판사 역간]), 99.

나님의 구속 계획이 존재하는데, 이 계획은 예수의 방식으로 우리의 삶의 터전에 거주하고, 모든 것을 새롭고 의로우며 온전하게 만드시는 하나님의 역사에 참여하라고 우리에게 요청한다. 그러나 이런 예수의 거주 방식은 우리의 삶의 터전이 지닌 약점뿐만 아니라 우리의 내적 삶의 약점, 곧 상처받기 쉽고, 어둡고, 초라하고, 종종 숨겨지는 우리의 존재 영역에도 주의하게 만든다.

영국의 시인이자 소설가인 에블린 언더힐(Evelyn Underhill)은 다음과 같이 말한다. "우리는 대부분 [우리의] 삶을 다음의 세 동사를 활용하면서 보낸다. 즉 원하다(to Want), 가지다(to Have), 하다(to Do).…우리는 이 세 동사 중 궁극적 의의를 지닌 것은 아무것도 없다는 것을 잊은 채 영속적인 불안 가운데 놓여 있다. 이 세 동사는 근본적 동사인 존재하다(to Be)에 의해 초월되고 그 속에 포함되지 않는 한 궁극적 의의를 지닐 수 없다. 원하고, 가지고, 하는 것이 아니라 존재하는 것이 영적 삶의 핵심이다."[3] 지역사회에 거주하라는 요청은 온 맘을 다해 지역사회에 참여하고, 우리의 연약한 자아를 수면 위로 드러내며, 우리를 좀 더 그리스도의 형상으로 만들어가기 위해 하나님을 신뢰하는 것을 포함한다.

많은 사람들처럼 나(크리스티아나)는 여전히 다음과 같은 질문을 나 자신에게 던진다. 나는 충분히 나의 일을 하고 있는가? 만약 내가 실패한다면 어떻게 할 것인가? 나는 주어진 일을 감당하기에 필요한

---

[3] Evelyn Underhill, *Essential Writings* (Maryknoll, NY: Orbis, 2003), 31.

자원이 있는가? 최근에 나는 이런 근심스러운 생각들을 길 건너편에 사는 젊은 이발사이자 예술가인 벤(Ben)과 나누었다. 내 질문들에 대한 반응으로, 벤은 그의 셔츠 소매를 걷어 자신의 문신을 보여주었다. 그 문신의 글귀는 다음과 같았다. "하나님은 삶의 억제되지 않는 추구를 불러일으키고자 이 세상에 시인들을 주셨고, 이를 적합한 처사라고 생각하셨다." 그는 세상에는 삶의 의미에 대한 억제되지 않는 추구를 불러일으킬 나와 같은 이야기꾼들이 필요하다고 설명했다. "당신이 바로 그 이야기들을 해주어야 합니다"라고 그는 내게 간청했다.

나는 벤에게 그의 특별한 신앙관을 다른 이들과 나누어도 좋을지 물었다. 다음은 벤이 영성에 대한 그 자신의 느낌을 어떻게 생각하는지를 인용한 것이다. "그 질문은 늘 나를 당황하게 만들어요. 나는 명상과 기도를 실천하는 낙천적 불가지론자거든요. 이성적 측면에서, 나는 아직 하늘에 거하시는 하나님과 분명한 만남을 갖지 못했어요. 나는 영의 능력을 느껴왔어요. 이 영의 능력이 무엇인지, 어디서 나오는 것인지는 모르지만 말이에요. 나는 언젠가 하나님을 정말로 만나고 싶어요. 나는 내가 건방진 포스트모더니스트라고 생각해요. 하지만 나는 희망에 차 있어요."

여기서 내 기도 제목은 벤과 내가 우리의 장소에 거주할 때 예수 안에서 살아 계신 하나님과의 보다 명백한 만남을 경험하는 것이다. 이것이 바로 하나님이 우리에게 주신 사명으로 인한 변화를 의미한다. 우리의 장소에 거주하며 주어진 사명을 감당할 때, 우리는 나의 이웃인 "낙천적 불가지론자"와 같은 사람들을 통해 힘을 얻는다. 내 삶의 터전에서 성령이 탄생시키고 있는 것을 산파로서 돕는 역할은 내 삶의 가장 연약한 부분을 이런 방식으로 바꾸어놓았다. 바니에의 말처럼 이것이 바로 내 존재의 무덤이 생명의 원천으로 변화되는 과정이다.

나는 하나님이 내게 보내주신 사람들에게 나 자신을 더 내어줄 때 변화를 체험한다. 이와 같은 또 하나의 이야기는 로쉘(Roshel)이라는 한 여성에 관한 것인데, 나는 그녀를 동네 커피숍에서 만났다. 우리의 친밀한 수다는 우리가 공유하는 예수에 대한 찬사, 성 평등에 대한 견해, 그리고 목적 지향적인 공동체에서의 공통된 경험을 밝히는 대화로 변했는데, 이 대화는 한 시간이나 지속되었다. 로쉘은 전 세계에서 여성의 권리를 옹호하고자 하는 특별한 열정을 갖고 있다. 그녀는 인도주의적 페미니스트 공동체 하우스의 일원으로, 이 공동체 하우스는 수년 동안 샌디에고 도시 인근에 위치하고 있다.

그다음 주에 로쉘은 나를 그녀의 공동체 하우스로 초대하여 차를 대접했다. 큰 표지판이 그 집의 앞 창문에 걸려 있었는데, 다음과 같은 글귀가 적혀 있었다. "여성을 믿으세요." 그리고 앞쪽에 위치한 방의 벽에는 역사적으로 영향력 있었던 여성들의 초상화가 걸려 있었다. 그중에는 1960년대에 전국 농민 노동조합(National Farmworkers Association)을 공동 설립한 노동 및 인권 운동가 돌로레스 후에르타(Dolores Huerta)의 초상화도 있었다. 그리고 화가이자 운동가인 프리다 칼로(Frida Kahlo)의 초상화도 있었는데, 그녀의 작품은 멕시코에서 국가 전통의 상징, 그리고 여성의 경험 및 형태를 단호히 묘사하는 자부심의 상징으로서 기념된다. 게다가 리벳공 로지(Rosie the Riveter)의 초상화도 있었는데, 그녀는 "우리는 할 수 있다!"라는 말을 외치며 제 2차 세계대전 기간에 공장에서 일했던 열성적인 미국 여성들을 대변한다.

벽 중앙에는 거울이 있었다. 나는 거울에 비친 내 모습을 힐끗 보았는데, 이때 태양이 내 얼굴 옆으로 내리쬐고 있었다. 그 모습은 매혹적이면서 동시에 불편했다. 로쉘은 내 어깨에 그녀의 손을 얹고는 부드러운 미소를 지으며 말했다. "우리는 이 거울을 이처럼 중요한 초상화들 한가운데 걸어놓았어요. 우리 각자가 우리의 두 눈을 깊이 들여다보고 우리 안에 있는 위대함을 볼 수 있도록 말이에요." 나는 내 약점들이 수면 위로 떠오르는 것을 느낄 수 있었다.

로쉘과 나는 초상화들 틈에 앉아 예르바 마테 차(yerba mate tea)를 마셨다. 우리는 우리의 마음을 아프게 하는, 세상의 여성들이 겪고 있는 역경에 대해 이야기했다. 눈물을 흘리며 우리는 여성의 박탈에 대한 우리의 이야기를 나누었다. 우리가 같은 신앙을 공유하고 있지는 않았지만, 내 친구인 로쉘은 다음과 같이 말했다. "우리는 우리 여성들에 대해 예수님이 하신 말씀을 믿어야 해요." 나는 내 꿈을 일깨우고, 내 리더십을 확증해주며, 내 소명을 확인해주는 역사적 영웅들이자 멘토들의 시선을 느낄 수 있었다. 그리고 나는 내 번영을 지지하며 다음과 같이 말씀하시는 예수의 음성도 들을 수 있었다. "내가 너를 믿노라." 하나님은 나의 내적 존재가 지닌 약점들을 돌보고 계셨다.

우리가 지역사회에서 예수를 따르는 자들로서 살아갈 때 성령이 우리를 예기치 않은 변화의 길로 자주 안내할 것이다. 우리의 성장 및 계시의 과정은 교회 건물이나, 신학적 훈련 혹은 영적 계몽의 구조화된 장소에 국한되지 않는다. 성장은 길거리에서, 시장에서, 카페에서, 공원에서, 그리고 가정에서도 발생한다. 성장은 우리가 집이라고 부르는 장소를 공유하는 모든 계층의 사람들과 상호작용할 때 발생할 수 있다.

성령은 우리의 지역사회에서 움직이고, 말씀하며, 탄생의 작업을 수행한다. 우리가 매 순간 성령의 음성을 경청하는 법을 배울 때, 변화는 신성하면서도 일상적인 인간 대 인간의 삶, 바로 이런 삶의 예기치 못한 순간에 발생할지도 모른다. 우리의 삶의 터전에 거주하는 일은 우리 자신을 살아내고 우리 자신의 이야기를 살아냄으로써 시작된다. 왜냐하면 우리는 하나님의 사명을 통해 그리스도의 형상으로 다시 만들어지기 때문이다.

하나님의 동역자

하나님은 성장과 회복을 위해 우리의 장소를 정리하시듯 우리도 정리하신다. 기독교인들은 대부분 하나님이 우리의 지도자들을 사용하여 우리를 다듬어가신다는 생각에 익숙하다. 우리는 가르침, 교정, 질책, 격려의 사역을 통해 책임 있고 형태가 잡힌 그리스도의 형상으로 점점 더 만들어진다. 우리는 이런 형태의 목회 사역을 최소화하는 것을 원치 않는다. 그러나 우리는 하나님이 우리를 형성하시는 핵심적인 방식 중 하나는 우리가 세상에 개입함으로써 이루어진다는 점을 첨언하고 싶다. 구속 사역에서 하나님의 동역자들인 우리는 타인들의 삶에 관여함으로써 하나님의 통치가 지닌 가치에 따라 빚어진다.

우리가 앞서 사용했던 은유로 돌아가보면, 산파는 출산하는 어머니와 동역하여 새 생명을 세상으로 인도한다. 산파는 자신의 일을 준비하면서 각 산모에게 필요한 것이 무엇인지를 신중하게 배우며 출산 경험을 통해 성장한다. 산파는 분만 중인 산모와 함께 나란히 고통을 겪는다. 산파는 문자 그대로 산모가 신음하면 같이 신음하고, 산모가 몸을 흔들면 같이 몸을 흔들며, 산모가 기대어 안정적으로 균형을 잡을 수 있도록 자신의 몸을 내어주고, 산모가 울 수 있도록 자신의 어깨를 내어주며, 산모가 잡을 수 있도록 자신의 손을 내어준다. 이는 유연한 행위들이다. 그리고 이런 행위들은 성령이 우리 안에 무엇인가를 탄생시키고 있음을 우리가 받아들일 때 훨씬 더 유연해진다. 우리는 고통을 느끼고, 다듬어짐을 포용하며, 신음하고, 몸을 흔들어대면서 하나님과 함께 견고히 선다. 새 생명이 우리로부터 터져 나올 때까지 말이다.

동역은 하나님의 창조질서 내에서 우리가 받은 명령이자 약속이며 책임이다(창 1:29-30). 우리는 하나님의 세계를 돌보는 일에 동역하도록 초대받았다. 창조주 하나님은 만물을 구속하고 회복시키기 위해 지금도 일하시며, 이 일에 우리를 동역자로서 초청하신다. 그러나 우리 역시 이 창조질서의 한 부분임을 잊지 말자. 하나님이 새 창조를 탄생시키실 때, 우리는 하나님의 회복시키는 꿈에서 제외되거나 면제되지 않으며, 방관자의 자리에 앉아 있지도 않는다. 예수의 복음은 우리의 이웃을 위한 것만큼 우리를 위한 것이기도 하다.

마치 산파가 분만 중인 어머니와 함께하듯이, 성령은 우리 자신의 삶을 변화시키는 일에 하나님과 함께 일하도록 우리를 동역자로서 초대한다. 이는 매우 중요한 깨달음이다. 만일 생명을 주는 하나님의 사역이 우리의 내면 형성에 적용되지 않는다면, 우리는 하나님의 동역자로서 우리의 온전한 소명에 결코 발을 들여놓을 수 없을 것이다. 산파는 모든 출산이 그녀 자신을 변화시키고, 그녀의 중심을 바꾸며, 다음 출산에 더 잘 대비할 수 있도록 그녀를 준비시킨다는 것을 안다.

맥시(Maxie)와 크리스 카말스키(Chris Kamalski) 부부는 남아프리카공화국 케이프타운에서 그들의 어린 딸 미아(Mia)와 함께 살고 있다. 그들은 그들의 지역사회에서 신앙 공동체를 세워 섬기고 있는데, 이 공동체에서 조금만 걸어 나가면 인도양이 나온다. 캘리포니아 태생의 크리스와 남아프리카공화국 태생의 맥시는 다음과 같은 깊은 확신을 갖고 살아가고 있다. 이 확신은 내적 삶의 변화란 함께하는 지역사회 내에서 유기적으로 형성되는 관계, 즉 실제 삶에 박혀 있고, 현지화되어 있으며, 상황화된 관계를 통해 천천히 평범한 방식으로 가장 잘 이루어진다는 것이다. 크리스는 영적 지도자 겸 트레이너로서, 우리가 우리의 장소에 거주할 때 역사하는 하나님의 내적 사역에 중요한 통찰을 제공해준다. 그는 다음과 같이 말한다. "보다 깊은 자리에서 하나님과의 동행에 비추어볼 때, 나는 빌립보서 2:12-13에 나오는 바울의 말씀을 생각하게 된다. '그러므로 나의 사랑하는 자들아, 너희가 나 있을 때뿐 아니라 더욱 지금 나 없을 때에도 항상 복종하여 두렵고 떨림으로 너희 구원을 이루라. 너희 안에서 행하시는 이는 하나님이시니, 자기의 기쁘신 뜻을 위하여 너희에게 소원을 두고 행하게 하시나니.' 하나님과 인간 사이에는 언제나 역사하는 관계적 역학이 존재한다. 결국 우리의 번영은 살아 계신 하나님과의 참된 사귐(companionship)을 통해 탄생한다."[4]

이런 참된 사귐 혹은 동역은 새 창조를 탄생시키는 일에서의 우리의 소명을 궁극적으로 유지시켜준다.

공동체 안에서 변화되기

내적 삶의 변화는 공동체라는 도가니 속에서 일어난다. 성서는 처음부터 끝까지 하나님을 따르는 자들이 자신들을 지하 격납고처럼 분리된 존재가 아니라 상호의존적 공동체의 한 부분으로서 간주하도록 권면한다. 상호의존은 우리의 최고와 최악, 강점과 약점을 끌어내는데, 이는 우리가 혼자서 이 삶을 살 수 없음을 상기시킨다. 몸의 은유는 신자들의 삶이 서로 연결되어 있음을 설명하기 위해 사용된다. 바울

---

4   개인적인 서신에서 허락을 받아 사용했다.

은 로마서 12:4-5에서 다음과 같이 말한다. "우리가 한 몸에 많은 지체를 가졌으나 모든 지체가 같은 기능을 가진 것이 아니니, 이와 같이 우리 많은 사람이 그리스도 안에서 한 몸이 되어 서로 지체가 되었느니라."

탄생 과정에 들어맞는 단 하나의 규격은 존재하지 않는다. 사실 그런 것이 존재해서도 안 된다. 모든 출생은 급진적으로 별난 것이다. 출생 장소 및 시간이 다르고, 심지어 각 산파의 관점도 자신의 특정 훈련, 경험, 개성에 따라 독특하게 다르다. 그러나 이 모든 차이점 안에도 거의 모든 출생 사건에 적용되는 보편적인 정서가 있는데, 바로 아무도 홀로 출산을 해서는 안 된다는 것이다.

지역사회에서의 변화를 의미하는 상호의존의 길이 함께 걷기에 항상 쉽지는 않다. 지역사회에서 화해와 일치에 대한 본보기가 되는 것이 일반적으로 중요하게 여겨지지만, 이를 실제로 행하기는 쉽지 않다. 사회적·민족적 분열에는 상처와 오해의 오랜 역사가 동반된다. 그렇다면 우리는 어떻게 과거를 존중하고, 미래를 위해 통합된 비전을 향해 나아가면서 우리가 살고 있는 장소들에서 화해시키는 존재가 될 수 있을까? 우리의 가장 뛰어난 교사들 중 몇몇은 소수 민족 공동체 출신의 사람들인데, 그들은 수십 년간 이런 신실한 존재로서의 역할을 담당하면서 본보기가 되어왔다.

마이클 토마스(Michael Thomas)는 남부 시애틀의 스카이웨이 지역에 있는 레이디언트 교회(Radiant Church)의 목사로, 이런 지도자 중 하나다. 교회 개척자인 마이크와 그의 아내인 킴벌리(Kimberly)는 진정으로 다양성이 공존하는 공동체, 즉 예수의 통합적 사랑을 통해 서로의 다양성 가운데서 단결된 공동체를 육성하고자 하는 비전을 갖고 있었다. 그들의 교회 공동체는 민족적으로 다양할 뿐만 아니라 여러 세대와 다양한 사회-경제적 계층이 존재하며, 서로 대립되는 정치적 선호와 신학적 성향이 공존한다. 이 교회 공동체는 다양한 방식을 통해 스스로에게 다음과 같은 질문을 자주 던진다. "어떻게 하면 우리가 서로의 이야기에 귀를 잘 기울이고, 함께 사는 법을 배우며, 우리의 공통분모인 예수를 중심으로 살아갈 수 있을까?"

다양성이 공존하는 공동체를 이끄는 것의 핵심 요소는 긴장 및 불편을 예상하고 반기는 것이다. 마이크에 따르면, 의도적으로 서로의 차이점들을 규명할 때 예수가 가르치는 화해의 본보기들을 탐구할 수 있는 더 많은 기회가 열린다. 이를 예시해주는 한 이야기가 있는데, 바로 레이디언트 교회가 실행하고 있는 "초대받지 않은 손님"(Guess Who's Coming to Dinner)이라는 행사다. 이 제목은 1967년에 상영된 영화에서 가져온 것이다. 시드니 포이티어(Sidney Poitier), 캐서린 헵번(Katharine Hepburn), 스펜서 트레이시(Spencer Tracy)가 주연 배우로 나오는 이 영화는 한 젊은 백인 여성이 흑인인 자신의 약혼녀를 저녁 식사 자리에서 부모에게 소개하는 내용에 관한 것이다. 비슷한 맥락에서 마이크와 킴벌리는 교회의 신도들이 집에서 식사를 나눌 수 있는 밤을 준비했고, 신도들은 그들의 차이점에 따라 의도적으로 배정된 사람들과 함께 식사했다.

그들은 서로에게 환대를 베풀고, 서로를 자신의 집으로 반갑게 초대하여 서로의 이야기에 귀를 기울였다. 그 결과 보다 깊은 사랑과 그들의 교회에 존재하는 독특한 차이점들에 대한 이해를 바탕으로 우정이 형성되었다. 이런 종류의 행사와, 통상적으로 알려진 교회의 교제 모습에서 약간 벗어난 행위들을 통해 아름답게 다양하고, 배려심이 넘치며, 포괄적인 화해 공동체가 형성되었다.

산파는 출산을 보호하고 준비할 출산 공동체 혹은 팀을 이끌고 사용한다. 산파의 리더십 책임에 관한 많은 전략이 존재하는데, 이는 새 창조의 탄생에서 하나님을 돕는 과정에 많은 전략이 존재하는 것과 마찬가지다. 이 역할은 창조적 평화 생성, 격렬한 다툼, 놀라운 자기희생을 요구하는데, 이 모두는 예수의 추종자들이 일상에서 직면하는 영적·물리적 현실에 아름답게 적용될 수 있다.

하나님과의 동역, 공동체에서의 선도 및 섬김, 성령이 우리 주변에 그리고 우리 안에 탄생시키고 있는 것을 산파로서 돕는 일은 신중하게 구현되는 실천과 관련된다. 이런 실천은 헌신된 무리의 사람들에게서 구체화되는 예수의 삶, 가르침, 현존으로부터 나온다. 예수는 우리에게 이런 실천이 독자적 노력이 아니라 공동의 표현임을 보여준다.

2002년에 롭(Rob)과 로리 야클리(Laurie Yackley) 부부는 일종의 CRM 리더 역량 강화 사역(CRM Empowering Leaders)인 NieuCommunities를 출범시켰다. 야클리 부부는 선교를 위해 기독교 지도자들을 도와 성장시키려는 소명을 가지고 20년간 국제적인 사역을 감당한 후에, 선교 팀들 혹은 기독교 공동체들이 지역사회 내에서 잘 살아가는 방법을 모르기 때문에 제한된 효율성으로 인해 무너지기 쉽다고 지적했다. 상황이 어려워지고 갈등이 발생하자마자 많은 사람이 공동체를 떠나는데, 이는 남아 있는 사람들과 떠나는 사람들 모두에게 큰 상처를 남긴다. 그러나 야클리 부부는 사람들이 그리스도 중심의 깊이 있는 공동체에서 함께 살아가며 하나님의 사역에 참여하는 법을 배울 때, 하나님의 세상의 구원을 위한 가장 풍성한 성장과 가장 광범위한 영향력이 일어날 것이라고 믿었다..

이와 같은 지속적인 확신을 가지고 롭과 로리는 NieuCommunities를 시작했는데, 이는 일종의 멘토링 및 파송 공동체의 네트워크로, 이를 통해 젊은 성인들은 전 세계의 지역사회들에 깊이 뿌리박혀 믿음과 화해를 지향하는 목적 지향적인 공동체의 상황 내에서 훈련받고 준비될 수 있다. 수년에 걸쳐 NieuCommunities 직원들은 선교 공동체를 형성하고 운영하기 위한 여섯 가지 자세를 규명했다. 이 자세들은 예수의 방식으로 자신들의 장소에 거주하는 데 함께 헌신하길 원하는 건강한 공동체를 위한 지속 가능한 실천 행위일 뿐만 아니라 이런 공동체를 형성하는 도구들이다.

존 허킨스(Jon Huckins)와 롭 야클리(Rob Yackley)는 공동 저술한 『빈약한 장소: 선교 공동체의 생성 및 운용을 위한 여섯 가지 자세』(*Thin Places: Six Postures for Creating and Practicing Missional Community*)에서 선교 공동체의 생성 및 운용을 위한 이런 자세 배후에 있는 개념, 이야기 및 학습(learning)을 자세히 설명한다.[5] 우리는 이 일의 동역자로

---

5   Jon Huckins with Rob Yackley, *Thin Places: Six Postures for Creating and Practicing*

서 어떻게 하나님의 초대에 분명하게 응할 수 있는지를 질문하면서 그들의 개념을 다른 말로 간단히 표현해보려고 한다.

이 여섯 가지 자세를 선교적 삶의 핵심이 되는 세 가지 헌신 안에서 이해하는 것이 중요하다. 예수의 삶과 실천에서 이끌어낸 세 가지 핵심적인 헌신은 다음과 같다. (1) 삼위일체 하나님과의 교제, (2) 다른 이들과 공유하는 공동체에서의 삶, (3) 우리의 공동 상황에서 표현되는 하나님의 사역에의 신실하고 주도적인 참여. 간단히 말해서, 이는 교제, 공동체, 상황을 의미한다. 그리고 우리는 이 세 가지 헌신이 예수의 삶과 사역에서 작용했다고 이해한다. 그는 목적을 갖고 자신의 상황 속으로 보냄을 받았고, 한 무리의 제자들로 하여금 그 자신을 의도적으로 둘러싸게 했으며, 하늘에 계신 그의 아버지의 인도하심으로 삶을 유지했다. 마찬가지로 우리도 우리의 상황 속으로 보냄을 받고, 다른 이들과 상호의존하는 공동체적 삶을 통해 힘을 얻으며, 삼위일체 하나님과의 교제를 통해 우리의 삶을 유지한다.

교제, 공동체, 상황이라는 틀 안에서 우리 모두는 예수를 따르면서 선교적 육성을 위한 여섯 가지 자세를 좇아 행하는 법과, 우리의 헌신과 집단적 소명을 신실하게 살아내는 법을 배울 수 있다. 이 여섯 가지 자세는 다음과 같다.

1. 경청의 자세. 우리가 하나님께, 공동체에, 공유하는 장소에 적응하는

Missional Community (Kansas City, MO: House Studio, 2012).

사람이 되는 법을 배울 때, 우리는 신속하게 경청하고 더디게 말해야 한다. 우리가 해답이나 해법을 알고 있다고 가정하지 말고, 우리의 교사요 안내자이자 친구로서 우리를 미지의 세계로 인도하시는 하나님께 복종하면서 말이다. 우리는 하나님께, 서로에게, 그리고 우리의 상황에 대해 질문을 던진다. 우리 주위에 있는 성령의 음성에 오래 그리고 깊이 귀를 기울이면서 말이다.

2. 침잠의 자세. 우리는 우리의 장소의 표면 밑으로 용감하게 침잠해 들어가는 자세를 취하는데, 이는 이해받기 전에 더 잘 이해하고 말하기 전에 더 잘 듣기 위함이다. 예수가 육신을 입었듯이, 침잠의 자세를 취하면서 우리는 삶의 모든 측면에서 예수를 구현하고자 하는 소망을 품고 우리의 상황에서 핵심 부분이 되기 위해 애써야 한다.

3. 초청의 자세. 우리는 다른 이들을 위한 공간을 창조적으로 만들어내는 자세를 취한다. 우리는 하나님 나라에서의 삶을 알기 위해, 그리고 이 삶으로 우리를 부르시는 하나님의 초대의 깊이를 파악하기 위해 성실히 노력한다. 그렇게 하면서 우리는 더 많이 초청하는 동시에 초청받는 자들이 되고, 우리의 이웃을 하나님의 구원 이야기 안으로 반갑게 맞아들이게 된다.

4. 분투의 자세. 우리는 우리의 상황에서 화평케 하는 예수를 따르는 것의 의미, 곧 냉혹하고 변혁적인 현실을 붙들고 씨름하는 자세를 취

한다. 이는 우리가 어디에 있든지 하나님 나라의 완전한 표현을 가로막는 영적·물리적 상황에 직면함을 의미한다. 우리는 우리의 영혼에서, 우리의 가족 안에서, 우리의 공동체 속에서, 우리의 친구들과 이웃들 사이에서, 우리의 도시와 그 너머에서 평화와 정의를 위해 싸운다.

5. 꿈꾸는 자세. 우리는 매 순간 하나님의 꿈을 꾸는 자세를 취한다. 우리는 우리의 장소에서 무엇이 탄생할지 혹은 탄생할 수 있는지와 관련하여 예언자적 상상력을 기른다. 그 꿈이 현실이 되는 것을 보기 위해 하나님의 사역에 참여하고자 하는 열의를 가지고서 말이다. 우리는 우리의 삶, 우리의 공동체, 그리고 우리의 상황에 대한 하나님의 의도를 분별하길 열망한다.

6. 위탁의 자세. 우리는 모든 것을 쥐고 계신 우리의 하나님 앞에서 사람, 장소, 계획을 느슨하게 잡는 자세를 취한다. 우리는 이런 것들을 하나님께 위탁하는 법을 배운다. 그러면서 우리는 하나님의 구속 이야기에서 우리가 맡은 역할이 단지 거대한 이야기의 한 장(chapter)에 불과함을 겸손히 수용하게 된다. 우리는 하나님이 우리 안에서 시작하신 사역을 지속하기 위해 다른 이들의 능력을 개발시키고, 그들에게 힘을 실어주며, 그들과 동행한다.

공동체는 힘들다!

사람들은 가끔 공동체가 언제나 쉽고 늘 아름다운 것처럼 들리게 하는 방식으로 공동체에 대해 말한다. 그러나 실제로 공동체는 어렵다. 조사에 의하면, 사람들이 선교적 삶을 포기하거나 공동체를 떠나기로 결정하는 첫 번째 이유는 관계상의 갈등 때문이다. 우리는 크고 따뜻하며 아늑한 느낌의 공동체를 약속받지만, 이윽고 타인과 함께 잘 지내는 것이 실제로 어렵다는 것을 알게 된다. 그러나 우리가 우리의 상황에서 화해되고 화해하는 공동체로서 사는 법을 배울 때 하나님은 분명히 장대한 무엇인가를 마음에 두고 계심이 분명하다. 우리의 터전에서 하나님의 평화를 조성하며 서로 평화롭게 살아갈 때, 우리가 얼마나 강력한 신성의 표현이 될 수 있을지를 상상해보라!

하지만 평화를 만드는 일은 결코 사소한 문제가 아니다. 갈등의 해결은 악명이 자자할 정도로 어려우며, 많은 사람에게 갈등의 해결은 무서운 일일 수 있다. 갈등 해결은 사려 깊은 지혜, 성숙한 자아 인식, 그리고 열렬한 용기가 필요하다. 관계의 긴장 가운데서 앞으로 나아가는 일은 쉽지 않다. 그러나 앞으로 전진하는 것만이 평화를 향한 유일한 길이다. 깊이 있는 공동체는 하나님의 평화를 기른다.

갈등은 삶에서 가장 깊은 고통의 일부를 우리에게 드러내 보여준다. 갈등은 우리의 가장 심오한 변화의 일부로 향하는 통로이기도 하다. 우리는 교회를 떠나거나 영향력 있는 중요한 역할에서 물러나거나 믿음을 저버리거나 하나님을 포기해버린 지도자들을 옆에서 보면서, 그들이 떠나기로 결정한 이유에는 거의 언제나 해결되지 않은 갈등으로 인한 상처가 있다는 것을 발견했다.

우리의 지역사회에서 예수의 방식을 통해 공동체로서 사는 것은 갈등 역량을 필요로 한다. 우리는 갈등 해결의 분야에서 우리가 겪은 성공과 실패에 대한 이야기를 계속해서 말할 수 있다. 내(크리스티아나)가 우리 공동체의 누군가와의 관계에서 한계 지점에 도달했을 때처럼 말이다. 우리는 이전부터 서로의 다름과 오해로 인해 매우 힘들어했었다. 공동체의 리더로서 나는 좀 더 깊은 문제들을 직접 대면하지 않은 채, 나와 그 사람 사이의 긴장을 수용하느라고 많은 시간을 보냈다. 내게 결정적인 순간은 어느 여름 오후 내 멘토와 함께 앉아 있을 때 찾아왔다. 두 눈에 눈물이 맺힌 채 끓어오르는 감정으로 나는 이렇게 말했다. "그와 나, 둘 중에 하나가 떠나야 해요. 나는 더 이상 그를 견딜 수 없어요." 나는 그때 내 멘토의 표정을 기억하는데, 그는 그 형제와 겪고 있는 갈등의 터널로 들어가기를 꺼리는 내 마음을 부드럽게 소환하여 상황을 직면하도록 나를 가볍게 밀었다. 그리고 나는 그렇게 했다. 비록 그렇게 하는 것이 거친 길이었지만, 이 일은 우리 공동체의 건강과 관련하여 중대한 함의를 가진 위대한 구원 사건 중 하나가 되었다.

하나님의 사역에서 우리는 공동체의 상황 안으로 들어가야 한다. 그리고 공동체는 삶에서 발생하는 갈등으로 인해 우리가 종종 고생하는 것을 필요로 한다. 그리고 갈등 해결은 우리와 다른 이들을 변화시킨다. 아마도 이 때문에 예수가 다음과 같이 말했을 것이다. "그러므로 예물을 제단에 드리려다가 거기서 네 형제에게 원망들을 만한 일이 있는 것이 생각나거든 예물을 제단 앞에 두고 먼저 가서 형제와 화목하고 그 후에 와서 예물을 드리라"(마 5:23-24).

우리의 내적 삶의 힘, 우리 공동체의 건강, 그리고 하나님이 우리에게 부여하신 사역은 우리의 삶의 작고 평범하며 일상적인 관계에서 화해를 향한 우리의 신실한 움직임이라는 실재에 달려 있다. 만일 우리가 예수의 방식을 따르는 공동체를 이끌면서 세상의 끔찍한 갈등을 중재하는 하나님의 화해 사역에 참여해야 한다면, 우리는 먼저 우리의 일상적인 대인관계에서 평화를 만드는 일을 실천해야 한다. 우리는 가능한 한 모든 수준에서 화해하는 공동체로서 살아가는 법을 반드시 배워야 한다.

크리스 호이어츠(Chris Heuertz)는 『예기치 않은 선물: 공동체의 길 발견하기』(Unexpected Gifts: Discovering the Way of Community)에서 가장 흔하게 공동체를 무너뜨리는 실재들 중 몇 가지를 언급하는데, 예를 들면 실패, 의견의 불일치, 변화, 배신, 자기 인식의 결여, 슬픔, 불화 등이다. 호이어츠는 기독교 공동체에서 20년 이상 살면서 얻은 깨달음을 나누고 있는데, 일반적으로 공동체를 파괴한다고 알려진 것들이 어떻게 실제로 그들에게 가장 큰 선물이 되어 그가 말하는 "공동체의 참된 길"을 발견하도록 이끌었는지를 설명한다.

호이어츠는 축복 기도와 믿음의 찬송을 제공하면서, 독자들에게 그들의 "삶을 결합하여 역동적인 희망의 태피스트리를 생성하라고" 격려한다. 화해 공동체로서 예수의 방식으로 지역사회에 거주하는 이런 여정은 많은 사람이 원하는 것이지만, 정작 이를 시작하는 사람은 거의 없다. 그러나 이 여정으로의 도전은 계속해서 선포할 가치가 있다. 왜냐하면 이 여정은 원래 그렇게 살아야 하는 삶으로의 초대이기 때문이다.

우리의 실패로 우리가 더욱 연합되게 하시며,

우리 안에 숨겨진 아름다움을 비추게 하소서.

우리의 의심이 더 큰 믿음으로 이어지게 하소서.

우리가 결코 고립되지 않도록,

그래서 우리 코 아래에 놓여 있는

꽃향기를 잃지 않게 하소서.

고립이 우리의 분열을 폭로하고

우리를 치유와 온전함으로 이끌게 하소서.

우리의 변화가 은혜 충만하고,

수용적이며, 정직한 변화가 되게 하소서.

우리가 진정으로 우리 자신을 알고,

우리의 인간성에 내재된 아름다움과 공포를 수용하게 하소서.

우리의 사랑이 배신으로 이어지지 않게 하소서.

우리가 도중에 서로를 잃거나 우리 자신을 잃지 않으면서

화합과 융화를 협상할 수 있는 더 나은 방법들을 찾게 하소서.

우리의 감사가 지속되도록 도와주셔서

말로 표현되지 않은 분노들로부터 우리를 벗어나게 하소서.

우리가 슬플 때에도 찬양하는 일을 절대로 잊지 않게 하소서.

우리가 신통치 않은 상상력의 배양기 속에서도

희망을 증거하며 살게 하소서.…

그리고 함께하는 공간의 예기치 못한 선물들을 발견하면서,

공동체의 방식으로 살게 하소서.[6]

---

6   Christopher L. Heuertz, *Unexpected Gifts: Discovering the Way of Community* (New York: Howard Books, 2013), 194-95.

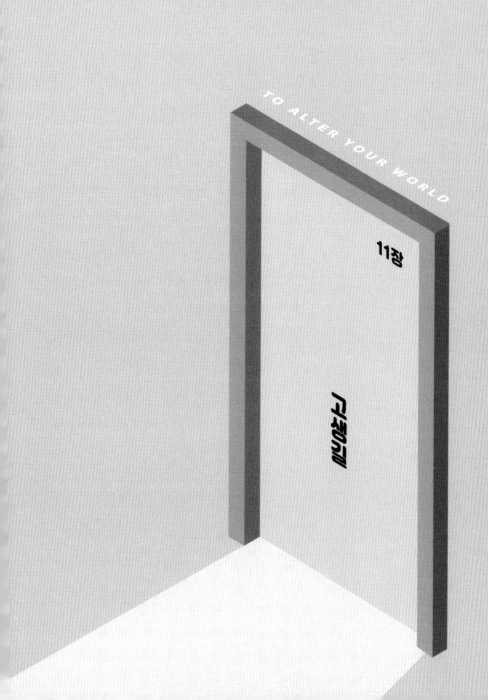

TO ALTER YOUR WORLD

11장

고생길

약점은 혁신, 창의력, 변화의 발생지다.

브레네 브라운(Brené Brown)

우리는 오늘날 교회가 바빌로니아의 유배자들처럼 외관상 이방 땅에서 자기 정체성을 발견한다고 제안하면서 시작했다. 기독교인들이 한때 막대한 영향력을 미쳤던 문화는 현재 변화하고 있다. 기독교 문화의 근간이 우리 밑에서 미끄러지듯 빠져나가는 것 같다. 세상은 회복 불능의 상태로 망가진 듯 보이고, 우리의 마음은 우리 가운데서 고통받는 자들과 당혹감에 쌓여 있는 자들로 인해 슬프다. 히브리 유배자들처럼 우리는 하나님이 어디서 무엇을 하고 계신지를 질문하는 우리의 모습을 발견한다.

그러나 우리는 또한 모든 기독교인이 공유할 수 있는 확고한 신념을 재진술하면서 이 책을 시작했다. 이 신념은 그리스도께서 죄와 사망 및 절망을 이기셨고, 하나님께서 역사를 참된 종말로 이끌어가고 계신다는 확신이다. 레슬리 뉴비긴이 썼듯이 "각 처소의 교회는 그리스도 안에 현존하는 하나님의 통치를 나타내는 표지, 도구, 그리고 맛보기가 되어야 한다."[1] 그래서 우리는 교회가 새 창조의 지속적인 탄생을 돕는 산파가 될 수 있는 방법을 탐구했다. 그리고 우리는 교회가 아래와 같은 도전들을 수용해야 할 필요성을 살펴보았다.

- 잠재적으로 파괴적인 존재로서 사회 속으로 들어가라.
- 사전에 계획된 의제를 멈추고 하나님이 보여주시는 의제에 맞추어 주어지는 기회를 따르라.
- 상황을 매우 진지하게 받아들임으로써 하나님이 일하고 계시는 공간을 확보하라.
- 성령의 신호를 따르며 융통성과 적응력을 유지하라.
- 실행 가능하고 매력 있는 대안적 현실을 우리의 주변 세계에 삶으로 보여주라.
- 사회 전 영역에서의 변화에 영향을 미치기 위해 반드시 요구되는 협력을 수용하라.
- 기독교인들이 모든 직업에서 변화의 대리인이 되도록 준비시켜라.
- 하나님 나라의 가치를 조성하는 공공장소를 만들어라.
- 변화를 가져오면서 동시에 당신의 상황을 통해 변화될 만큼 충분히 겸손해져라.

---

1   Lesslie Newbigin, "What Is 'a Local Church Truly United'?," in *The Ecumenical Movement: An Anthology of Key Texts and Voices*, ed. Michael Kinnamon and Brian E. Cope (Grand Rapids: Eerdmans, 1996), 114.

하나님의 사역은 지역사회 및 공동체 안으로 완전히 들어가라고 우리에게 요청한다. 이 요청에 부응하는 일은 대가가 따른다. 도시에서의 우리의 존재가 변화를 일으킬 때 반대가 있을 수 있다. 우리는 도시의 성육신적 증인, 우리의 직업의 본질을 바꾸는 일, 그리고 장소 만들기에 대해 이야기했는데, 마치 그것들이 모두 단순한 문제인 것처럼 말했다. 그러나 우리가 이런 변화를 현실에 가져올 때마다 기존의 균형 상태를 전복시키게 되고, 이로 인해 현 상황에 만족하는 자들로부터 불만 혹은 심지어 적대감도 불러일으킬 수 있다. 에베소의 바울을 기억하는가? 그는 폭동을 유발시켰다. 실제로 사도행전 19장에 묘사된 바울의 사역에 관한 탐구는 기독교 선교와 관련된 흥미로운 사례 연구다.

그 당시 에베소는 대리석으로 만든 거대한 아르테미스 여신상의 지배를 받고 있었다. 순례자들과 관광객들은 하얀 돌담 안에 있는 이 상을 보고 경배하기 위해 세계 각처에서 몰려들었다. 에베소의 경제는 아르테미스 숭배와 연결된 무역에 점차 의존하게 되었다. 상인들은 방문객들에게 제물 및 숙박과 함께 종교적인 장신구를 제공하여 생계를 유지했다.

이런 종교적·경제적 풍경 안으로 사도 바울이 예수의 복음을 설교하면서 들어왔다. 그는 기원후 52년 그의 두 번째 선교 여행 중에 에베소에서 교회를 개척했다. 바울은 2년 후에 다시 에베소로 돌아와 정착하여 2년간(아마도 길면 3년간) 그곳에서 사역했다. 누가는 다음과 같이 기록했다. "하나님이 바울의 손으로 놀라운 능력을 행하게 하시니, 심지어 사람들이 바울의 몸에서 손수건이나 앞치마를 가져다가 병든 사람에게 얹으면 그 병이 떠나고 악귀도 나가더라"(행 19:11-12). "손수건"과 "앞치마"에 해당하는 그리스어 단어들은 바울이 생계를 위해 천막을 만들 때 입었던 땀받이 띠와 옷을 가리킬 수 있다. 광신도들에게 사로잡혀 살고 있는 도시에서 이런 이야기들은 놀라움을 불러일으켰다. 현지 마술사들은 복잡한 방법과 주문에 의지했고, 마술에 대한 대가로 상당히 많은 액수의 돈을 청구했다. 반면에 바울의 더러운 작업복은 병든 자들을 치유하는 데 사용되었다. 그것도 무료로 말이다. 바울이 제사장인 스게와의 일곱 아들과 벌인 공개 대결에서 승리를 거두자, 많은 지역 주민들은 마술에 대한 그들의 믿음을 포기하고 주술과 관련된 책들을 불살라버렸다.

사도행전 19:10은 다음과 같이 진술한다. "아시아에 사는 자는 유대인이나 헬라인이나 다 주의 말씀을 듣더라." 이 모든 행위가 웅장한 신전에 있는 아르테미스 여신상 바로 아래에서 행해졌다는 것은 놀라움 자체였다.

이 모든 진전이 극적인 사건 없이 이루어졌다고 상상하는 것은 매혹적이다. 그러나 우리는 이와 정반대의 내용을 알고 있다. 실제로 바울의 사역이 성공하자 현지의 대표 사업가들이 보인 반응은 바울이 살면서 겪은 가장 극적인 경험 중 하나였다.

데메드리오라는 이름의 사람은 아마도 그 지역의 은세공업자 조합의 조합장이었을 것이다. 이 사람이 자신의 조합원들뿐만 아니라 관련 업종의 사람들까지 모두 소집했는데, 이는 바울의 행위와 에베소 교회의 성장이 종교 용품을 제작하는 그들의 산업에 영향을 미쳤기 때문이다. 데메드리오의 폭도들은 에베소 도시에서 바울과 그의 부정한 영향력을 제거하길 원했다. 바울은 그들의 종교적 믿음을 불쾌하게 만들었을 뿐만 아니라 강력한 기득권을 지닌 그들의 사업 이익을 침해했던 것이다.

시위자들은 다음과 같이 외치기 시작했다. "크도다. 에베소 사람의 아르테미스여!" 이 시위는 다른 사람들의 합류를 초래했고, 곧 도시 전체가 큰 소란에 빠져버렸다. 이런 광란 가운데서 기독교인이자 바울의 친구들인 가이오와 아리스다고가 강압에 의해 원형극장 안으로 끌려갔고, 그곳에서 불확실한 위험에 직면했다. 바울은 즉시 이 두 사람과 함께하여 그들을 보호하고 연설을 통해 군중의 분위기를 바꿔야 한다고 본능적으로 생각하게 되었다. 그러나 극장에 진입하려는 그의 시도는 모든 사람, 특히 공공 자산인 극장 내에서 잔인한 폭력이 일어나는 것을 원치 않는 도시 관계자들에 의해 좌절되었다.

그 지역의 유대인 공동체의 지도자인 알렉산더는 상인들이 종교적 광기에 빠져 유대인들과 기독교인들을 혼동할 수 있다는 점을 우려한 나머지 "백성에게 변명하려고"(행 19:33) 극장 안으로 들어갔다. 유대인들은 여러 세대에 걸쳐 아르테미스 숭배자들과의 불안정한 평화 가운데 살고 있었다. 이를 감안할 때, 알렉산더는 당연히 현 상황을 군중에게 설명하고, 자신과 자신의 공동체는 지금 문제를 일으키고 있는 이 기독교 무리와는 아무런 관계가 없음을 설명하려고 했을 것이다. 어쨌든 그의 입은 막혀버렸고, "크도다. 에베소 사람의 아르테미스여!"라는 광란의 외침이 극장 안을 약 두 시간 동안이나 가득 메웠다.

결국 이 소요는 도시 관계자들에 의해 잠잠해졌다. 그들은 불운한 가이오와 아리스다고를 극장 밖으로 끌어내어 이 사람들이 에베소 사람들의 사업에 위협이 되지 않음을 폭도들에게 가까스로 확신시켰다. 그들은 상인들에게 바울과 관련하여 고소할 내용이 있거든 격렬한 시위로 울부짖을 것이 아니라 고소를 뒷받침할 증거를 법정에 제출해야 한다는 것도 성공적으로 설명했다. "오늘 아무 까닭도 없는 이 일에 우리가 소요 사건으로 책망 받을 위험이 있고 우리는 이 불법 집회에 관하여 보고할 자료가 없다"(행 19:40). 이는 우회적인 협박의 말로서, 만일 이 소요가 무법한 것으로 간주될 경우, 공권력을 가진 로마 당국이 에베소에 내려올 수 있다는 뜻이었다.

선교는 고난이다

에베소에서의 바울의 사역 이야기는 성육신적으로 문화를 변화시키는 선교의 위험과 도전에 대한 완벽한 사례 연구다. 에베소는 시민 활동과 신성한 활동이 미묘하게 균형 잡힌 도시였다. 폭동을 일으킨 상인들은 그들의 자유로운 사업 활동 및 종교적 이권에 모두 관심이 있었다. 오직 서구의 독자들만이 에베소 폭도들은 바울의 활동으로 인해 자신들의 경제적 수입에 타격을 입은 것을 불평하는 분노한 노조원들에 불과했다고 상상할 수 있다. 그들은 아르테미스 숭배의 독실한 추종자들이었는데, 예수의 복음은 이와 극명한 대조를 이루며 에베소 시민들에게 안도감을 제공했다. 에베소 사회는 마치 카드로 지은 집과 같아서, 그 구성원들은 서로에게 기대어 교묘하게 균형을 이루고 있었다. 이런 구조에 카드 한 장을 더 얹으면, 집 전체가 무너져 버린다. 바로 이것이 정확하게 바울이 에베소에 도착하여 행한 일이다. 이미 아슬아슬하게 균형을 이루고 있는 도시에 새로운 요소 하나를 도입하자, 그 균형이 무너져버렸다.

이 책의 3장에서 우리는 그리스도를 따르는 자들은 자신들이 진정으로 들어가고자 애쓰는 어떤 체계이든지 변화시킬 것이라고 지적했다. 그들이 일으키는 변화는 인정을 받아 소중히 여겨질 수도 있고, 거절될 수도 있다. 에베소의 상황은 후자의 예에 해당한다. 대부분의 지역사회에서 일어나는 변화에는 환영과 거절이 혼재할 것이다. 만약 우리가 급식 프로그램을 운영하기로 결정한다면 가난한 이들은 이를 환영하겠지만, 지역 소매상들과 소규모 사업주들은 우리가 그 지역에 "나쁜 요소"를 가져왔다는 이유로 우리를 거절할 수도 있다. 마이클은 앨라배마주 모바일에 있는 한 교회를 방문했는데, 이 교회는 자신들의 부지에 지역사회를 위한 저렴한 비용의 체육관을 세웠다. 그러나 그들은 체육관의 회원권을 제한해야 했는데, 그 이유는 몇몇 회원이 여러 악한 행위를 할 용도로 주차장을 사용하기 시작하면서 교회에서 가장 가까운 이웃들을 몹시 두렵게 만들었기 때문이다.

마찬가지로 영국 뉴캐슬의 한 교회도 토요일 밤에 동네 술집에서 술을 마신 후 취한 채 집으로 돌아가는 사람들에게 무료로 팬케이크를 나누어주었다. 이 자선 행위의 취지는 취한 자들의 술로 가득 차 있는 배에 먹을 것을 주고 그들과 복음을 나누는 것이었다. 그들은 이웃들이 그들의 사역을 귀하게 여길 줄 알았다. 그러나 동네의 피쉬앤드칩(fish-and-chip) 가게와 케밥 가게의 주인들은 그들의 사업장이 문을 닫게 되었다며 불같이 화를 냈고 시 의회에 교회의 자선 행위를 멈추게 해달라고 탄원했다.

앞서 우리는 북부 캘리포니아 학교 행정관인 에드의 예를 언급했는데, 그는 자신이 가진 기독교적 확신의 직접적인 결과로서 그의 지역에 있는 많은 학교, 특히 학교로서의 기능을 못하고 죽어가고 있는 학교들을 활성화시키는 데 관여해왔다. 그 지역의 가족들은 문제 있는 학교들이 활력을 되찾고 있어 무척 기뻐하고 있으며, 소규모의 사업자들도 마찬가지로 기뻐하고 있는데, 이는 건강한 학교가 더 건강한 지역사회의 형성에 기여하기 때문이다. 그러나 교원 조합은 에드의 사역에 분개했는데, 그 이유는 이 사역으로 인해 그들의 취업 계약서 및 급여에 변화가 생기고 무능한 교사들이 실직을 당했기 때문이다.

교회들이 가능한 한 많은 연구와 문화 해석을 실시하여 이런 큰 실수를 피하려고 노력하는 것은 중요하다. 그러나 아무도 예측할 수 없는 요소들이 종종 존재한다. 그 결과 우리는 바울이 에베소의 은세공업자들, 도공들, 그리고 석공들과 빚은 마찰을 본다. 자신들이 속한 지역사회 안으로 성육신적으로 진입하는 데 헌신된 교회들은 치러야 할 대가가 있음을 깨달아야 한다. 스리랑카의 십 대 선교회(Youth for Christ)의 아지스 페르난도(Ajith Fernando)의 말처럼 "사도 바울이 그의 사역에서 피로, 분노, 염려를 경험했다면, 우리가 어떻게 우리의 사역에서 그것들을 피할 수 있다고 생각하겠는가?"[2]

우리가 말하는 것의 요지는 우리의 사역을 효과적으로 **상황화**해야 할 필요가 있다는 것이다. 상황화(contextualization)의 간단한 정의는 "예수를 특정 상황에 제시하여, 그릇된 문화적 이유가 아닌 적절한 성서적 이유로 그가 도전을 유발하도록 만드는 것"이다. 교회들은 자신들의 상황을 분석하기 위한 기술을 개발하고 그에 따라 자신들의 사역을 형성해야 한다. 그러나 예수를 따르면서 반대가 없는 삶이 가능하다고 결코 생각하지 말라. 신학자 르네 파딜라(René Padilla)는 아래와 같이 말한다.

기독교 선교와 기독교 제자도는 동전의 양면이다. 이 둘은 모두 그 의미를 십자가에 달린 메시아 예수로부터 얻는다. 그는 심지어 주님으로서 여전히 십자가에 달려 있다. 기독교 선교는 스스로를 십자가에 달린 그리스도와 동일시하고 십자가의 자리까지 그를 기꺼이 따르는 사람들의 선교다. 그래서 선교는 고난이다.[3]

---

2 Ajith Fernando, "To Serve Is to Suffer," *Christianity Today*, July 20, 2010, www.christianitytoday.com/ct/2010/august/index.html.

3 C. René Padilla, "Bible Studies," *Missiology* 10, no. 3 (1982): 338.

우리가 예수를 따라 세상으로 들어가서 문화를 변화시키는 사역이 오해, 의심, 그리고 철저한 반대를 야기할 수 있다는 경고를 하지 않은 채 이런 사역을 포용하라고 당신에게 요구한다면, 이는 무책임한 처사일 것이다.

나(마이클)는 최근에 바로 이 점을 두고 캘리포니아의 한 목사와 논쟁을 벌였다. 그는 내 의견을 무심하게 일축하려고 다음과 같이 말했다. "당신은 선교적 존재에 대해 글을 쓰고 있지요? 그렇죠? 그런데 선교적 존재라는 것이 정확히 무엇인가요? 친절한 이웃이 되어 지역 사회 정원을 조성하는, 뭐 그런 건가요?" 나는 그의 무례함에 기죽지 않고 진중한 설명을 시도했다. 그가 선교적인 사람들을 단지 지역사회를 어슬렁거리고, 맥주를 마시며, 노숙자 쉼터에서 자원봉사를 하고, 기존 교회에 대해 불평을 토로하며, "근사한 책을 읽으며 코엔 형제의 영화를 토론하는" 그런 자들로 치부함으로써 문제를 더 심각하게 만들기 전에 말이다. 그는 아무런 조직에도 관여하지 않고, 우리의 이웃을 불쾌하게 만들 수 있는 복음주의 사업에 실제로 개입하지도 않는 교회의 느슨한 접근 방법에 분명히 화가 나 있었다. 그의 말에 일리가 있었던 걸까? 최근에 데이비드 피치(David Fitch)는 소셜 미디어에 다음과 같은 질문을 올렸다. "대체로 대부분의 선교적 교회들이 하는 일이라곤 몇몇 정의 프로젝트(justice projects)가 가미된 주일 예배에 지나지 않는다. 동의하는가?" 만일 선교적 대화의 끝이 이렇다면, 이는 선교적 신학이 탐구하고자 하는 모든 것을 상당히 축소해버리는 것이다. 이런 새로운 사고가 행하는 전부가 기존 교회들로 하여금 이따금씩 정의를 지향하는 "추가 사항"에 헌신하게 만드는 것이라면, 이는 실패다. 우리는 선교에 대한 이런 환원주의적 접근의 배후에 새로운 교회 지도자들이 갖고 있는 두려움, 즉 그들의 이웃을 불쾌하게 만들지도 모른다는 두려움이 존재하고 있다고 강하게 의심한다. 그들은 이전 세대의 교회 사람들이 불쾌하게 행동하거나, 정죄를 잘하거나, 그냥 사회적으로 기이하게 행함으로써 이웃들을 화나게 만드는 방식을 목격해왔다. 우리는 누군가의 발가락을 밟을지도 모른다는 두려움에 반대 방향으로 너무 기울어져 있는 것은 아닌지 의심스럽다.

이렇게 말한다고 해서 우리가 문제를 일부러 찾아다니라고 당신에게 권면하는 것은 아니다. 바울은 분명히 그렇게 하지 않았다. 우리가 분명히 밝혔기를 바라듯이, 선교적 기독교인들은 경청하면서 그리고 두루 살피면서 지역사회의 상황으로 진입해야 한다. 그러나 우리가 하나님의 구속 계획을 지지하기 때문에 발생하는 고난을 피할 수 없는 때가 있다.

사실 이것이 바로 앞서 언급했던 기독교 지배주의의 접근법에 대해 우리가 우려하는 이유다. "정복하는" 사회 또는 우리 문화의 다양한 요소에 대한 지배를 주장하는 것과 같은 사고는 우리가 이제껏 논의한 산파적 특징, 즉 우리의 의제들을 유보하고, 공간을 확보하며, 융통성을 갖춘 특징과 정면으로 배치된다. 기독교인 지도자들이 국영 텔레비전 방송에 출연하여 그리스도를 위해 우리나라를 군사적으로 수복해야 할 필요가 있다고 주장할 때, 우리는 우리가 되어야 할 고난받는 종의 공동체와는 거리가 먼 존재가 되어버린다. 하나님 나라가

이 땅에 도래하도록 사회의 모든 영역을 지배하는 것이 우리의 의무라는 주장은 성서적이지 않다. 하나님 나라는 이미 임했다. 그리고 하나님 나라는 곧 임할 것이다. 우리의 역할은 하나님이 우리를 보내시는 어느 곳에서든지 하나님 나라가 펼쳐질 수 있도록 기꺼이 고난을 받는 것이다. 이런 고난은 박해의 형태로 올 수도 있고(여기서 우리는 텔레비전 사회자들의 독설과 같은 단순한 조롱이 아닌, 진정한 박해를 의미한다), 아니면 사랑받지 못하는 자들을 사랑하고 빈궁한 자들을 섬길 때 발생하는 마음의 고통이라는 형태로 올 수도 있다.

지나친 사랑으로 인한 마음의 고통

의사인 마크 셀처(Mark Seltzer)는 바쁜 병원에서 의료 기록원으로서 회진을 돌 때, 말기 환자인 한 젊은 여성의 병실을 들렀던 이야기를 전해준다. 그녀의 남편은 그녀의 손을 잡고 침대에 앉아 있었는데, 셀처가 병실 안을 들여다보자 그를 올려다보았다.

"제가 도와드릴 일이 있을까요?"라고 의사인 셀처가 공손히 물었다. 사실 도와줄 수 있는 것이 아무것도 없다는 것을 알면서 말이다.

"네. 있어요"라고 젊은 남편이 대답했다. "다시는 이토록 많이 사랑하지 말라고 나에게 말해주세요."

무너진 이 세상을 그리스도의 사랑으로 사랑하는 일은 마음의 고통과 슬픔으로 이어질 것이다. 우리는 우리의 노력에 저항하는 자들의 비판으로 인한 고통뿐만 아니라 다른 이들을 사랑하거나 잃어버릴 때 발생하는 고통도 반드시 겪게 될 것이다. 고통의 반대편에는 사랑이 있다.

나(크리스티아나)의 이웃인 롤라(Lola)는 활력, 지혜, 창의력을 지닌 대단한 여성이었다. 그녀는 지속적인 방식으로 우리의 공동체에 영향을 미쳤다. 우리는 길거리 보도 위에서 롤라를 만났는데, 그때 그녀는 자신의 전동 휠체어가 고장 나서 꼼짝도 못하고 있었다. 우리가 롤라를 그녀의 아파트로 데려다주었을 때, 그녀는 작은 쪽지에 자신의 전화번호를 적어주면서 퉁명스럽게 말했다. "낯선 사람이 되지 마세요!" 수년 동안 우리는 롤라와 깊이 있고 신뢰할 수 있는 우정을 쌓았다. 그녀와의 우정을 통해 우리는 우리의 이웃을 진정으로 사랑할 때 따르는 대가에 대해 많은 것을 배웠다.

롤라는 독립생활 단지에 살고 있었는데, 그곳은 정신 건강 문제를 갖고 있거나 이중 진단을 받아 위기에 처한 노숙자 노인들을 위한 공간이었다. 그녀는 우리의 뒤뜰에서 정원을 가꾸고 우리와 함께 식사하고 휴일을 같이 보냈으며, 공원에서 열리는 우리의 정기 모임에도 참석했다. 우리의 우정은 기쁨과 긴장이 교차하는 아름다운 혼란이었다. 나는 롤라가 약국에서 처방 약을 받아 가능한 한 빨리 그녀의 아파트로 가져다달라고 전화했던 때를 기억한다. 그때는 어느 금요일 저녁이었고, 나는 생일 저녁 파티에 가기 위해 옷을 차려입고 문밖으로 막 나가려는 참이었다.

마지못해 나는 롤라의 집에 도착했다. 전에도 이와 같은 일이 숱하게 있었고, 솔직히 나는 이 상황에 짜증이 나기 시작했다. 롤라는 자신이 기관지 감염에 걸렸는데 자신의 호흡기와 연결해야 하는 중요한 튜브를 어디에 두었는지 찾지 못하겠다고 설명하며 가쁜 숨을 내쉬었다. 나는 파티 복장을 한 채, 무릎을 꿇고 롤라의 침대 밑에 있는 물건들을 꺼내기 시작했다. 짜증이 더 커졌다. 그런데 그때 나는 휠체어에 매달려 있는 그녀의 맨발을 흘끗 보게 되었다. 그녀의 발은 더러웠고, 부어 있었으며, 굳은살이 박여 있었다. 그 순간 나는 이웃의 발을 씻기기 위해 예수의 제자로서 내가 부름을 받았음을 기억했다. 여기서 발을 씻긴다는 표현은 하나님의 실제적 현존을 표현하는 방식으로 이웃들에게 희생적 사랑의 섬김을 제공하는 것을 상징적으로 의미한다. 그것도 한 번이 아니라 지속적으로 반복해서 말이다.

몇 분 동안 튜브를 찾다가, 마침내 나는 그녀의 침대 위에서 더러워진 담요에 싸여 있는 튜브를 찾았다. 롤라가 안정적으로 다시 숨을 쉬기 시작했을 때, 나는 그녀의 가슴에 손을 얹고 하나님의 치유의 생기가 그녀의 폐를 관통하여 흐르기를 기도했다. 그녀는 숨을 내쉬며 "고마워요"라고 내게 속삭였다.

다른 어느 때에 그녀가 내게 다음과 같이 질문한 적이 있었다. "내가 당신의 프로젝트인가요?" 이 질문에 내 가슴은 주저앉았다. 그녀의 질문이 내 가슴을 찔렀다. 롤라는 내가 이웃을 사랑하는 법을 배우는 데 있어 나의 가장 깊은 동기를 검토해보라고 내게 도전했던 것이다. 그녀는 내 프로젝트가 아니었다. 그녀는 내 친구였다.

롤라가 2014년에 세상을 떠났을 때, 그녀를 발견한 사람은 우리 공동체의 일원인 레베카(Rebecca)였다. 나중에 경찰이 내게 전화를 걸었는데, 내가 롤라에게 친척 다음으로 가까운 사람이었기 때문이었다. 그녀는 가족 모두와 소원하게 지내왔고, 지난 5년간 그녀가 우리의 공동체로 입양된 것은 그녀가 수십 년 동안 알고 있었던 가족 개념에 가장 근접한 사건이었다. 우리는 우리의 뒷마당에서 롤라의 추도식을 열었다. 우리 공동체는 롤라를 아는 특권을 허락하신 하나님께 눈물을 흘리며 감사했다. 롤라를 통해 사회적 장벽을 넘어 이 세상에서 가족으로서 사는 것이 무엇을 의미하는지를 배웠기 때문이다.

롤라는 우리에게 선물이었다. 그녀의 이야기, 그녀의 지혜, 그녀의 정원에서 얻은 수확물, 그리고 그녀의 날카로운 질문들은 우리 공동체의 생명의 원천이었다. 우리는 그녀와 함께 그리고 그녀를 위해 고통을 겪었다. 우리의 삶의 자리에서 하나님의 변화시키는 사랑의 사역은 우리 앞에 놓인 선교에 관한 것일 뿐만 아니라 고난과 사랑을 통한 우리의 형성에 관한 것이기도 하다. 아마도 하나님은 우리의 가족, 신앙 공동체 또는 친구들을 통해 우리를 빚어가실 것이다. 아니면 하나님은 롤라와 같이 전동 휠체어를 타고 마을을 돌아다니는 노인 현자를 통해 우리를 빚어가실 수도 있다. 그러나 우리가 확신할 수 있는 한 가지는 이것이다. 즉 이 일에는 마음의 고통이 수반된다는 것이다.

제한된 결과에 대한 실망으로 인한 고통

나(마이클)에게는 그레그 헌트(Greg Hunt)라는 친구가 있는데, 그는 텍사스 엘패소에 있는 파세오 크리스천 교회(Paseo Christian Church)의 담임목사다. 파세오 교회 공동체는 거대한 리오 그란데(Rio Grande)로부터 그리 멀지 않은 엘패소 시내에서 노숙자들 및 가난한 사람들 사이에 살면서 그들을 섬기고 있다. 그레그는 그의 공동체를 깊이 사랑하며 그의 도시의 어두운 구석에서 하나님의 통치가 펼쳐지는 것을 보며 즐거워한다. 그러나 최근에 선의를 지닌 어느 목사와의 대화에서 그의 교회는 "성과가 저조한" 교회로 묘사되었다. 이 묘사는 처음에 그를 얼얼하게 만들었다. 이전에 그는 북쪽에 있는 초대형 교회와 관련된 매우 성공적인 교회 개척 네트워크의 일원으로 일한 적이 있다. 그는 교회의 성과를 평가하는 측정 기준들, 곧 교인 숫자, 돈, 세례식에 익숙했다. 그는 그런 기준에 비추어볼 때 파세오 크리스천 교회가 확실히 성과가 저조하다는 것을 알았다. 자신의 사역이 친구에게 그런 식으로 비춰진다는 것과, 다른 목사들과 교회 개척자들이 그의 사역을 표준 이하로 여기고 비판할 것을 상상하면서, 그레그는 실패자로 낙인찍히는 굴욕적인 고통을 느꼈다. 그의 고통은 세상의 어려운 곳에서 산파로서 일하라는 하나님의 부르심을 따르는 많은 사람에게 발생하는 공통된 경험이다.

그러나 그레그가 그 고통의 경험에 대해 더 많이 생각하고 파세오의 토양에 꽃을 피운 하나님의 통치의 증거를 보았을 때, 그의 마음에 변화가 일었다. 그레그는 척(Chuck)에 대해 생각해보았다. 척은 전직 노숙자였지만, 지금은 엘패소에서 하나님의 통치를 아름답게 표현하는 산파의 역할을 하고 있다. 척은 파세오의 모임 중 한 곳에 나타나기 시작했었는데, 몇 달이 지나면서 무료 도넛을 먹고 그레그에게 몇 달러를 구걸하더니, 급기야 노숙자 쉼터에서는 불안하여 더 이상 견딜 수가 없다면서 교회가 자신을 위해 호텔을 잡아줄 수 있느냐고 물었다. 파세오 공동체는 서서히 그의 가족이 되었다.

척은 고등학교 졸업장이 없고 신체적 제약이 있어서 일을 얻기가 어려웠다. 그때 부동산 중개업자 호르헤(Jorge)가 등장했다. 호르헤는 척과 친구가 되었고, 그를 공동체에 초청하고 길거리에서 그와 어울리며 이곳저곳에서 일자리를 찾을 수 있도록 그를 도왔다. 어느 날 호르헤는 엘패소 시내에 있는 아파트 단지의 거래를 중개했는데, 이 단지는 파세오 공동체가 모이는 장소에서 몇 블록 떨어진 가까운 곳에 있었다. 이 거래의 일부는 척이 이 아파트 단지의 관리인으로 일하는 것이었다. 그리고 이 일은 성공했다. 척은 더 이상 집 없이 지내지 않게 되었고, 자신이 좋아하는 직업도 갖게 되었다.

이제 척은 호르헤가 그에게 해주었던 일을 자신도 다른 사람에게 해주길 원한다. 그래서 척은 파세오 선교 공동체의 촉매자인 닐 트럴(Neill Trull)과 연결되어 계획을 세우기 시작했다. 수요일 오후마다 예수, 직업, 정결케 됨에 대해 논의하고 기도하는 공동체가 생겨났다. 척과 닐은 몇몇 임시직 채용 기관과 연결되었고, 척의 아파트는 즉석 옷장이 되어 사람들이 취업 면접에서 입을 옷을 제공해주고 있다. 그레

그는 다음과 같이 말한다. "삼십 분 만에 도넛 한 상자를 비울 수 있는 노숙자 척이 지금은 하나의 운동을 이끌고 있다. 나는 무슨 일이 벌어질지 모르지만, 그와 함께 가는 이 길이 즐겁다. 파세오 공동체는 이만큼 저조한 성과를 거두었다. 이것이 저조함을 의미한다면, 나는 그것을 받아들일 것이다."

그러나 그 지점에 도달하는 것은 어렵다. 우리 교회의 성공 문화는 우리가 통상적으로 측정 가능한 방식으로 "수행"해야 한다고 주장한다. 척의 이야기를 어떻게 측정할 수 있을까? 다른 이들의 부정적 평가를 기꺼이 감수하는 것은 하나님을 따르며 사명을 수행하는 이들이 피할 수 없는 숙명이다. 또한 우리의 교회에서 일이 잘 풀리지 않을 때에도 우리는 하나님께서 여전히 열심히 일하실 수 있음을 기꺼이 봐야 할 필요가 있다.

아기가 태어나기 직전인 분만의 두 번째 단계에서 잠시 멈춤 현상이 종종 발생한다. 산파들은 이를 "휴식을 취하며 감사하는 시간"이라고 부른다. 이 순간에 산모는 숨을 고르면서 힘을 모은다. 그리고 감사한 마음으로 마지막 산통을 기다린다. 하나님이 우리의 삶과 세상에 새로운 것들을 탄생시키실 때 마지막 단계 직전에 잠시 멈춤 현상이 종종 발생하는데, 이는 새로운 생명이 탄생하기 직전의 청명함 혹은 고요함이다. 이는 일종의 선물이자 앞으로 있을 그리스도의 회복을 나타내는 표시다. 때때로 우리가 우리의 상황에 깊숙이 개입할 때 우리 교회가 겪는 느림이나 건조함은 죽음의 징후가 아니라 새로운 생명이 나타나기 직전에 발생하는 잠깐의 멈춤일 뿐이다.

조디 한센(Jodi Hansen)은 목회자들과 교회들의 네트워크가 지역 사회 선교에 참여하도록 돕는 단체인 Love INC에 소속된 한 기관의 상임이사다. 그녀는 분만 및 출산을 돕는 간호사로 일한 경력도 있다. 우리가 새 창조를 출산하시는 하나님에 대한 은유와 산파로서의 역할을 하는 교회에 관해 언급했을 때, 조디는 중요한 통찰을 제시했다. 그녀는 서구의 병원 상황에서는 분만이 느려질 때 종종 상황의 진전을 기다리지 않는다고 말했다. 우리는 약물을 투여하고, 마취시키고, 산모에게 더 강하게 밀어내라고 권한다. 그다음에 분만 속도를 내기 위해 우리가 동원할 수 있는 모든 방법으로 개입한다. 그리고 그중 아무것도 효과가 없으면, 의료진은 재빨리 제왕절개 수술에 의존한다. 제왕절개를 해야 하는 위태로운 때가 분명히 있지만, 일반적으로 산모의 몸이 분만 단계에 필요한 반응을 보이도록 기다리는 것이 매우 비효율적이고 지루한 것으로 간주된다. 조디는 이렇게 말한다. "교회도 이와 비슷한 것 같다. 우리의 교회에서 상황이 느리게 전개될 때, 우리는 해고와 고용을 동시에 행하고, 더 세게 밀어붙이며, 관련 상황을 차단해버리고 그 상황에 변화를 준다. 이는 모두 성장을 재개하기 위한 시도들이다. 그러나 실제로 필요한 하나님의 의도가 "멈춤"이었을 수 있다."

새로운 세상을 위한 고통

2세기에 기록된 「디오그네토스에게 보낸 서신」(*The Epistle of Mathetes to Diognetus*)의 저자는 초기 기독교인들을 아래와 같은 방식으로 묘사했다.

> 그들은 그들의 나라에 살지만, 단순히 체류자들로서 거주한다. 시민인 그들은 마치 외국인들처럼 모든 것을 공유한다. 모든 외국 땅은 그들에게 그들의 본국이고 그들이 태어난 모든 나라는 낯선 자들의 땅이다. 그들은 다른 모든 사람과 마찬가지로 결혼하고 자녀를 낳는다. 그러나 그들은 자신들의 자식들을 유기하지 않는다. 그들은 식탁을 공유하지만, 침대는 공유하지 않는다. 그들은 육체 가운데 거하지만, 육체를 따라 살지 않는다. 그들은 땅에서 그들의 날들을 보내지만, 그들은 하늘나라의 시민들이다. 그들은 규정된 법을 준수하는 동시에 자신들의 삶을 통해 이 법을 초월한다. 그들은 모든 사람을 사랑하지만, 모든 사람에게 박해받는다. 그들은 알려지지 않은 자들이자 저주받은 자들이다. 그들은 사형에 처해지지만, 생명으로 복원된다. 그들은 가난하지만, 많은 부를 축적하고 있다. 그들은 모든 것이 부족하지만, 모든 것에 부요하다. 그들은 굴욕을 당하지만, 그 굴욕 가운데서 영화롭게 된다. 그들은 험담을 듣지만, 정당화된다. 그들은 욕을 먹지만, 축복한다. 그들은 모욕을 받지만, 이 모욕을 존경으로 되갚는다. 그들은 선을 행하지만, 행악자로서 처벌받는다. 그들은 처벌받을 때 생명이 소생되는 듯이 기뻐한다. 그들은 유

대인들에게는 외국인으로 여겨지고, 그리스 사람들에게는 박해를 당한다. 그러나 그들을 혐오하는 자들은 자신들의 혐오에 어떤 이유도 제시하지 못한다.[4]

초기 기독교인들은 말 그대로 로마 제국의 기초를 갉아먹고, 그리스도 안에서 도래하는 세상에 대한 비전과 예를 가지고 일상의 평범한 사람들에게 간청함으로써 무시무시한 로마 제국을 변화시켰다. 이것이 바로 박해나 오해에도 불구하고 세상의 전 영역에 침투하여 하나님의 통치가 지닌 가치를 살아냄으로써 당신의 세상을 변화시키는 방법이다. 오늘날 우리는 참신한 용기를 찾아야 한다. 우리의 비방자들을 적대시하거나 반대하고 싶어 하는 그런 용기가 아니라, 2세기 기독교인들처럼 살기 위해 필요한 무모한 용기 말이다. 세상을 향한 갈망으로 아파하는 것이 온전함을 만든다.

우리 기독교인들에게 종종 부족한 것은 올바른 신학이나 올바른 전략이 아니다. 우리에게는 현 세상에 대한 거룩한 불만이 부족하다. 정의와 자비를 진심으로 갈망하는 것은 일종의 고통이다. 인종 차별주의, 여성 혐오, 무분별한 살인, 군인들의 광기를 한탄하며 가슴 아파하는 일에는 대가가 따른다. 이런 일들은 부담스럽다. 그리고 이런 일들은 종종 우리가 충분히 공유하지 못하는 짐처럼 느껴진다.

---

4 *The Epistle of Mathetes to Diognetus*, in *The Ante-Nicene Fathers, Volume 1: The Apostolic Fathers with Justin Martyr and Irenaeus*, ed. Alexander Roberts, James Donaldson and Arthur Cleveland Coxe (New York: Cosimo Classics, 2007), 26-27.

1912년에 구세군 설립자인 윌리엄 부스(William Booth) 장군은 그의 추종자 무리인 7천 명의 구세군이 모인 집회에서 설교하기 위해 런던의 로얄 알버트 홀(Royal Albert Hall)로 들어갔다. 이는 그의 마지막 설교로, 그 자신의 사역뿐만 아니라 그가 사랑하는 구세군의 사명도 다음과 같이 완벽하게 묘사했다.

> 지금처럼 여성들이 우는 한, 나는 싸울 것이다. 지금처럼 아이들이 굶주리는 한, 나는 싸울 것이다. 지금처럼 남성들이 감옥을 계속 들락거리는 한, 나는 싸울 것이다. 길거리에 길 잃은 가난한 소녀가 존재하는 한, 하나님의 빛이 없이 어두운 영혼이 존재하는 한, 나는 싸울 것이다. 끝까지 싸울 것이다![5]

그가 오늘날 살아 있다면 다음과 같은 싸움을 추가했을 것이다. 하나님의 땅을 황폐하게 만들고 하나님의 세상을 파괴하는 것과의 싸움, 어린이 살해와 해상에서의 난민들의 죽음에 반대하는 싸움, 경찰의 잔인성과 가난한 자들을 막기 위한 담장 건설에 반대하는 싸움, 부정과 불평등에 맞서는 싸움, 부정 및 불평등에 맞서 싸웠다고 해서 사회주의자로 불리는 것에 반대하는 싸움 말이다. 이 설교 이후에 불과 3개월 만에 윌리엄 부스는 83세의 나이로 사망했다. 그의 싸움은 끝났

---

5   Megan Gandee, "I'll Fight": 100 Years Since Booth's Final Address," *Doing the Most Good* (blog), Salvation Army, May 9, 2012.

고 그의 짐은 해소되었다.

또 다른 정의의 투사는 덴마크의 극작가이자 목사인 카이 뭉크(Kaj Munk)다. 뭉크는 제2차 세계대전 중 나치의 점령에 반대하는 덴마크 저항 세력의 일원이었는데, 거룩한 분노에 대한 강력한 송가(頌歌)를 기록했다. 그 송가의 일부는 다음과 같다. "너무나 많은 사람의 무의미한 살해와 군국주의의 광기에 분노하라. 죽음의 위협과 파괴의 전략을 '평화'라고 말하는 거짓말에 분노하라. 교회에서 많은 이들의 무사안일함에 분노하라.…도전이 될 무모함을 부단히 찾으라. 그리고 인류의 역사가 하나님 나라의 규범에 순응할 때까지 그 역사의 변화를 꾀하라.…기독교 교회의 표시는 항상 사자, 양, 비둘기, 물고기였다. 그러나 카멜레온이었던 적은 단 한 번도 없었다."[6]

우리는 세계를 변화시키는 것이 우리의 분노나 싸움이 아님을 이미 지적했다. 왜냐하면 세상을 변화시키는 일은 전적으로 하나님의 일이기 때문이다. 그러나 우리는 1944년 나치에 의해 살해된 카이 뭉크와 부스 장군의 말을 공유한다. 왜냐하면 그들의 말이 올바로 된 세상을 열망하는 자들의 부담스러운 갈망을 설명해주기 때문이다. 이런 갈망은 바빌로니아 유배자들도 지니고 있었던 짐이었다. 그들은 자유를 향한 뚜렷한 욕망에 사로잡혀 있었다. 그래서 하나님은 이사야에게 그들의 미래에 대한 또 다른 비전, 곧 다시 제대로 된 세상에 대한

---

6   Kaj Munk, 다음에서 인용됨. Thomas G. Long and Cornelius Plantinga Jr., eds., *A Chorus of Witnesses* (Grand Rapids: Eerdmans, 1994), 133.

꿈을 주셨다. 이사야는 단지 한 방울의 포도즙만 남아 있는 포도송이로 묘사되는(사 65:8), 즉 굴복하여 무너진 나라의 종들, 남성들, 여성들에게 말하면서 그들이 기대해온 모든 것에 대한 그림을 그린다. 그는 회복된 예루살렘, 곧 완벽한 도시를 아래와 같이 꿈꾼다.

"거기는 날 수가 많지 못하여 죽는 어린이와 수한이 차지 못한 노인이 다시는 없을 것이라. 곧 백 세에 죽는 자를 젊은이라 하겠고, 백 세가 못되어 죽는 자는 저주 받은 자이리라. 그들이 가옥을 건축하고 그 안에 살겠고, 포도나무를 심고 열매를 먹을 것이며, 그들이 건축한 데에 타인이 살지 아니할 것이며, 그들이 심은 것을 타인이 먹지 아니하리니, 이는 내 백성의 수한이 나무의 수한과 같겠고, 내가 택한 자가 그 손으로 일한 것을 길이 누릴 것이며, 그들의 수고가 헛되지 않겠고, 그들이 생산한 것이 재난을 당하지 아니하리니, 그들은 여호와의 복된 자의 자손이요, 그들의 후손도 그들과 같을 것임이라. 그들이 부르기 전에 내가 응답하겠고, 그들이 말을 마치기 전에 내가 들을 것이며, 이리와 어린양이 함께 먹을 것이며, 사자가 소처럼 짚을 먹을 것이며, 뱀은 흙을 양식으로 삼을 것이니, 나의 성산에서는 해함도 없겠고 상함도 없으리라." 여호와께서 말씀하시니라(사 65:20-25).

이것은 우리의 꿈이기도 하다. 바로 새 하늘과 새 땅, 곧 하나님이 탄생시키고 계시는 새로운 세상에 대한 꿈이 바로 우리의 꿈이다. 우리는 이 새로운 세상이 존재하는 데 산파 역할을 하도록 은혜롭게 그리고 너그럽게 초청받았다. 하나님은 출산하는 여인처럼 신음하시고 울부짖으시며 우리의 눈앞에서 새로운 창조를 탄생시키고 계신다. 하나님의 이 출산에 동참할 때 우리는 우리 자신의 노력과 성취로 이 새로운 세상을 탄생시킬 수 없다는 현실을 받아들인다. 오히려 하나님이 출산하실 때 우리는 산파처럼 하나님의 출산을 돕고, 항상 배우며, 항상 경외하고, 항상 변화된다. 이것이 바로 예수가 세상을 변화시키는 방법이다.

일주일 내내 교회로 살아가기

기독교를 싫어하는 세상에서 그리스도의 몸으로 존재하는 기술

Copyright ⓒ 새물결플러스 2020

1쇄 발행	2020년 6월 15일
2쇄 발행	2020년 9월 10일

지은이	마이클 프로스트, 크리스티아나 라이스
옮긴이	송일
펴낸이	김요한
펴낸곳	새물결플러스

편 집	왕희광 정인철 노재현 한바울 정혜인
	이형일 나유영 노동래 최호연
디자인	윤민주 황진주 박인미 이지윤
마케팅	박성민 이원혁
총 무	김명화 이성순
영 상	최정호 곽상원
아카데미	차상희

홈페이지	www.holywaveplus.com
이메일	hwpbooks@hwpbooks.com
출판등록	2008년 8월 21일 제2008-24호
주 소	(우) 04118 서울시 마포구 마포대로19길 33
전 화	02) 2652-3161
팩 스	02) 2652-3191

ISBN 979-11-6129-157-4 03230

책값은 뒤표지에 있습니다.

이 도서의 국립중앙도서관 출판예정도서목록(CIP)은 서지정보유통지원시스템 홈페이지(seoji.nl.go.kr)와 국가자료공동목록시스템(nl.go.kr/kolisnet)에서 이용하실 수 있습니다. CIP2020021697